为了学习的合作

郑杰◎著

长江出版传媒 | 长江文艺出版社

图书在版编目（ＣＩＰ）数据

为了学习的合作 / 郑杰著. -- 武汉：长江文艺出
版社， 2018.10
　（大教育书系）
　ISBN 978-7-5702-0640-7

　Ⅰ. ①为… Ⅱ. ①郑… Ⅲ. ①学习方法 Ⅳ.
①G791

中国版本图书馆 CIP 数据核字(2018)第 212648 号

责任编辑：秦文苑　　　　　　　　责任校对：陈　琪
装帧设计：仙　境　　　　　　　　责任印制：邱　莉　　王光兴

出版：　长江出版传媒　　长江文艺出版社

地址：武汉市雄楚大街 268 号　　　邮编：430070
发行：长江文艺出版社
电话：027—87679360
http://www.cjlap.com
印刷：武汉市首壹印务有限公司

开本：710 毫米×970 毫米　　　1/16　印张：18　插页：1 页
版次：2018 年 10 月第 1 版　　　　2018 年 10 月第 1 次印刷
字数：238 千字

定价：42.00 元

前　言

　　2017 年 11 月 15 日，我的新书《为了合作的学习》在第二届全国合作学习专题研讨会上正式首发。这是一本关于课堂合作学习的书，但是，与一般的合作学习的书不同，《为了合作的学习》一书的主旨是将合作学习看作是教育的目的，而不仅是为了提高学习成绩或所谓"教学质量"的一种工具。在我看来，教会孩子们合作是如此的重要，以至于其价值超出了知识本身。我想书名已经把我的这一思想表述清楚了。

　　因为合作本身是教育的目的之一，所以教师就要舍得花时间教学时学会合作，一是教"合作学习策略"，即课堂学习中与同伴合作时的具体流程和方法，以使合作更有时序、空序和秩序，也就为有效；二是教"合作技能"，比如说"倾听""感谢""赞美""有礼貌地打断"等这些技能都要细细地教给孩子们。教会孩子们学会合作，绝不是简单地向他们提要求就可以了，而是如其他行为习惯一样，都是要求教师做好示范，并且手把手耐心地教的，是要做很多针对性的训练的，甚至要"过度训练"的。

　　《为了合作的学习》的出版，正如我所有其他书的出版一样，过程很艰辛，结果却又很有不少遗憾。我的这本苦心经营的书至少留下两个遗憾，一是限于篇幅，原稿被活生生地割掉了一个部分，差不多 5 万字，对此我也很能理解，毕竟书不能太厚，读者手里端不住；二是还有未尽之言，真是所谓"挂一漏万"了，总想着怎么将这些未尽之言在哪个地方能给我补上。

　　我觉得最需要补上的是，"为了合作的学习"这一理念强调的是合作的重要性，可是强调了合作的重要性可也不能贬低"学习"的重要性，毕竟学校是学生学习的地方。合作本身不就是学习得来一种意识、技能和能力吗？而且，真正的学习，那些创造性的和探究性的、深度的学习是极其有价值的，这些极富价值的学习确实是靠合作来达成的。这就是说，合作虽然是教育的一个重要目的，可教育毕竟还有别的目的，合作同时也应该是这些高水平学习的工具。所以，完整的理解应该是"合作"与"学习"交相辉映、相得益彰，互为目的和手段。我想，我一定要找机会把这句话补全了，这才有了这本新书《为了学习的合作》。

在 2017 年的合作学习年会上，台湾的李玉贵老师在与我的对话中，得知我《为了合作的学习》的书名和写作意图，随口说了一句话更是激发我进行新的写作的热情，她说，你的下一本可以写《为了学习的合作》。毫无疑问，这句话加强了我写这本新书的决心。

其实，回想起来，写这本书的过程还有一点波折的。我在两年前就允诺长江文艺出版社，要在他们出版社出一本书。该出版社的编辑朋友为了启发我，还特地送了一本朱永新先生在他们出版社新出的《致教师》一书。我当时想，长江文艺出版社是国内顶尖的出版社，怎么也会出教育类的书？后来我就做梦：我郑杰要是能出一本书，与我所敬重的前辈朱永新的书摆在一个书架上，该多么风光！

答应得很爽快，可真的起笔却又那么难，断断续续地写了点，可就是找不到感觉，于是"拖延症"就又一次发作了，便几次向编辑秦文苑告饶，合同上约定交稿的时限早就过了，可就是写不出来。现在想想，当时为什么找不到写作的感觉？主要是因为我太想写一本像朱永新先生那样的充满教育情怀的书，类似《致教师》那样的诗意，"长江文艺"呀，得要有点"文艺腔"的。我甚至想好了写"致青年教师"的，可是，我的笔力完全不够。草草写了 3 万字，再也写不下去，这一搁笔就是大半年。直到 2018 年1 月，我决定将主题转到我所熟悉的课堂教学，转到我所钟爱的合作学习，也将文笔转向我所拿手的说理，这才有了"一气呵成"的感觉。

　　新书《为了学习的合作》首先澄清了什么是真正的学习，我想人工智能的出现让我们有了认识人的学习更为透彻和深刻的机会，我认为，真正的学习应该能提高三项能力，这是三项只有人才拥有的智能，那就是决策、创造性解决问题和探究能力。学校是一个学习的地方，要给学生带走的不是知识，而是可以让他们受用终身的能力。

　　那如何才能培养孩子们的这些能力？那就要谈到"交往"了。这里所说的交往并不是一般意义上的人际交往，而是在人的主体性和人道原则下的交往。

　　真正的课堂学习中的交往行为，首先要赋予学生以主体地位，将学生作为有情感、有个性、有自我追求的"人"来看待，他们不是被教师的控制、灌输、强制的"物"。真正地促进学习的交往活动强调将师生关系建立在共享知识、精神、智慧和意义的基础上，使师生之间能通过平等对话，彼此"进入"，进入对方的内心世界。

　　而且，课堂里要凸显孩子们之间的交往关系，强调这种关系的极端重要性。也只有看到了这种关系的存在，教师才能一改课堂主宰的角色，而成为学习活动的组织者、促进者和帮助者；也只有看到这种关系，才能让孩子们的学习与有温度的生活紧紧连接在一起，因为儿童的世界不就是由同伴们共同构成的吗？因为我们让孩子们交往，教学才延伸到他们真实的生活世界中，使教育不仅限于课堂、学校，而伸展到广阔而又丰富多彩的日常生活中；使教育不仅限于以书本为中心的知识教学，而拓展到人生更为本质的道德与人格方面。

　　所以，这本书实际上是一本讨论如何通过改善交往活动来创造适合高水平学习的特定氛围的书，而且我所说的交往，不仅是发生在生生之间、师生之间，还发生在教师与家长之间、教师与教师之间。这就构成了四个"交往圈"，第一个圈是"学生之间"的，第二个圈是"师生之间"的，第三个圈是"教师之间"的，第四个圈是"教师与家长之间"的，一个圈比一个圈更向外拓展，而这四个圈都围绕着"学生之间"交往这一核心圈，四个圈的目的都是为促进真正的学习。我认为，这四个圈构建好了，那就有了"学习好氛围"。

虽然从真正动笔开始写作这本书到向出版社交稿，花的时间并不多，但这绝不是一本心血来潮的书，我希望这是一本理性的书，是符合逻辑，也遵循了客观规律的书。我希望我的书能经得起时间的考验，那就要求我将每个观点都尽可能建立在可靠的知识和推理的基础之上，为此我花费了大量的心血，尽我的全部所能引入最新的心理学研究成果，尤其是"社会心理学"方面的研究成果，一本研究"交往"的书，必然以社会心理学为底蕴。如果读者发现我有什么知识和逻辑上的"硬伤"，请无论如何给我提示，帮助我在再版时改正。

这是一本知识类的书，但是又不是一本教科书。为了使这本书更具可读性，我尽可能地将那些枯燥乏味的科学知识讲得形象生动，这既是出版社对我的要求，也是我的自我要求。因为一本对读者友好的书，绝不可以让人读不明白，也不可以面目可憎。但把书写到形象生动本身不是我的长处，加之我是上海人，上海人的语言似乎简洁有余而略显文采不足，情趣方面更是很不够的，所以请读者务必谅解。

为了便于学校教师们有组织地阅读，我有意将全书设为 20 个章节，刚好符合学校一个学期 20 周，刚好可以组织老师们每周读一个章节。我安排每个章节由 5 篇文章构成，分别从周一到周五，那就可以每天读一篇。一个章节里的 5 篇文章其实是一个整体，共同为整个章节的主题服务。20 个主题分别是：1. 什么是真正的学习；2. 如何创建学习小组；3. 如何训练合作技能；4. 如何组织合作学习；5. 如何做好教学设计；6. 如何做好合作性评价；7. 如何协调师生关系；8. 如何促进良性互动；9. 如何展开课堂对话；10. 如何激发主动参与；11. 如何组织课堂讨论；12. 如何培养独立思考能力；13. 如何进行课堂控制；14. 如何做好思想工作；15. 如何抓好行为规范；16. 如何创设良好的班级氛围；17. 如何协调与家长的关系；18. 如何自我发展；19. 如何与同事相处；20. 如何与团队共同成长。为了使每个主题更为清晰，在一个章节结束时，都有一周学习内容的回顾，让大家复习复习。

写书这项劳动是有代价的，我已经写过 16 本书了，从没有一本书让我付出如此大的代价！对一个读书人和写作者来说，视力有多么重要，可是为了写这本书，我有整整一个半月趴在书桌上电脑前，有一天右眼忽然看不见文字了，对一个年过半百的高度近视患者来说，这也许是无法逆转的。但是，我丝毫没有恨这本书，目力的耗损是爱的代价。

最后，当然要感谢出版社秦文苑女士无比耐心的等待，但愿我的这本书没有让她失望；感谢我的家人，我的妻女，我深深地爱着他们，我相信我执着的和如苦行僧般的样子，会给我的下一代留下一个好榜样。

如果这本书刚好能被您读到，而您读了我的建议，在社会大生态依然不如意的情况下，使课堂小生态能有些许改善，那么我的努力总算有了大大的回报了。

谢谢您的阅读。

2018 年 3 月 11 日凌晨

目录 CONTENTS

第九周 课堂对话 / 100

"所谓学习,就是同教科书的相遇对话,同教室伙伴们的相遇对话,同自己的相遇与对话"。/孩子们把教师"拉黑",是孩子们学会了用沉默来对抗,就如他们对抗父母一样。/教师在课堂中的提问,有多少是好问题? 有多少是废问题? /课堂对话是一门技术活。

第十周 主动参与 / 115

对阅读成瘾,对钢琴成瘾,对锻炼身体成瘾,这些为什么不是病,偏偏玩网络游戏就是病? /奖励可能破坏学习动机。/"习得性无助"与"刀枪不入"。

第十一周 组织讨论 / 130

看似毫无意义的聊天,在学习中发挥着很大的作用。/偏见并不是骂人的话,相反,它说明我们只能从某个特定的"视界"来理解世界。/别让辩论阻碍了追求真理。/教师当好配角需要本事,学生讨论时你可以躲在一边一言不发,可是你却是无处不在。

第十二周 独立思考 / 145

正确的思维往往反直觉。/批判性思维缘起于能质疑,当孩子们学会了这种技能,我们会不会害怕他们挑战我们的"蛮不讲理"? /听别人的经验,也要带着质疑,别人无比宝贵的经验,也许是你的精神垃圾。/提出问题,往往比解决问题更重要。

第一周　理解学习

周一　没有学习就没有学校

暑假过去了，孩子们上学了，我们上班了。开学第一周，要迅速进入工作状态。身体上要进入状态，心理上要进入状态，知识、情感和能力上也要进入状态。

有不少老师会感觉到开学的压力。与别的几乎所有的行业不同，教育行业的从业人员特别容易感觉压力，也特别容易出现职业倦怠的问题。分析下来，可能主要有两个原因：

一是凡"取悦"他人的工作更容易承受压力。教师要服务学生和家长，要揣摩别人、看别人脸色、使他人愉悦，有时候难免常常委屈自己，学会"委曲求全"，这就特别辛苦。教师这份工作，虽然在整个社会分工体系中显得很一般，却很有可能被推到风口浪尖上，要处理与学生的关系，处理与家长的关系，处理与其他利益相关方的关系，这就要善于掌握平衡，一些事明明不合理，可还得去做，而一些事明摆着很重要，可是却未必可以由着你的性子去做，不仅不能做，甚至提都不能提的。老想着让每个人都满意，结果难免自己就不那么满意了。

二是凡未来不确定的工作更容易承受压力。人总是希望对未来有比较稳定的心理预期，每天按计划去做事的话，会感觉很踏实；不需要随时准备应对意外，这样当然就有安全感。可是，教师工作却总会遭遇"不测"，有太多的"突发事件"等着去处理。孩子们的安全问题特别让人揪心，平时再怎么戒备森严，磕磕碰碰总是难免；"上头"下达的紧急任务也特别多，一些工作才布置下来没多久，就急着要迎接"检查评比考核"了，就急着要出成果了；临时性的会议也真不少，手里计划好的工作常常会被打断，在学校里的那点时间就这么被"碎片化"了。有的老师就感叹："哪里安得下一张安静的办公桌。"

不过，教师这份工作即使有千般不好，可有一点却是特别的好，那就是我们去上班的地方叫作"学校"，而学校是一个所有人一起学习的地方，有学习就有成长的机会，这就是学校的好。

学校作为一个组织，与政府组织和企业组织最大的不同就在于，学校是一个学习的场所。这并不是说政府机构和企业都不学习，一些政府机构和学校也非常崇尚学习，甚至在创建"学习型组织"方面做得比学校还好。可是，这些机构不会将学习视为目的，学习只是这些机构达成其他目的的一种手段。学校虽然也会有各种各样的其他方面的目的，但总体来说学校就是一家专事学习，以研究学习和促进学习为业的机构。衡量学校成败的唯一重要的标准，那就是"是否促进了学生的学习"，那些不能引导学生专注于学习，在帮助学生获得学业成果方面毫无建树的学校，是不可以被称之为"优质学校"的。

学生在学校里学习，他们虽然到学校里来有种种事情要干，他们要交友，要游戏和玩耍，甚至还要干几件令成年人头疼的"坏事""傻事"，可是他们归根结底还是来学习的。衡量教师的业绩一项重要指标就是学生的学业成绩，那些不能有效促进学生学业成绩提高的教师，是无论如何不能被称为是好教师的。虽然他们可能为学校做出了其他方面的贡献，虽然他们甚至论文写得很不错，或者公开课获得了大奖，依然不能被称为是个好教师。

而且，作为学生学习活动的组织者、帮助者和促进者的教师，本身也应该是一个优秀的学习者。我们很难想象，一个不爱学习的教师，一个不善于学习的教师，一个不以专事研究学习并亲历学习过程的教师，如何能胜任教师的工作。

下面我们小结一下，开学了，我们应该觉得快乐才对，因为学校是所有人学习的地方，学校不只是学生的学校，学校还是老师们的学校。因而，与其说教师们到学校去上班，不如说来上学。一所真正意义上的学校应该挂上两块牌子，一块写着"某某学校"，一块写着"某某教师学校"。

周二　什么不能被称为学习

2008 年，我曾经被《中国教育报》评为"全国十大教育读书推动人物"，这是迄今为止我获得的最高荣誉，也是我最感觉骄傲的一项荣誉。为此，我还曾写过一篇文章，发誓说我这辈子要以"读书""写书""劝读书"为使命。这些年来，我养成了一个不太招人喜欢的"坏毛病"，无论作讲座还是平常聊天，总"不失时机"地给大家推荐几本好书（我的书当然不在其列，否则有自我推销之嫌）。

我推荐的书，一般都不是什么畅销书，因为我不关注图书市场，未必知道哪些书属于畅销书。我习惯推荐教科书，尤其是心理学方面的教科书，比如普通心理学、发展心理学、社会心理学、认知心理学等。我还会在推荐之后格外强调要买最新版本的读，现在知识更新的速度很快，尤其是心理学、脑科学、生物学等方面的知识，要是一两年不刷新一下，很快就跟不上了。

有一次，我正照例在向大家介绍我希望他们读的书，这时有一名老师举手要求发言，他说，现在好多老师都不读书，你推荐这些教科书，怕把大家吓着了，就更不爱读书了，能不能推荐可读性强一些的书呢？

我在零点一秒内迅速回应：不，绝不。

因为，看自己喜欢看的书，那些通俗易懂的书，虽说"开卷有益"，可顶多被归为"娱乐活动"，那不能被称为"学习"。大家"喜闻乐见"的书，实际上与大家所喜闻乐见的电影、电视剧，甚至与大家所喜闻乐见的麻将或其他游戏一样，其主要的功能是娱乐。带有娱乐功能的阅读，让人躲在"舒适区"

里，在"舒适区"里安安稳稳地获得满足感，在这种满足感中，人未必获得成长。真正为成长而读的书，会逼人进入未必那么美妙的"学习区"。

在学习区里，人不那么舒服。学习与愉悦的关系着实不那么大，却与成长有关，因为没有一种成长是可以轻松完成的。如果读书不能对成长有所贡献的话，这种书不读也罢。

凡是有利于成长的事都是值得去做的。在我看来，去艰苦的地方旅行，或者到一个人迹罕至的地方去冒险，或者与一个暴力犯罪分子对话，等等，这些稀奇古怪的事倒是更有可能促进人的成长的，人在做这些事的时候，终于从舒适区里探出了身子，进入了学习区。

不是每个人都是靠着阅读才获得成长的。据我所知，有不少相当杰出的人，他们患有阅读障碍症，这种令人抓狂的病却从未妨碍他们的成长。举几个伟人的名字你听听吧：贝多芬，爱迪生，爱因斯坦，肯尼迪，他们几乎很难如你我那样自如地阅读，可他们获得了一般人即使是读书人都无法企及的高度，你服不服？

所以，学校是一个学习的地方，学习是要把人带离舒适区的，因为只有离开这个地方，人才能成长。

至于阅读如何促进人的成长，那就要看读什么书，以及怎么读了。

周三　解出难题算能力强吗

学校是一个学习的地方，而学习是为了更好地成长，不仅学生在成长，而且教师要和学生共同成长。

什么是成长？简而言之，成长就是一个变化过程，是自身变得更好、更强、更成熟的过程。也就是说，当我们说某人成长了，那么一定是在说他变化了，并且是朝着好的、强的和成熟的方向上变化的，变化的幅度越大，乃至变得像是换了个人似的，脱胎换骨了，那就说明成长得很快，超出了人们对他的预期。

具体来说，我们可以在以下方面来描述与成长有关的变化。

1. **知识**。当我们说某人从"无知"到"有知"，从"知之甚少"到"知之甚多"，那就在说他成长了。有学者将知识进行了分类，主要包括事实性知识、概念性知识、程序性知识和元认知知识。

"事实性知识"是某一学科或解决问题时必须知道的基本要素。比如文字、词语、数字等术语性的知识，还有事件、地点、人物、日期等细节和要素方面的知识；

"概念性知识"指概念方面的知识。比如分类的知识、原理方面的知识，这些知识要比事实性知识更为抽象；

"程序性知识"是关于"如何做事"的知识。如果说"事实性知识"和"概念性知识"代表"什么"类知识，"程序性知识"则关注"如何"类知识，如数学的运算法则，具体学科的技巧和方法，以及确定何时运用某种程序的知识等；

"元认知知识"是关于一般的认知知识和自我认知的知识，比如策略方面的知识，关于认知任务的知识，以及有助于了解自己认知活动中优势和不足方面的知识。

在传统教学中，我们一般更注重"事实性"和"概念性"知识的学习，不太关注"程序性"和"元认知"知识的学习。

2. **技能**。当我们说某人从"不会做"到"会做"了，那就是在说他成长了。所谓技能，是指"通过练习而形成的，对完成某项任务所必需的活动方式"。具体来说，技能可为分：（1）基本技能，如读、写、算的技能；（2）智力技能，如感知、记忆、想象和思维、推理等技能；（3）动作技能，如绘画、做操、打球等；（4）交往技能，如倾听、赞美、道歉等。

3. **情感**。当我们说某人从"不喜欢某物"到"喜欢某物"，从"没兴趣"到"有兴趣"，那就在说他成长了。所谓情感，是指"人的社会性需要是否得到满足时所产生的态度体验"。情感主要包括："情绪"，这是一种较低级的简单的情感，愉快、激动、紧张等就是人的社会性需求是否得到满足时的反应；

"热情""兴趣""动机""求知欲"都属于情感的范畴。在情感领域最值得学习的是"道德体验"和"审美体验",就是我们平时所说的德育和美育。

我们在教学中普遍会重视知识与技能,忽略学生对所教授的知识与技能的"情感体验",导致学生"学什么就恨什么"的现象。我们常常说,教书要育人,意思是说,我们教书不仅教知识与技能,还要教那些成为一个"完整的人"所必须具备的情感、态度和价值观。如果说,我们的教育不算太成功的话,主要就是忽略了那些看不见摸不着,却又关乎一个人成长真正重要的情感目标。

4. 能力。当我们说某人从"不会办事"到"很会办事",描述的就是他在办事方面能力的成长。所谓能力,是指在完成一项具体的目标或者任务时所体现出来的综合素质。能力既不是知识、技能,又是包含着知识和技能。因为能力不是简单搬用所学到的知识与技能,而是要在具体的现实场景中解决问题、做出预测或选择,能力是知识与技能在实践活动中的迁移。传统教育过于注重知识的传授和技能的训练,忽视了实践能力的培养,导致"高分低能"的现象,那就是说,学生的能力没有得到应有的发展。

学生能解答难题,算不算一种能力呢?是不是能力强就意味着擅长做难题的?答案是不一定,那是因为能解答难题靠的是知识与技能,而解决问题才是能力强的表现。我看在电视节目《最强大脑》上崭露头角的那些人,他们未必能力超群,因为记住更多的知识或会做更多的题不等于具备了能力。有时候,知识越多可能能力还越弱。

因此,我们可以得出一个初步的结论,成长就是个体发生变化的过程,让一个人变得更好更强的应该是他的情感和能力方面的变化,学习应该促进这些方面的变化。

周四 人工智能和人的智能

我们到底应该让学生学什么?如果人的生命是无限的,而且他们不必从学校毕业，那么我们就不必讨论这个问题了。

近年来，我走了不少学校，考察学校的课程建设情况。每到一个学校，校长们总会捧出一大摞校本教材来给我看。其实，校本课程就是学校除了国家规定的学习内容之外，根据本校实际决定额外让学生学习的内容。那就涉及一个重要的问题，在学生有限的学习时间里，我们应该把最重要的内容教给他们，而什么是真正重要的呢？我们怎么做才能替孩子们保管好他们的生命，而不是将他们的生命白白浪费在无关紧要的方面呢？

到底应该让学生学什么？这个问题颇有争议，好在现在人工智能的发展给我们提供了一个思考问题的角度。我认为，我们不必在人工智能发挥长处的地方着力太多。我们似乎没有必要去让人脑与电脑进行同质化竞争的，我们不必将孩子们培养成电脑，而应该培养人工智能永远赶不上的，至少眼下赶不上的那些能力。那是些什么能力呢？

我们先来看看什么是人工智能。

人工智能是一种"人工"，人工就是那些靠着人力就能制造出来的东西，虽然号称"智能"，可毕竟是人工的。那就是说，我们不必被人工智能吓着了，即使再神奇再了不起，哪怕战胜了围棋世界冠军，那也只是人工的智能。就像我们不必被跑起来飞快的火车吓着，因为哪怕时速达到 400 公里，依然属于人工系统。所以人工智能并不可怕，人工智能的智能低于人类的智能。

美国麻省理工学院的温斯顿教授认为："人工智能就是研究如何使计算机去做过去只有人才能做的智能工作。"也就是说，人工智能是要使计算机模拟人的某些思维过程和智能行为，如学习、推理、思考、规划等。可是，人工智能特别擅长的领域在于记忆和逻辑运算，在其他方面，则很难超越人的智能。从思维观点看，人工智能如果不能突破逻辑思维，无法调动形象思维和灵感思维，那么人工智能只能是人的智能的奴仆。

那么，哪些才是人才会具备的智能呢？我分析下来，以下三项能力是人独有的，至少在相当长的时期内人工智能是赶不上的。

1. **决策能力**。决策过程本质上是要对两件以上的事情做出选择，到底哪个更好呢？哪个是最适宜的呢？决策过程中当然要提取相关的知识，可是决策中需要决策者给各种不同的决策赋予价值，而且还要揣测某一项选择的成功可能性。要做出明智的选择，也许靠直觉能力才是最有效的。比如说，有朋友敬我一杯酒，我该不该喝这杯酒？听上去这是一个十分简单的选择，可是却不是通过某种固定的运算就能得出结论的，因为实际上做出最优决策的背景知识十分丰富，至少涉及具体场景中的以下因素：酒的品质，我的酒量，该朋友在我心目中的地位，今天的心情和环境氛围，输入条件实在太多，而且我的决策还与朋友敬我酒时的态度有关，而他的态度如何，却是我事先无法预判的。你看，这么小小的一个决策，就涉及那么多问题。而我能使决策达到最优，你说人脑厉害不厉害！

2. **问题解决能力**。现在有一个问题摆在面前，这个问题构成了某些障碍或限制条件，使我们无法达成目标。比如我想回家，可是我的车抛锚了，这是我面临的一个问题。那么我该怎么办呢？是乘公交车？还是打电话让朋友来接我？这就需要依靠创造力做出各种可能的假设，并逐一对不同的假设进行判断，判断其可行性。这个过程也是一个人工智能无法通过运算完成的。

3. **探究能力**。为了理解一些自然现象或心理现象，人们需要通过实验探究提出"假设"，并对假设进行验证。这里的关键在于如何对自然现象或心理现象做出假设，要做出假设是需要想象力的，而后要设计合适的实验过程对所做的假设进行验证。至少目前为止，人工智能还无法完成探究和实验过程。或者说，人工智能缺乏人类科学探索所需要的好奇心和想象力。你很难想象，人工智能可以自动发现一个现象，自动对这一现象做出大胆假设，而且还能巧妙地设计出一个实验来验证做出的假设。

我把决策、问题解决和探究能力称为人工智能条件下人的三大关键性能力。我认为，学校应该着力于培养学生这些能力，只有这些能力得到培养了，学生才算是获得了智能方面的而非人工智能方面的成长。

学校是一个学习的地方，要让学生学习真正重要的东西，而真正重要的是人的能力，区别于人工智能的独特的智能。

周五　在交往中学习和成长

讲授法和讨论式，这两种课堂教学方法，到底哪一种更有效呢？我的答案是，无所谓哪一种更有效，而要因时因人因地采取不同的方法。

首先因时。讨论式要比讲授法更费时间，要是明天就要考试了，今天是最后一节复习课，那你说我们该给孩子们讲讲重点还是让他们讨论讨论？显然这时候再来做课堂讨论就不合时宜了；

其次是因人。学习困难的学生，他们需要教师细致地讲解才能做出理解，即使优秀学生，他们中也有一部分人的感觉偏好属于听觉型的，他们可以从教师的讲授中获益良多；

再次是因地。如果课堂规模大，组织讨论可能在操作上更有难度，直接讲授可能是最便捷和有效的。

不过，有些老师无论在哪种情况下都偏爱讲授法，即使讲授法明显地不合适，学生甚至已经表现出明显的厌学倾向，教师还是依然如故。这可能与该教师的观念有关，也可能与该教师的技术能力不足有关。

首先是观念层面的问题。如果认为学习就是学知识和技能，那么就会倾向于讲授，因为讲授法立竿见影啊。而如果认为学习应能促进学生情感和能力的成长，那么，教师就有可能千方百计地让学生花费时间在课堂讨论活动中。一旦组织课堂讨论，就有教师说，时间不够，教学进度来不及。我认为这些教师所说的进度，是教师教的进度，而不是学生学的进度。他们习惯于自己讲，而且只要讲完了就心安了，以为完成任务了，可他们没有站在学生角度上思考，虽然你讲完了可学生有没有学完呢？为什么随着年级的增长，困难学生越来越多呢？这多多少少与教师顺利讲完而学生根本没有学完有关。所以，观念要是转不过来，课堂就很难发生改变。

其次是技术问题。讲授是需要技术的，组织课堂讨论更需要技术。一些教师不愿意采用讨论式，可能是因为讨论式很难驾驭，课堂可能变得难以控制。

学生就某一专题展开讨论的过程，就是一个交往的过程，一旦交往活动开始，课堂对话就开始了，于是课堂的流程变得不可控，学生的课堂生成变得不可控，连课堂纪律也容易失去控制。所以一些教师对讨论式存在着较大的恐慌，这实在是技术不过关而导致的心理障碍。

有段时间大家在讨论，随着信息技术的发展，学校还有没有存在的价值。我认为互联网条件下，学校教育将会更有价值，而且信息技术与课堂教学的深度融合，会迫使教育回归其本质。教育的本质不在于传递知识，而在于培养关键性能力；教育的本质不在于训练学生成有竞争力的"考生"，而是创造一种氛围，让孩子们生活在其中，而最终成为一个完整的人。只要这么想，学校就有用武之地。

在学校里，学习不仅是一种获得知识的认识过程，同时也是一种人与人的交往过程。

什么是交往？所谓交往就是指处在同一场景下的主体之间的相互作用，相互交流，相互沟通，相互理解。交往是人之所以为人的基本存在方式，人们正是在交往中成长起来而成为人的。学校提供了一个人与人交往的场景，学生与学生之间，教师与学生之间，而且教师与教师之间，结成了学习共同体，在共同体内，人们在交往中学习，并获得更多成长的机会。

我们不仅要看到交往在促进知识增长方面的作用，不仅要看到交往在激发创造思维和培养关键性能力方面的作用，更要看到那些并非显而易见的作用，比如孩子们通过交往学会了过道德的生活，以及丰富了其人生的体验。

那些看不见的价值，或许正是教育真正的本质。

一周总结

这是开学第一周，除了身体和情绪上的准备，观念上的准备也非常的重要。这一周我们讨论了学校的性质问题，学校是一个什么地方？学校是一个师生共同学习、共同成长的地方。

周一，我们讨论了学校之所以被称为学校，是因为学习。如果学校和教师不研究学习，也不能促进学习，那么学校就不配叫作学校。衡量学校和教师业绩的主要指标是看学校是否让学习真实地发生。

周二，我们深入探讨了什么是学习。凡是被称为学习的，一定是引发人的变化过程的。这就是说，阅读未必可以被认为是一种学习行为，而聊天很有可能是在学习。这里的关键是看有没有使人获得成长。在舒适区内，人没有获得成长，就不是学习。

周三，我们进一步研究了学习内容问题。学生在学校里学什么呢？学知识，学技能，获得情感体验，而且获得能力的发展。在这些学习内容中，什么是真正重要的呢？如果人的生命是无限的，那我们可以让孩子们学一切。可是，生命不够长，我们只能把最重要的东西给学生，最重要的是什么呢？是能力。而解数学题，尤其是考卷上的答题，那种有标准答案的试题，考的是一种技能，解题不能称为能力。

周四，我们比较了一下人工智能和人的智能的区别，区别在于人的智能是一种只有人才有的实践能力，能力与知识、技能有关，但掌握知识和技能不能叫作能力强。在具体实践中，能做出正确的决策，能创造性解决问题，能发现自然和心理奥秘的，才算作能力。

周五，我们讨论了要促进能力的发展，就要在课堂中将讲授减到最小，要多让孩子们讨论和对话。这就引出一个我们贯穿20周的主题：交往。学校实际上提供了师生之间、生生之间、教师与教师之间交往的机会。正是在交往中，所有人的知识获得增长，思维得到激发，能力得到培养，更重要的是，在交往中获得的那些人生体验，将使人受益终身。

从下周起，我们就要一起学习课堂里和课堂外的交往行为，学习如何调整交往行为来促进学习，学习如何创造一个良好的氛围，来增进每个人的幸福。

第二周　组建小组

周一　开学第一天由谁对谁说

开学第一课，应该由谁来说？这个问题似乎不必问，当然由成年人对着孩子们说，因为学生是我们的教育对象，我们这些成年人有好多话要说。

连中央电视台都开了《开学第一课》专栏，对孩子们谆谆教诲起来。那中央电视台说了些什么呢？当然是主旋律。我查了一下，2008 年的《开学第一课》以《知识守护生命》为主题，对全国孩子们进行了应急避险教育和生命意识教育；2009 年的主题是《我爱你，中国》；2010 年是《我的梦，中国梦》；之后的主题我罗列一下："美在你身边""乘着梦想的翅膀""父母教会我""英雄不朽""先辈的旗帜""中华骄傲"等。我觉得这些主题都很重要，太值得跟全中国的孩子们讲了。可问题是，该不该在开学第一天讲？孩子们愿意不愿意在开学第一天认真听完这些成年人们精心准备的专题呢？好像没有人关心这个问题。

校长是一定要在开学典礼上讲话的。校长的讲话一向是形式大于内容的，开学了，校长说什么并不重要，但不能不讲，因为校长讲话具有象征意义。极少数校长在讲话中夹杂着个别有新意的句子，就会在互联网上传播，如电子科技大学李言荣校长的那句"骑车不要耍手机、走路不要发信息，约会虽急、但安全第一，且行且珍惜"，足以让他成为"网红"校长。可见，绝大多数校长的讲话基本上是千篇一律、乏善可陈的，无非是勉励大家努力学习注意安全再创辉煌之类永远正确的话。

终于轮到班主任说话了，班主任还能说什么呢？无非就是强调这学期很关键，反正没有哪一年不关键的。班主任当然还要强调纪律，要求大家以全新的精神面貌迎接新学期的到来。等到科任教师进教室，还是强调纪律性，再加上本学科最重要之类的话。

从各级领导到班主任、普通教师，所有人都高高在上，在俯视孩子们，在告诫，在提防，甚至在"威胁"。可是，我们有没有蹲下来听一听孩子们的声音呢？我们有没有可能问他们，孩子们，你们需要帮忙吗？开学第一天，你们在想什么呢？或者，我们只说我们自己对自己的要求，顺便说说对孩子们的期望？或者照旧由我们成年人教训他们，可是在我们发表完训词之后，再听听他们的反响和反馈？或者索性与他们你一言我一语轮着说？

虽然中央电视台、校长、班主任、科任教师都在对着孩子们说话，说的话大抵也都没有错，可是说这些话的时候都是在"独白"，是对着说话而不是在"对话"。这种居高临下的教诲，几乎不会产生任何教育效果，能不引发他们的反感就已经不错了。

而且，我们还忘记了最重要的一件事，就是让孩子们相互说说话。开学第一天、第一周，他们坐在一间教室里，他们即将成为同学和玩伴，他们对彼此充满着好奇，可是他们还相互不认识呢！

开学第一课，也是开学最重要的一课，不要急着告诉他们爱国爱家乡爱班级爱学习，这些话一定要说，可不必一定在这个时候说。我们能不能拿出第一天里宝贵的第一课，或者第一周里的任何一节课，让他们介绍一下自己，认识一下同学。他们彼此之间有好多话要说的，叫什么名字，住哪里，喜欢什么，不喜欢什么，对未来的期许是什么，这些重要的话，要是开学时不说，我们打算放在什么时间里让他们说呢？

记着，孩子们到学校里，是来交往的，是来生活的，顺便，他们来学习。而他们的学习，本来也是在交往中完成的。

周二　让不一样的孩子在一起

我们向谁学得更多？跟与自己相似的人在一起学得更多，还是与自己不一样的人？我想，常识告诉我们，当然要多向与自己有差异的人求教和交流，收益更大。我们常说"三个臭皮匠赛过诸葛亮"，要是那三个臭皮匠非常的相似，在智慧上与一个臭皮匠又有什么区别呢？

我记得几十年前，中小学有重点和非重点之分。我曾经工作过的上海市新沪中学在中华人民共和国成立前与复兴中学齐名，在师资水平上还超越复兴中学，可惜后来在评上海市重点中学的时候竞争不过复兴中学，这就一落千丈，成为一所"三流学校"，到后来索性因"教学质量"低下被另外一所普通中学合并了。在我看来，当时的重点学校制度就是把学业成绩相似的学生放在一起。再后来，我们意识到将学生按三六九等分到不同学校读书，有违教育公平，就把重点学校的称谓取消了。现在的所谓学区房多半是重点学校时代的余音。

不少学校分重点班。为什么学校要分重点班和非重点班，那是因为分了重点班可以集中"优势兵力"培养尖子生，学校就是靠这些尖子生扬眉吐气的。后来规定在义务教育阶段不允许办重点班了，于是"实验班""特色班""特长班"之类的名称就被发明出来了，反正变着法子要把学生按不同的学业水平编班。

上海有一家学校尝试"分层递进教学"，就是在一个班里，将学生分为好中差三部分，学习成绩优秀的编为一组，学习成绩差的编为一组，中等水平的学生占大多数，被编为两组。如果学习成绩进步了，可以由原来的组升入高一等的组，要是成绩下降了，那就降一组。我看，这种方法的底层逻辑还是要把同等水平的孩子放一起。

　　无论是重点学校，重点班还是同一个班里分重点小组，支持这些做法的理由都是为了更好地"因材施教"。你看，学生的学业水平参差不齐，他们的接受能力也不同，所以难度和进度就应该不同。要是把这些孩子放在一个班里，教师教了优秀的那部分学生，学困生就听不懂；教学困生吧，优秀学生又"吃不饱"。

　　你看，支持按学业水平编学校、编班和编组的人，其实骨子里认为教学就是传递知识，最有效的知识传递就应该使每个学生都统一学习难度和进度，如果掉队了跟不上，就应该让他们降级。在这些人看来，根本不存在情感体验、能力培养之类的学习目标。也不知道学生之间的互动和交往对学业和综合素养所产生的积极影响。

　　在将学习看作是一个师生、生生交往与合作的过程的学校，是不会编重点班的；在将学习看作是一个人与人协作互助的过程的班级，是要将学生编为一个又一个"异质组"的。

　　为促进课堂交往与合作，就要让不一样的孩子们围坐在一起，4～6人一个小组，让他们面对面在一起。要有意将不一样的孩子编在同一个小组，他们的学业水平不同，他们的兴趣不同、性格不同、性别不同、家庭文化背景不同。他们之间的差异不是课堂教学的问题，而恰恰应该是一种可以充分利用的资源。

　　记住，真正让我们学到更多的，是那些我眼中的"异类"，而非同类。

　　开学第二周了，把不同的孩子们编在一起吧！

周三　把学习小组变成小"团伙"

　　我听了不少课，多半听到的都是些"表演课"。因为校方希望给我这个外来的客人留下好印象，开课教师不希望在我这个"课堂教学专家"面前把课上砸了，丢了自己的脸，也让学校蒙羞。其实，听课的人都知道那些课是被彩排过的，区别只是演技高不高。表演水平高的，一堂课如行云流水一般，假戏如真。教师们开公开课，常常要求学生们配合老师，而长期受"演戏文化"熏陶的学生，早已学会如何恰到好处地配合教师，做好课堂上的配角。所以，一般情况下，我不太爱听公开课，觉得特别腻味。

因为长期研究合作学习，难免会多听到一些合作学习的课。总体来说，合作学习比一般的教学不容易被"表演"出来，那是因为要在小组讨论时做到配合老师，是很难的。你想，当教师一声令下"下面开始小组讨论"，你只要待在孩子们边上观察，小组是真讨论还是假讨论，焉有看不出来的道理？

一般听合作学习的课，我都会进入学生小组，组内交往和合作是否有效，一目了然。那些平时就注重小组合作训练的，小组活动的效能更高。怎么看出他们平时是否常常合作学习的呢？我主要观察以下三点：一是当一名组员正在发言时，其他组员有否倾听；二是当一名组员遇到困难时，其他组员有否为他提供帮助；三是当一名组员代表本组向全班汇报小组讨论结果，而汇报不如人意时，组员们会不会觉得很沮丧，还是无动于衷。只要看这三点，就能十拿九稳地告诉我自己，这个班的孩子们今天是配合老师表演给外人看，还是在真实地合作和学习。你想，要是小组的伙伴们结成了真正的合作关系，当其他组员在发言时，他们能不专心听吗？当有伙伴遇到困难时，他们能"见死不救"？当小组代表出师不利，大家能毫不动容？

小组成员是不是"一伙"的，这点很重要。

主张交往和合作的课堂文化，是要把一个又一个小组变成"团伙"。团伙在我们的字典里是个贬义词，但是构成"团伙"的若干要件却是学生小组建设的关键所在。"团伙"其实是一个命运共同体，成员们结成了"一荣俱荣、一损俱损""荣辱与共"的关系；他们有共同的愿景和目标；他们有共同信守的规范；他们责任分摊，有福同享，有难同当；他们有严格的分工，却又能精诚合作。

为了迅速把小组变成"团伙"，我们要花点时间引导他们，让他们知道伙伴们在一起，是要去做一件"惊天动地"的大事的，"我们小组就是与别的小组不一样"！要帮助他们确立小组目标，要有野心，要成为最棒的小组；要让他们喊出属于他们小组的口号，独一无二的响亮的口号；对了，他们还要给自己小组取个特别的名字，非常非常特别的名字，让人听过就不会忘记的名字。

每个小组成员都如此的与众不同，每一个都叫人难忘；由这一个个全然不同的成员构成的小组也是如此的与众不同，每一个小组都叫人难忘；由这一个个全然不同的小组（团伙）构成的班级更是如此的与众不同，叫人难忘！

当班级里，每个人、每个小组都在做最真实的自己时，他们就都是美的。

周四　不要让组长成为独裁者

近年来，一个日本人的名字在业内常常被提起，他就是东京大学教育部部长、日本教育学会会长佐藤学。他的《静悄悄的革命》一书在国内教师中很有知名度。我很佩服他，因为他要做一个"付诸行动的研究者"，他的足迹遍布日本全国各地的学校。作为一个名校的教授，他能三十年如一日深入课堂，与教师一同研究教学，实在难能可贵。我相信像这样走向"田野"的教授，无论中日，都属于罕见的人物。佐藤学的名字一直在激励我，在课堂里做研究，而不是在图书馆和电脑前。

湖南有一名语文教师杨老师在读了佐藤学的著作之后兴奋地给我发信息，说我很像佐藤学，像他一样总在课堂里，总和老师们在一起。我回复说是的，在热爱课堂这一点上，我们是一样的，但是也没有什么可骄傲的，我把所有的喜欢做的事都称为娱乐，你说一个人从事娱乐活动，还有什么可骄傲的呢？

杨老师接着说，你们俩的理念也相似，都倡导"合作学习"，都主张"课堂对话"，都在提"学习共同体"。我说是的，我们在理念上是一致的，但是表述会有不同，操作方式也不太一样。我想我们都在努力解决本国面临的问题，我们国家教育资源严重不均衡，学校和学校的差距太大了，教师的教学专业能力也参差不齐，而且，我们是在大班额条件下搞合作学习，在面临超大的考试压力的情况下去实现课堂对话，在一个习惯了由教师主宰课堂的文化中构建学习共同体。国情不同，佐藤学的方法在我们这里也就未必都管用。所以，中国的教育家要有信心。

杨老师说，我拿你和佐藤学相比，果然有很多不同点。他说，你主张要在学生的学习小组内设一名组长，可佐藤学却不主张。

佐藤学的学习共同体理论中，是否会反对设小组组长，我不知道，也没有查阅过他的文献。但是，我是坚决主张在小组内设组长的。因为我国学校的班额普遍超大，在课堂里，要么组数很多，要么组很大。教师正常的课堂教学活动要是没有基本的秩序做保证是无法实现教学目标的。组内设个组长，可以协助教师做不少事，比如传递信息，收发作业，组织小组讨论等。为了让组长起到应有的作用，教师还应该对组长进行专门的培训。

但是，虽然我主张在小组内安排组长角色，但组长这个角色并不是"小老师"，不是替教师去管人的，而是替教师为大家服务的。为了保证组长不专权，教师应要求小组明确提出行为规范的"公约"，要求组长首先要成为公约的示范员。

组长不一定由学习成绩最优秀的成员担任，学习成绩优秀的孩子可能比别的孩子更有优越感，也更愿意表现自己，一旦他们担任组长工作，往往占据了更多的表现机会；另外，学习优秀的学生一般对自己的要求比较高，这容易导致他们对周围人的严苛，进而影响小组合作氛围。

我们要让每个孩子在组内都担任一项工作，而且要告诉他们，这个职位很重要。比如我们可以让学习成绩优秀的学生当"检查员"，让不太喜欢发言的孩子当"汇报员"，成绩最差的那位，可以当"计时员""纪律员"，只要你想得到，你就可以不拘一格发挥每个孩子的作用。

在小组内，每个孩子都很重要！

周五　如何让小组从虫化为龙

人们常常说，中国人不团结，正如柏杨先生在《丑陋的中国人》一书中所说："中国人的窝里斗，可是天下闻名的中国人的重要特性。"他说：每一个单独的日本人，看起来都像一头猪，可是三个日本人加起来就是一条龙；每一个中国人都是一条龙，中国人在单独一个位置上，譬如在研究室里，在考场上，在不需要有人际关系的情况下，他可以有了不起的发展，但是三个中国人加在一起——三条龙加在一起，就成了一头猪、一条虫，甚至连虫都不如。

中国人的不团结有其深刻的历史文化背景，在这里我不想去做分析。我们来看看学校和课堂里的那些现象。

单位里常常也会闹不团结，会发生内斗，勾心斗角的事情特别多，员工们白白地把生命浪费在了复杂的人际关系上，却不产生"生产力"。学校也是如此，以至于学校领导常常将团结挂在嘴上，写在墙上。教师的不团结与教师职业特点有关，教师的工作业绩很难精确衡量，学科和工种也多，相互之间往往不可比，语文和数学教师不可比，数学和英语不可比，即使同一学科，毕业班的语文和起点班的语文都不可比。评价方面的模糊性使教师之间的竞争法则也不够清晰，但是又必须竞争呀，因为学校要搞绩效考核就是要把教师分出"三六九等"的，于是靠业绩说话不行，那么就靠关系得利了，于是学校里庸俗人际关系盛行，这加剧了学校里的不团结。

其实在课堂里也是如此，课堂里也存在着内斗的现象，真所谓"有中国人的地方就有内斗"了！哪怕孩子们只是小中国人。孩子们是怎么学会内斗的呢？我们姑且打个不恰当的比方，把课堂比做是"宫廷"，教师就是皇上，而学生就是臣子，他们怎么不勾心斗角呢？学生天然地带有"向师性"的特点，他们有时候得靠取悦教师才能获得更多的资源，不内斗才怪呢！所以，专制型的教师必然带出内斗的班级。

我是主张要让孩子们学会竞争的，但要让竞争公平公正，竞争规则就必须清晰可见，而且，应使竞争发生在群体与群体之间，而不是个体与个体之间。因为群体间的竞争可以增强群体内的团结。

社会心理学研究发现，人类存在着"内群体"的现象。内群体也就是由自己人所组成的群体，因为都是自己人，当大家感觉到我们都是自己人时，群体成员就会更自觉地遵守群体规范，按照群体的生活习惯行事，将自己的行为方式调整到大家认可的方向上，甚至愿意为群体利益牺牲个人利益。在内群体中，成员会体验到亲切、安全、认同和热爱、忠诚等美好的情感。

照社会心理学研究的结论，当一群人成为"内群体"，他们的"认同意识"强，他们认同群体的规范，在此基础上产生自觉自愿的行动，并且对重大事件和原则问题保持共同的认识和评价，群体越小，认同意识越强；他们的"归属意识"强，他们对群体产生了依赖感；他们的"整体意识"强，能为群体利益做出贡献，对群体承担责任；他们的"排外意识"强，越是把自己看作小群体的成员，排外的意识就越是强烈，"外人"也就更难进入小群体。也就是说，当一个群体成为"内群体"，群体内的成员们是可以变得团结的。

没有什么更好的办法可以创造出"内群体"来，说服教育是没什么用的。最好的方法就是将竞争压力带给群体，大到一个国家，小到学校里的教师教研组，课堂里的学生小组。

可是，将竞争引入了之后，如果竞争却是不公正的，群体也会失去斗志，走向瓦解。因此，学生小组之间的竞争，教师事先在编组时就要使组与组之间保持同质，即组的水平应该是相当的。在计算小组得分时，要将小组进步情况考虑进去，因为组内那些差的学生，虽然从绝对值上看，他们的分数拖了小组后腿，可是他们的增值部分却照样可以为小组争光。教师在帮助小组建设合作的氛围时，说教的结果并不理想。引入公平竞争才是关键。

有的老师问，小组到底应该保持多久？我的回答是，当课堂里的若干小组失去了同质性，就可以重新编组了。这就是说，当有些小组明显比其他小组出色，而另外一些小组落后了，很难赶超时，这时要是再不重新编组，竞争就失去公正性，小组就开始涣散了。

最后，我来回答一下中国人不团结的问题，我认为主要问题在于群体间的竞争不公正，只要存在着既得利益群体，他们可以不按照规则行事，那就不会有什么团结可言了。

一周总结

本周我们讨论的话题是要把孩子们联结起来，让他们构成相互合作的关系。因此小组建设很重要，好的小组应该成为"内群体"，组员们相互依赖，他们感受到了什么是"荣辱与共"。

周一，我们讨论了要抓紧开学这段时间让孩子们相互认识，成为朋友。那么，开学第一课应该由谁向谁说话呢？我认为，孩子们到学校来，首先是交朋友的，我们应该满足他们的心愿。

周二，我们研究了如何编组的问题。我们应该把不一样的孩子放在一起，因为这样他们才能学得更多也更好。

周三，我们探讨了小组成员在小组内应该能获得"一荣俱荣，一损俱损"的美好体验，小组要像一个"团伙"那样有战斗力。

周四，我们研究了小组内角色分工问题，要让每个孩子在组内承担一定的责任，因为每个孩子都很重要。

周五，我们探讨了一个老话题，为什么中国人不团结。为了把小组建设好，就要使组和组之间的竞争公平公正，否则小组将团结不起来。

下周我们将学习如何训练学生合作技能的有关内容。

第三周　合作技能

周一　相爱容易相处总是太难

有一首流行歌曲叫《相爱容易相处难》，曲子作得好，词更是引人深思，歌中唱道："你给我的爱/是真心是敷衍教我如何来分别/常听朋友说两个人的世界/相爱和相处不如想象的美/这些我了解/可是真要面对却又不能无所谓/难道真的相爱容易相处难/就像多情的人总是多受伤……"

我想这首歌之所以颇受大众欢迎，是因为道出了一个事实，两个人在一起过日子，要比当初相爱难多了，什么"天长日久""白头偕老"之类的誓言，真要践行起来绝不是那么的简单。有人说，之所以婚后处不好关系，是因为当初这两人就不是真爱；也有人说是因为谈恋爱时对婚后生活的心理准备不充分，特别是对婚后要共同面对的那些琐事的心理准备不足；还有人说是因为男人有问题，男人比女人容易变心。

我想，这些分析都有一定的道理，但是这些分析都是从情感的角度做出的，也就是说我们往往会认为如果两人相处不好，主要是情感出现了状况。而我认为应该从"亲社会行为"方面做分析，过日子当然要考验人的情感，可要是夫妻双方缺乏针对对方的"亲社会行为"，平时的冲突就会增加，磕磕碰碰的事就在所难免，这会反过来影响两个人的感情。

人的"亲社会行为"主要包括帮助、分享、安慰、合作这四种。

首先是帮助。夫妻生活在一起，当一方有"难"，对方要及时伸出援手，要是帮助不及时，反而还要趁此机会教育对方几句，那麻烦就来了。比如说，丈夫不小心把手割破了，妻子不仅没有及时帮忙止血和抚慰，还在一边唠叨，"叫你小心点，你看割破了吧!"这话在这个时候说简直就有点"幸灾乐祸"之嫌了，于是冲突就起来了。

第二是分享。"有福同享，有难同当"说的就是两人的分享，福要分享，难也要分享。只有同享有福的日子，却不愿意同当有难的生活，夫妻怎么长的了呢？分享的不仅是利益，夫妻还要能分享心情，那些喜悦和哀伤都要拿出来分享，那些小心思小确幸也要拿出来说说。有时候，妻子把持家务事，却懒得与丈夫讨论，渐渐把丈夫边缘化了，也会导致交往障碍。

第三是安慰。在对方不顺心的时候，要表现出安慰行为，帮助对方摆脱沮丧，重新建立自信。如果丈夫工作上不顺心，妻子不仅没有给他加油，反而还"冷嘲热讽""讽刺挖苦"，使丈夫的自尊进一步受损，时间长了，丈夫就不再在家中展露真实的一面了。而妻子见不到丈夫真实的情感流露，后果是很严重的。

第四是合作。有些人不愿意与他人合作，可能是因为对对方缺乏信任。合作其实就是把本来由自己做的事拆分为若干部分，将某一或几个部分交给别人来完成。平时家务劳动其实就是夫妻合作完成的过程，要是对对方不信任，老是嫌对方做不好，甚至所有的事，都由自己包揽，也不利于家庭建设。

以上我在谈夫妻之间，即使婚前自由恋爱的，感情基础很牢靠的，也依然可能面临相处中的问题，这些问题的产生至少一部分与夫妻双方或一方缺乏"亲社会行为"有关。现在让我们回到课堂，来看师生之间、孩子们之间，他们相处得如何呢？他们的亲社会行为表现得如何呢？如果家庭出了问题，夫妻相处中出现冲突，可毕竟还有之前的感情基础，可能还有挽回余地，毕竟"一日夫妻百日恩"。而师生之间、生生之间的相处出问题，可就基本没救了，因为一个班一个小组组合在一起，可不是自愿的，是缺乏感情基础的。

那么，亲社会行为从哪里来的呢？

其实每个人都有与别人友好交往的本能，都会或多或少表现出一定的亲社会行为，这是由遗传决定的，是为保证我们这个物种的生存而必须牺牲个体利益的一种内部机制。人本来就是"社会性动物"，这一特性使得人类在与其他不善合作的物种的竞争中胜出。但是，有些人比另外一些人更表现出亲社会行为，那是因为有些人身处亲社会活动的文化环境中，从小他的周围人都表现出较强的亲社会行为，他在后天环境中受到周围人的强烈影响，于是也就成为一个亲社会的人。

一种理论叫作"社会交换论"，认为人与人之间的相互作用，本质上是个人试图尽可能获得最大利益，同时又尽可能少地付出代价。这种理论认为当周围人对你提供帮助，乐于与你分享，施与你同情，并能与你合作，那么作为交换，你也会回报他们帮助、分享、同情和合作。我觉得这个理论很有道理，这个理论对教育的意义在于：亲社会行为一定要从我做起，尤其是教师对学生的亲社会行为会唤起学生们的亲社会行为。

我对"社会训练论"很认同，这一理论认为亲社会行为是可以训练的。因为人都有亲社会的本能，在社会生活环境中也一定会习得一些亲社会行为，也知道"交换"和"回报"，可是在具体实施亲社会行为时，却依然可能不得要领。就是说，我很想对你好，可是却总是做不好，那是因为我们经常说的"相处之道"，不仅是"道"的问题，更是"技能"的问题，而技能是需要训练的。

那些相爱中的人们，为未来的生活所做的最重要的准备应该是技能上的准备。

周二　亲社会行为与合作学习

《女性领导力》是一本刷新大脑的好书，作者是英国的苏·海华德。这本书描述了一个现状：全球掀起了一股粉红浪潮，女性领导者开始走上前台，展现出比男性更大的优势，这种优势越来越能适应以"不确定"为主导的未来环境。书中列举了一系列女性领导者和她们的独特魅力：美国国务卿希拉里、德国总理默克尔、澳大利亚总理吉拉德、巴西总统迪尔玛、阿根廷总统克里斯蒂娜、泰国总理英拉、IBM 的 CEO 罗梅蒂。中国也涌现出不少赫赫有名的女性领导者：海尔的杨绵绵、格力的董明珠、人民搜索的邓亚萍。

苏·海华德指出男女管理者有着不同的思维方式，在有意见分歧的情况下，双方都想说服对方，男性会不断游说对方接受自己的意见，如果对方没有接受，他会有挫折感；但女性面对分歧，通常考虑的是群体和潜在的关系，以及各成员的需要，女性想要的是寻求一种大家能同心协力去实现的方式。书中得出的一个基本结论是：大体上，女性更关注群体、关系，而男性更关注目标、策略；个人在决策过程中，与男性领导者相比，女性领导者更倾向于民主决策，而较少采用独断型行为方式。

在一项针对澳大利亚 1800 名男性和女性主管和经理的调查数据显示，女性管理者更具战略意识、冒险精神、人际交往能力和创新精神；男性则更关注工作本身，他们更专注于搞好工作而不是忙于处理各种关系。

我基本同意苏·海华德的观点，在一个稳定的经济社会环境中，确定性大于不确定性，所以男性的果断坚决是有效的；而在充满不确定性大于确定性的环境中，亲社会行为更有利于人们取得成就。从这个意义上说，预料女性将主宰世界，是有一定的道理的。当然，并不是说男人就一无用处了，男人要放下"臭架子"，向女性学习如何处理关系，学习如何更有韧性和富有牺牲精神。

让我们回到课堂，当学生学习的内容只是那些确定了的知识的时候，教师展现男性风格，即使是女教师也展示其强势的一面。教师习惯于将真理以不容置疑的方式传授给学生，这在传统社会无疑有其合理性。可是当我们的教育要面对未来的挑战，比以往任何时候都更注重培养学生能力，比以往任何时代都更鼓励学生解决复杂问题，激发学生创造力时，独断专行的教学风格是有害的。相反，教师的帮助、分享、赞美支持和合作就很重要。

教师不仅自己要从高高在上的"神坛"上走下来，走到学生中间与学生一起学习，而且要教会孩子们如何与同伴共同学习，学会为他人通过帮助，与他人分享经验，在交往中赞美和支持对方，并善于与他人合作。

我们在课堂中要倡导和实施合作学习，就是在鼓励和教会孩子们学会与他人共处的亲社会行为。或者说，合作学习本身就是建立在与他人和谐相处、建立合作关系的一种学习方式。教师要花时间教孩子们与课堂交往和合作相关的基本技能。

在课堂的交往与合作中常常需要用到的技能主要包括三类：组成小组的技能，小组活动的技能，交流思想的技能。

1. 在组成小组时，经常要用到这样一些技能：与新的伙伴见面、说话，要向他人打招呼问候；在对人说话时先要称呼对方的名字，或称呼"大家好"；发完言要说"完毕"；小组活动结束，伙伴们分开时要说"再见"。

2. 在参与小组时，经常要用到的技能有：当他人发言时要认真倾听；当他人对自己有所贡献时，应表达谢意；要发现别人的长处时，赞扬他人；在没有轮到自己发言的时候，要耐心等候；在别人遇到困难时，要给予积极的帮助；当出现差错时，要主动道歉；要鼓励他人参与；对他人提问时尽量问开放性的问题；要学会有礼貌的拒绝，有礼貌地打断他人发言，等等。

3. 在与他人交流思想时，需要用到以下的技能：有效地说服他人；与他人达成妥协；提出合理化建议；询问原因；寻求反馈并提供反馈；提出批评以及接受批评；有礼貌地表示不赞同，等等。

教育要培养孩子们适应的能力，那么交往和合作技能是教育的题中之意。而这些技能如果不由学校和教师来教，那么我们还期待谁呢？

周三 相互赞美作为一种文化

没有任何一种亲社会行为比赞美他人更贴心的了，良好的课堂氛围从相互赞美开始。

有一次，我参加一个地区的青年教师研习社的活动，一名看上去很柔弱的女教师向我提问，一脸无奈的样子："现在的孩子一点都不听管教，打不得骂不得，感觉对付学生的手段实在有限，郑老师你说该怎么办？"听到她的提问，我愣了一下，没想到在"90后"教师心中居然也有这么"恶狠狠"的念头！

当孩子在课堂里出现行为方面的问题时，我们首先想到的不应该是怎么"对付"，而应该是寻找问题行为背后的原因。每一个问题行为背后都是有原因的，越是严重的破坏性行为，就越是有原因：是不是这个孩子花费了很多时间和精力在某件事情上，却总是无法完成，感觉到挫败？是不是学习任务的难度太大，学习压力让他不堪忍受；是不是有人羞辱了他，让他的自尊受到极大的伤害；是不是受到不公平对待，却无处申诉。总之是有原因的，而无论打还是骂都不能消除这些原因，相反，只会引发新的和更严重的问题。

每个人都需要被关注，这是人的天性。对孩子们来说，周围人都无视他的存在，已经是对他很大的伤害了。可事实上，不少孩子平时得不到他人的关注，而一旦他们犯错，就会被关注，就会被教师抓住不放。渐渐他们发现，当他们犯错误时，他们成了班级里的"英雄"，迅速被大家关注，于是他们的心理得到了满足。尤其是学习成绩差的学生，他们总是游离于学习活动之外，他们得不到关注，更谈不上被尊重，他们严重地缺乏存在感。而违反纪律可以激怒老师，而激怒老师甚至可以引发更多人的钦佩，次数多了之后，这些孩子"习得"了捣蛋行为，按行为心理学的说法，他们的捣蛋行为得到了强化。

我对研习社的青年教师们说，我们不妨想一想，如果孩子们表现良好的时候，教师们将他们的良好表现视作理所当然，而没有及时地予以赞美，没有迅速地去"抓孩子们的闪光点"，就失去了强化他们良好行为的机会。一定不要再花费大量时间抓孩子们的缺点，因为总是关注不良的行为，反而可能强化了这种行为。一个我们不愿意看到的结果是，孩子们渐渐养成了一种与你的期望背道而驰的行为模式。而正是这种行为模式，可能进一步使你情绪失控，对他们实施更为严厉的惩罚，于是，师生关系彻底破裂，行为问题也就更多了。

研究发现，那些经常被夸奖的孩子，他们认为自己是个好孩子，他们对学校和班级更有感情，亲社会行为更多，学习也更努力；而总是被批评甚至被惩罚的孩子，他们会认为学校和教师对自己不公，学习态度也更消极，他们的"反社会行为"也就更多。

作为教师，要有一双发现孩子们优点的眼睛，要相信，每个孩子都有自己的优点；每个人都希望获得别人的夸奖。对孩子们优点的肯定不仅不会降低你在学生心目中地位，反而可以赢得他们的尊重。

我们这些当老师的不仅要舍得夸奖学生，还要鼓励孩子们相互赞美。在这方面，我们首先要戒除孩子们相互"举报"的不良习惯，有时孩子为了取悦教师，主动替教师监督其他孩子的行为，成为"小告密者"，教师不应助长这种风气。教师要鼓励孩子们相互欣赏，要告诉他们，坦然欣赏别人的优点是自信的表现。我们成年人也是如此，在日常生活中，赞美之词往往说不出口，主要是因为缺乏自信心。而那些总是设法贬低别人的人，其实是缺乏勇气的人。

我们要让孩子们养成赞美他人的习惯，而且还要教他们具体的赞美的"动作要领"。比如，应赞扬对方认为自己确实很了不起的领域，"马屁要拍对地方"；要善于夸奖对方较不易为人知的优点和细节，因为经常夸奖的事总会让人感到厌烦；要提及或引用对方的话来进行赞美，我们可以说："上一次我记得你是这么这么说的，对我特别有启发。"

老师们赞美学生，学生们相互赞美，赞美应该成为课堂里的一种文化。

周四　教会学生们控制坏情绪

将赞美作为课堂文化，我把这一条作为创造课堂合作好氛围的第一个重要条件。而教会孩子们控制不良情绪是防止良好氛围被破坏的最重要的方法。

与学会赞美一样，控制情绪也要从教师做起。在一次班主任工作研讨会上，一名全国知名的班主任老师回答听众提问时说："当学生与你对抗时，你一定要忍，你只要默默地从 1 数到 10，就不会再发火了。"我认为他大体说的没错，人的大脑受到刺激后，"情绪脑"迅速启动，估计 10 秒后，"理智脑"开始发挥作用了，于是，情绪得到了控制。我在后来的补充发言中说，在与学生发生对抗后，确实应该用数数的方式防止情绪进一步恶化，可是你到了对抗已经发生的时候才想到控制情绪，是不是为时太晚了呢？也许数了数之后你的问题解决了，可是问题学生的问题没有解决，你与问题学生之间的问题也没有解决。

我认为，只要学生在课堂上公然与教师对抗，问题一定在教师一方。对抗是一种十分激烈的破坏性行为，要不是一方被另一方激怒，一般是不会有如此激烈的反应的。在学校里，有的孩子因为被教师惩罚，而且一些惩罚极不公正，导致他们的心理严重受挫，教师的惩罚在他们心中埋下逆反和复仇的种子。一个很难解脱的怪圈就是，孩子犯错，教师惩罚，他更错，教师越发怒火冲天，孩子则越发固执，结果他的固执成为引发下一个更严重的行为问题的原因。

教师为什么会惩罚学生？动机无非有两种，一是改变学生行为，二是泄私愤。事实证明惩罚从来不能解决问题，而教师依然固执地采取惩罚手段，那就只能说明教师在惩罚学生之前情绪就已经失控了。

因此，我建议教师在对问题学生施加惩罚手段之前就控制住自己的情绪。

那如何控制自己的情绪呢？数数是不是最好的方法呢？被美国《今日心理学》杂志誉为"活着的最伟大的心理学家"的阿尔伯特·埃利斯，他所创立的理性情绪行为疗法（REBT）可供我们学习借鉴。埃利斯认为焦虑、抑郁、愤怒、自我厌憎和自怨自艾等大部分的心理问题都是人自身造成的，我们要做的就是将这种不理性的想法转变为健康的理性的想法。达到这种转变的核心就是要无条件地接纳自己、他人和这个世界。

首先，无条件接纳自我。要承认每个人都会做错事，虽然你是成年人，是教师，而且可能已经是个很了不起的教师了，可你依然会做错事。做错事并不意味着你就是一个傻瓜和坏蛋。

其次，无条件接纳他人。要承认每个人都会做错事，尤其是青少年学生，他们做错事并不意味着他们就是傻瓜和坏蛋，他们不是有意要和你作对。你本来就不能要求他们什么都必须做得很好。不要因为他们"讨厌"的行为，进而埋怨他们本人。

最后，学会接受现实、坦然接受挫折。埃利斯指出："生活对于每个人来说都不是一帆风顺的。对于生活中遇到的'磨难'，你能做些什么来阻止自己的愤怒和抑郁呢——唯一的答案只能是：不把它当作一种磨难。你需要告诉自己，麻烦只是麻烦而已，没那么糟糕。坦然面对和接受让你不愉快的生活现实，并且试图用行动去改变它们。坚持不断驱走内心的害怕和恐惧，才能让自己不被现实影响。"

我想，要创设良好的课堂氛围，教师必须成为控制自己情绪的大师，要不断地告诉自己，无论是对自己、对他人还是对现实世界，我们都不应当夸大阻力、以偏概全，不要随意贴标签。教师只有控制了自己的情绪，才能真正控制局面。

我们还要将情绪控制的能力教给孩子们，让他们如我们一样，无条件接纳自己，无条件接纳他人，坦然地面对一切不如意。

周五　良好习惯需要刻意训练

我在武汉经济技术开发区指导一些学校实施课堂改革，在听完我的合作学习培训课之后，一些老师私下里说，我们学校十年前就开始尝试合作学习了，校长花了很大的代价让我们去山东考察杜郎口中学，刚开始我们热血沸腾、跃跃欲试，可是过不了几个月就凉了，没有坚持下去。

我看到很多这样失败的案例，有的甚至是整个地区在推行合作学习，刚开始确实轰轰烈烈，可后来都虎头蛇尾，不了了之。我分析下来，主要问题在于没有真正把握合作学习的精髓。合作学习其实是在教孩子们交往与合作，要是他们仅仅被编入了小组，而小组内交往和合作存在问题，那么合作学习的经其实被念歪了。而教孩子们与人交往和合作，重点是要教交往和合作的技能。实施合作学习而不教授如何与人合作，这样的合作学习怎么能成功呢？

那么我们应该怎么教授这些技能呢？我想首先要明确三项原则。

1. **详细明确原则**。我们要详细说明每一个技能的表现、使用条件以及如何使用。我们不能对学生泛泛而谈，要倾听，要赞美，要有礼貌打断他人等，不能这么教，而要教细教透。比如教学生"倾听"，就要教这样几个动作：当伙伴在小组发言时，你要注视他，不能看别的与小组学习无关的东西，也不能摆弄文具用品；你一边听一边要有所响应，比如点头，微笑，皱眉等；对方说到重要的内容，你要适时地做好笔记。你非得这么教，把要领说的越明确，效果越好。一些教师怎么也没有教会学生交往与合作，可能他们对交往合作的动作要领本身也不太清楚，这就需要比学生先学一步了。

2. **小步骤原则**。在一定的时间内只教一点点内容，循序渐进。据我的统计，课堂中被使用的交往和合作技能有三十种左右，如果一股脑儿教下去，那就严重超出了学生所能承受的范围。一般主张一周只教一种技能，全部教完总要一年吧！孩子年龄越小，就要教得越慢。

3. **过度练习原则**。只让学生练习一两次是根本不够的，只有始终如一地坚持练习某项技能，直到学生已经把它融合到自己的行为当中去，并自觉、习惯地去做，才算罢休。最好一个班的所有任课教师都利用上课时间组织学生练习，各科老师都训练同一技能效果更好。教师要千方百计创设练习使用某项技能的环境，对学生的表现给予及时反馈。

那么，应该让学生练习多久才能取得成效呢？有人说技能训练有"1万小时法则"，学习任何一项技能，无论钢琴还是木匠活，花1万小时的练习时间，就能取得成果；最近的心理学研究显示，养成一个好习惯，估计需要66天。但是，花1万小时或66天就一定能成吗？

佛罗里达州立大学心理学教授艾利克森在他的学习心理学著作《刻意练习》中说："事实上，训练时间的长短对能力的提高没有太大影响，没有正确方法而反复去练习，会让我们停滞不前，并且使能力水平缓慢下降。"他强调训练方法的重要性，"除非你有专门的恰当的练习方法，否则即使加倍努力也不会有大的进步。"

他在书中提出了"刻意练习"的方法，主要是四个原则：

1.明确目标，即应该实现哪方面能力的提升。这一原则与我所提的"详细明确原则"一致。

2.尽可能找到这个领域中最优秀的专家，或者高手，或者经典书籍。目的是能够让我们和这个领域高水平的心理表征进行对比，获得高质量的反馈。这一原则运用到课堂场景中，就是在强调教师应该成为交往和合作技能领域内的专家和示范者。

3.研究最杰出的导师或者成功案例背后可能的成功的原因。这一原则在现实场景中可以理解为，教师要总结合作学习取得良好效果的小组所取得的经验，分析小组成功背后的原因，尤其是组员们交往和合作方面的经验。

4.不断地投入时间和精力去训练。

总之，教学生学会交往和合作，并不是在教这方面的知识，而是在教技能，教授技能有教授技能的法则，这个法则就是"刻意训练"。

一周总结

本周我们强调了创设课堂良好氛围的基础性工作，那就是要让孩子们刻意练习交往和合作的技能，而在教学生学会之前，教师要先学会，并起到表率作用。

周一，我们讨论了一个常见的现象，那些因爱而结合在一起的人，婚姻却未必幸福，那是因为两个人相处，靠的已经不完全是感情了，而是亲社会行为，如帮助、分享、安慰和合作等。

周二，我们探讨了亲社会行为与合作学习的关系。我们了解到，女性特质之所以能适应不确定的未来，主要原因在于女性可能比男性表现出更多的亲社会行为。合作学习重在培养学生的能力，因此，教师和同伴都不能武断而霸道。因为，在合作学习研究者和实践者看来，学习内容不应该由确定的知识占主导。

周三，我们强调了支持合作的课堂氛围应该以赞美作为一种文化，教师必须以赞美替代惩罚，而且要鼓励学生相互赞美。

周四，我们研究了问题学生的不良行为与教师没有能有效控制情绪有关，而控制情绪以及教授学生控制情绪的方法，是教师的一项重要工作。

周五，我们学习了技能训练的基本原则，交往和合作既然属于技能，那就需要刻意训练，使之成为习惯和教养。而教师必先训练自己。

下周，我们将集中讨论合作学习的实施要领，教授孩子们交往和合作，目的是为了合作学习。

第四周 合作学习

周一 合作学习不排斥讲授法

网上有个讽刺性的段子很有意思："你跟他讲道理，他跟你耍流氓；你跟他耍流氓，他跟你讲法制；你跟他讲法制，他跟你讲政治；你跟他讲政治，他跟你讲国情；你跟他讲国情，他跟你讲接轨；你跟他讲接轨，他跟你讲文化；你跟他讲文化，他跟你讲老子；你跟他讲老子，他跟你装孙子！你跟他装孙子，他跟你讲道理。"反正都是他有道理，你只有自认倒霉了。

这个段子讽刺的是那些当权者利用逻辑错误来占据谈话中优势地位。我们在讨论问题时经常容易犯的一种逻辑错误就是"不相干谬误"，也就是转移话题，因为话题被悄悄转移，所以人们无法得出所需要的结论。

我记得刚走上工作岗位时，经常被要求开公开课供大家研究评点。我很希望能够通过开课让自己成长得更快更好，为此期待着公开课后能从大家口中听出真知灼见，可是往往很失望。因为大家听课时的视角不一致，所以各说各的，而且好多意见还相互矛盾。我的课很注重学生能力培养，可是评点意见希望我以后能加强"双基"，注重字词句的落实；下次我很注意抓基础，可点评意见认为我不重视能力培养。这样次数多了之后，我就不愿意再听评课者的意见了，因为那没有意义。

有一次，我参加一个地区主办的教学研讨活动，我讲解了一通合作学习的优势，讲了合作学习在育人方面的强大作用。我讲完后，那位主持研讨活动的领导在总结时向大家再三强调，郑杰校长讲的课很重要，合作学习很好，可是大家也不要忘记讲授法的作用，学习成绩的提高还是要靠讲的。听了他的那段话，我就知道又遇上了一个"不可理喻"的领导了，跟逻辑不清的人是无法讨论问题的，于是我选择了沉默，同时也为他的下属们感到惋惜。

我讲的概念域 A（合作学习）与这位领导讲的概念域 B（讲授法）几乎是完全无关的两个概念。"合作学习"描述的是一种学生学习的方式，而"讲授法"描述的是一种教师教学的方法，这是两个视角的问题，不在一个范畴内。与合作学习对应的概念是"独立学习"，合作学习与独立学习在一个概念域内，如果那位领导觉得我讲得不对，那就应该强调独立学习的好处，而不是搬出讲授法来；与讲授法对应的概念是"讨论式"，如果我在宣传讨论式的好处，那该领导倒是可以强调一下讲授法的好处的。

我们有些词属于同一个概念域，有一些则不是。比如，以下属于同一个概念域："发现学习"与"接受学习"，这两类学习的划分依据是学习内容是否以定论的方式呈现；"机械学习"与"有意义学习"，这两类学习由奥苏贝尔于 20 世纪 60 年代提出，其分类依据是学习内容是否以有意义的方式获得；"维持性学习"与"创新性学习"，对这两类学习的划分依据是对学习内容进行认知加工后，是否生成新颖的、有价值的思维产品；"体验式学习"与"学术学习"，这两类学习的划分依据是学习情境；"情境学习"与"抽象学习"，这两类学习的划分依据也是学习的情境；"自主学习"与"他主学习"，这是按照学习中的自主水平来划分的；"研究性学习""探究性学习""基于问题的学习"这些其实都应该归在发现式学习之列，与接受式学习对应。

我列举的这些两两对应的学习方式，它们并不是对立的，因为它们在含义上有一定的交叉之处，例如，"发现学习""研究性学习""探究学习"和"基于问题的学习""自主学习"与"独立学习"，"创新性学习"与"探究学习"，它们的内涵都有部分的重叠；而且它们之间是互为补充的关系，每种学习方式都有其自身的价值，都有其适用的条件，如，即使广受批判的"机械学习"，也有其适用的条件，在英语单词、年号、符号的学习中，就要经常用到这种学习方式，从一定程度上可以说，学习方式本身并无"好坏"之分。总之，这些学习方式之间不是二元对立、非此即彼的关系。

下面来讲讲讲授法，那位领导同志讲到的讲授法，属于教学方法。我们从互动形式上划分，教学方法可以划分为三类：以教师为中心的教学方法，它所对应的学习方式是"接受学习"；以个体学生为中心的教学方法，它所对应的学习方式是"自主学习"；以同伴为中心的教学方法，它所对应的学习方式是"合作学习"。也就是，当课堂上教师使用讲授法，学生一定是接受式地学习，接受式学习被批评是因为学生处在被动接受的地位上，剥夺了学生自主学习的机会，影响了他们自主学习能力的发展。

但是，对讲授法的批评并不是说要取消讲授法，心理语言学实验证明了讲授法要求以学生复杂、积极的心理活动为基础；奥苏贝尔的研究证明了讲授法是教学方法中比较高级的一种；维果茨基的理论证明了讲授法与人类的高级心理机能相关。

我从来没有反对过讲授法，合作学习的支持者和倡导者也不是以讲授法为敌人的。

不过，即便合作学习有千般好，也不是说合作学习就是万能的，与合作学习对应的独立学习在一个人的学习过程中也有其不可替代的重要价值。

周二　合作学习取得良好效果

2017年11月12日，一年一度的合作学习全国研讨会在武汉召开，研讨会邀请了一些一线的教师谈自己在实施合作学习方面的心得体会。武汉中南路小学的陈抒红老师的发言令我印象深刻，她说，合作学习是个好东西，因为合作学习能让中老年教师"永葆青春"。果然，陈抒红老师50岁了，可站在台上侃侃而谈，优雅而敏捷，看上去至少比实际年龄小十岁。她说自从在自己的班上实施了合作学习，这种方式把自己从繁重的语文教学和班主任工作中解放了出来，使她每天轻轻松松和孩子们在一起，毫无倦怠感。

我想，她的说法是真实的。因为合作学习归根结底是要让学生学会自主学习，孩子们学会了自己学习，教师教的当然就轻松了；但她也隐去了一部分真实，她没有告诉大家刚开始实行课堂变革的时候所面临的压力，以及她在授课前的准备工作中所付出的加倍的辛劳。其实，没有一种成功是可以轻松获得的。

陈抒红老师是从教师角度来谈合作学习所带来的益处的。在谈到合作学习取得的良好效果时，我听到最多的是站在学校角度上来阐释的，尤其有不少薄弱学校，因为实行了合作学习，而使学校面貌发生了深刻的变化，并成为当地乃至全国名校。比如杜郎口中学、昌乐中学、洋思中学等。

我这里想要介绍一下合作学习是如何造福于学生的。据多项研究表明，合作学习至少在以下五个方面取得了良好的效果：学习成绩更好；更自尊和自信；更喜爱自己的学校；人际更为友善；更高水平的认知活动得以启动。那么，合作学习为什么会取得这些良好的效果呢？

首先，我们怎么来解释合作学习对学习成绩的促进作用呢？

大家知道，学生在课堂中的参与率与学习成绩高度相关，合作学习中，学生显然比独立学习有更多参与课堂讨论的机会，参与率上去了，成绩相应的也上去了；学生在小组内学习，更容易得到帮助，他们也更愿意在同伴面前暴露他们的真实问题，而无论是帮助者还是被帮助者，都可以在其中受益，教学相长嘛；因为受到同伴的激励，每个人的学习动机都增强了，他们不仅为了自己能成功，而且还要努力使所在的小组成功，学习积极性怎么能不高呢？

那些学习成绩差的学生可以近距离目睹成绩优秀的学生的学习策略，有了榜样在他们身边做示范，获得进步的可能性提高了；因为在小组内学习，他们不再孤独，他们获得同伴的支持，相互的勉励使他们的焦虑程度下降了，而焦虑程度下降有利于学习成绩的提高。

第二，怎么解释合作学习促进了自尊和自信？

合作学习让成绩得到提高，有了较好的成绩，这当然会提高尊严感和自信心；合作学习将赞美作为一种课堂文化，不仅教师赞美学生，小组内孩子们也是相互赞美，使学生获得尊严的机会增加了；因为合作学习强调交往和合作的技能，这些技能改善了人际关系，小组成员的亲社会行为增加了，这也就提高了每个人的自尊感。

第三，如何解释实施合作学习的孩子们会喜欢学校？

因为良好的学习成绩和良好的人际环境，孩子们把学校与诸多美好的体验联接在一起，自然就喜欢学校了；合作学习强调交往活动，而孩子们之间的交往活动使学校成为一个充满乐趣的地方；每个人都属于一个小组（团伙），大家都相互关心，因为少了谁都不行，这使都得个人都成为主人，学校的主人总是更爱学校的。

第四，如何解释人际关系更为友善？

因为不一样的人被编在了一个小组内，他们近距离接触，朝夕相处，有了更深入了解他们和被他人了解的机会，也就更能理解他人和被他人理解，所以人际更友善；小组因为共同目标而在一起学习和工作，他们都在为他人提供有价值的劳动，每个人都珍视由同伴带来的价值，因此相互间也更友善了；他们都受过交往和合作技能的训练，这些训练让他们成为更受他人欢迎的人。

第五，如何解释更高水平的认知活动得以展开？

任何向他人解释自己的观点，都需要沟通、说服、争论、妥协，这些交流性质的活动都要启动高层次的思维；小组内的讨论，所承受的群体压力较小，焦虑程度的降低可以鼓励学生大胆实践，尝试新方法和发挥创造性；倾听他人的观点，特别是来自其他同学的观点，会促进孩子们意识到有各种各样的观点存在，从而使他们学会多视角看待事物。

你看，合作学习取得了很多良好的效果，如孩子们的学习成绩更好，他们更自尊和自信，他们更喜爱自己的学校，无论师生还是生生之间的人际关系更为友善，更重要的是高水平的认知活动得以启动，因而合作学习成为 20 世纪

70 年代以来最重要的课堂改革模式，这一点都不奇怪！

周三　构建支持合作的新模式

有一阵子，不少中小学校都热衷构建"有效教学模式"，而且还为教学模式取了好多好听的名字，成功教育、愉快教育、希望教育等不一而足，好听的词语好像都被用光了。我其实并不反对学校或地区构建属于自己的、符合本地实际的教学模式，因为教学模式的多样化正是教育繁荣的表现。

科学构建教学模式最大的好处是便于按相对固定的结构做教学设计，减少了课堂教学的随意性，有利于提高课堂教学效益，尤其在一些教学水平还不够高的学校，效果尤为显著。在教学有了模式后，当学生熟知和习惯了某种流程和程序后，就能对学习过程中的每个环节做到心中有数，对下一个环节有了稳定的心理预期，这就使教师和学生能踩着共同的课堂节奏，从而产生时空的共振。

我不反对构建教学模式，但是有个前提，人们构建的是教学模式吗？如果不是教学模式却打着教学模式的旗号，这是不科学的也是不负责任的。那，什么是教学模式？

所谓教学模式就是在一定教学思想、理论指导下所建立的，比较典型的、稳定的教学程序或阶段。教学有了模式之后，为什么会给教学设计提供便利条件？那是因为如果教学过程有相对固定的程序和步骤，等于一堂课有了稳定的结构，授课教师只要往里面填内容就可以了。

我们知道了什么是教学模式，那就知道什么不是教学模式了，也就能对五花八门、层出不穷的教学模式进行甄别，展开"打假行动"了。对照教学模式的定义，我们就能知道，那些没有坚实的教育思想和科学的理论支撑的，就不能被称为教学模式；那些源于某人头脑，即使是伟人的头脑，却未在现实中加以验证的，都不是教学模式；一种方法、一套方案、一个计划，而不是一个流程和程序的，都不是教学模式；那些复杂和费解的、不够简约的，也都不能被称为教学模式。

对照教学模式的定义，仅观孔子的"学—思—习—行"是不是教学模式？不是，因为虽然这四个步骤是一个"比较典型的、稳定的教学程序或阶段"，但那是孔老夫子的脑袋里蹦出来的，并没有得到科学理论支持，也未被科学验证，哪怕他是圣人，他老人家提出的四个步骤也不是教学模式。

我们再来看，曾风靡全国的某中学的"三三六自主学习模式"，是不是教学模式呢？我认为还不能被称为教学模式，因为他们所谓的教学模式是"在摸索中实践，在实践中总结，在总结中反思，在反思中沉淀，逐渐提炼升华出的"（出自该校经验总结文件），虽然他们的模式在他们学校被认为有效，可并不能上升为教学模式，或者说这一模式因为缺乏科学的思想理论基础，而不能达到可推广的程度。

此外，还有一些不能被称为模式却被误解为模式的东西，比如上海某校提出的分层次教学模式："组织动员—心理教育—选择层次—班级编排—教学设计—常规管理—分层评价"，这实际上是一套分班方案而不是教学模式。

科学构建教学模式是需要坚实的理论基础的，有哪些理论可以作为依据呢？主要是依据三大学习心理学：行为主义、认知理论、建构主义。

从行为主义理论中脱胎出来的教学模式主要有"目标教学"和"掌握学习"，这两大教学模式都曾经深刻影响到我国的教育。但是，行为主义指导下的教学模式，教师成为教学的中心，造成"满堂灌"的情况，不利于学生的全面发展，这种模式培养出一大批没有思想与主见的高分低能者。我们看到那些所谓升学率突飞猛进的学校多半在构建模式时用到行为主义方法。

认知理论下的教学模式，最典型的是"范例教学模式"，即阐明"个"案—范例性阐明"类"案—范例性地掌握规律原理—掌握规律原理的方法论意义—规律原理运用训练；"现象分析模式"，即"出示现象—解释现象的形成原因—现象的结果分析—解决方法分析"；"加涅模式"，即"引起注意—告知目标—刺激回忆先决条件—呈现刺激材料—提供学习指导—引发业绩—提供业绩正确程度反馈—评价—增强保持与迁移"等。

建构主义旗下的模式主要有"自学—辅导"式，即"自学—讨论—启发—总结—练习巩固"；"探究式教学"，即"问题—假设—推理—验证—总结提高"；"抛锚式教学"，即"创设情境—确定问题—自主学习—协作学习—效果评价"；"合作学习"等。大家现在谈得比较多的自主、合作、探究，大多是"建构主义理论"的提法。

我们实施合作学习，尤其需要教学模式，那是因为合作学习主张放手让学生自己学，因此最好提前让学生预知一堂课的结构和流程，以便师生之间和生生之间达成默契，以最大限度提高课堂效率。我们一般推荐的合作学习教学模式的基本流程是"激发动机—呈现目标—自学精讲—合作活动—展示评价"。

好的教学模式本身是有美感的，要体现"起—承—转—合"的内在韵律感。合作学习教学模式的"起"就是"激发动机"，"承"就是"呈现目标—自学精讲"，"转"就是"合作活动"，"合"就是"展示评价"。

当然再科学、再有美感的教学模式都有其局限性和适用范围，不能像狗皮膏药那样到处贴的。

顺便说一句，我从来不认为成功教育、愉快教育、希望教育之类是教学模式，我称这些模式为"教育改革模式"，是针对学校或地区或一段时间内特定的问题提出来的某种操作模式，也许能很好地解决他们学校自身的问题，却未必能解决其他学校的其他问题，所以对这些"教育改革模式"我们在推广时要小心。

周四　内容加上结构等于活动

在课堂里实施合作学习，对每个教师都是一个很大的挑战。因为，教师中很少有人接受过系统的合作学习培训。而且据我所知，在职前教育阶段，无论是师范类的还是非师范类的院校会对"未来教师"进行合作学习方面的培训，大学的授课方式也是最传统的讲授法。而在他们进入大学之前，在中小学生的时候，也未曾（或很少有人）体验过合作学习。即使学校或培训机构组织过合作学习方面的培训，一般也仅限于相关知识的培训，而不涉及或很少涉及实操方面的培训。传统的培训多半集中在理念方面，告诉大家合作学习很重要，合作学习有多大好处，可是具体怎么操作，却总是语焉不详。

2001 年起全国搞课改，从上到下决心很大，信誓旦旦地一定要根本改变课堂面貌，一定要在课堂里实现自主、合作、探究学习方式。你想，教师们都没有受过系统的学习和训练，问题一大堆呢！他们怎么就能在课堂里实现自主、合作、探究呢？我们真的都把教师当成天才了，太难为教师们。一些决策者急功近利，以为今天下个指令，明天就能见成效，后天就能出经验，实在害人不浅。

我长期从事合作学习的培训工作，从我的经验看，一个天赋较高的教师，也得更系统地学一年到一年半，才像个样子，也才仅仅算基本合格。我经常对学员们说，你们最该感激的是你们的学生，你一边在学习合作学习的操作要领，一边在拿你的学生当试验品，委屈学生们了，怎么不该谢他们了！

为了让初学者更快地上手，我研究和梳理了合作学习的 35 种策略，这些策略有些适用于学习基础知识、基本技能的，有些适合于发展能力、促进高阶思维的；一些策略，如互查法、MURDER、采访法等适用于两人小组的合作；一些策略，如"坐庄法""接力法""发言卡"等适用于 3～4 人小组的合作；一些策略，如"组际批阅法""内外圈""切块拼接法"等适用于小组与小组间的合作；一些策略，如"对折评价线""世界咖啡"等适用于整班的合作。每一种策略都有操作流程和要领，每一种策略都有适用氛围和应用场景，为了使学习者更方便理解和操作这些策略，我还委托华中科技大学附小的师生们将每一种策略拍成了视频。

我要求学员们创造性使用这些"元策略"，但对策略本身不要做创造性改变，我希望大家把这些策略当成标准来执行，因为这样有利于提高合作学习的效益。试想，一个班的各科教师，大家都在使用某种策略，结果他们却执行不同的标准，那会让学生无所适从；统一标准的话能减少向学生详细解释的时间。比如说，语文老师使用"三步采访法"，用过一次以后，学生们掌握了，那么数学教师如果也用到这一策略，基本上就不用太费劲去教了。

美国著名的合作学习研究专家卡甘坚持认为，教学活动应该等于教学内容加上某种固定的结构，即"内容＋结构＝活动"，结构是一系列系统化、结构化的方法和策略，用以引导学生与教师、学生与教学内容、学生与学生之间的互动。不管具体学科内容是什么，这些结构化的策略都是相同的，教师只要将特定的教学内容镶嵌到结构中去，就能创造出一系列课堂活动来。比如，教师要教鲁迅的《阿Q正传》，只需要根据教学目标选择一种或几种合作学习策略，然后将这篇课文的内容按上去就行，大大减轻了教学设计的压力。卡甘认为"通过变化结构或内容，教师可以创造出不同的教学活动和不同的学习结果，从而适用于不同类型的教学任务"。我非常认同他的这一观点，也深受他的影响。

2017年教师节，教育部党组书记、部长陈宝生在《人民日报》撰文，指出："把质量作为教育的生命线，坚持回归常识、回归本分、回归初心、回归梦想。深化基础教育人才培养模式改革，掀起'课堂革命'，努力培养学生的创新精神和实践能力。"可是，这场革命不是靠一两个人去干的，千千万万个课堂要革命，就要有千千万万个教师的担当。我非常佩服那些天才型的教师，他们的课堂也许早就革命了，设计的课"巧夺天工"，可是，却高不可攀，无法复制，一般教师学不会。

我想也许我们要做的是"傻瓜模式"，以简便易行的方式帮助教师掌握新课堂的要求。我相信，让合作学习进入万千课堂的目标一定能达成。

周五 合作学习是一个技术活

我们说"期望和信念，可以改变一个人的表现"，你信不信？信不信是看这句话是否科学，如果是科学的，那就基本可信。为什么呢？因为科学的结论都是被反复验证的，即可以"证伪"的。

那"期望和信念，可以改变一个人的表现"这一结论是如何得到科学验证的呢？那得从 1968 年美国心理学家罗森塔尔的实验说起。罗森塔尔对学生们进行了一种所谓的"哈佛应变能力测试"，同时给了老师们一张随机的名单，告诉他们名单上的这些学生都是测试当中成绩最好的，他们未来发展可能会更有潜力。实际上，"哈佛应变能力测试"并不存在，它们只是一些非常普通的智商问卷，而罗森塔尔交给班主任们的名单中提到的学生，也只是随机抽取的，并没有什么特殊表现。在整个学年结束以后，当罗森塔尔返回这所学校，他发现之前名单上的那些学生，成绩真的变得特别好，并且在人际交往方面也变得活泼开朗，自信心强，乐于和别人打交道。在整个过程中，虽然教师不认为自己对那些学生有系统化的特别照顾，但他们在和学生的日常交往当中，会不自觉地通过微笑、点头或者鼓励性的言语传递出期望，这些期望的信号被学生收到之后，就变成了一种神奇的力量，真的让他们发生了改变。这说明期望对老师和学生都产生了作用。

可见，我们之所以对"期望和信念，可以改变一个人的表现"这一结论深信不疑，绝对不是因为古希腊神话里的那个动人的故事，故事说塞浦路斯国王皮格马利翁把雕像变成了活人。我们相信罗森塔尔，是因为他用科学方法向我们验证了如何才能把学生塑造成我们所期望的样子的方法，这个方法是"期望和信念"，期望和信心会给人后来的行为带来影响。

但是，具体应该怎么给予他人期望和信念呢？具体的方法有哪些？这些操作上的问题，则是由技术来解决的。

人们习惯于把科学和技术连在一起，统称为"科技"，我国政府部门中有个"科技部"。实际上科学和技术有重要的区别，科学解决理论问题，技术解决实际问题。科学要解决的问题，是发现自然界中确凿的事实与现象之间的关系，并建立理论把事实与现象联系起来；技术的任务则是把科学的成果应用到实际问题中去。科学主要是和未知的领域打交道，其进展，尤其是重大的突破，是难以预料的；技术是在相对成熟的领域内工作，可以做比较准确的规划。

那么，课堂教学是什么？课堂教学要取得有效性，那就需要依据科学研究的结论，但是具体怎么教，是技术层面的问题。举个例子吧：课堂教学要激励社会性学习，那是因为研究者表明，社会性交往只要有益于学习，就能提高儿童的学习成就水平；有意义的社会性交往还可以使学生专注于学习活动。这就是科学。可是如何激励社会性学习呢？在技术上就要涉及教师如何充当小组活动的指导者或协调者，如何创建宽松和谐的班级气氛，如何促进信息的交流，如何促使学生学会与他人合作，等等这些具体的操作性的技术问题。

总之，科学的任务是通过回答"是什么"和"为什么"的问题，揭示教育的本质和内在规律，目的在于认识教育现象；技术的任务是通过回答"做什么"和"怎么做"的问题，目的在于使教育更为有效。科学上的突破叫发现，技术上的创新叫发明。

我认为，我们的师范教育和职后培训，过于强调专业的知识，却严重忽略技术的培训，以至于教师的专业技能普遍偏低。什么是技能？技能是以技术为应用基础的特殊能力，在技能不过关的情况下，却去追求教学的艺术和境界，那简直是缘木求鱼。

教师在课堂中使用合作学习，就是一个技术活。以下是支持有效实施合作学习的五大技术问题：

1. **编组的技术**。要求教师对学生进行混合编组，小组成员构成要考虑多种因素：学习成绩、个性、性别、兴趣、自我约束力等。组员要有明确角色分工，如组长、记录员、纪检员、噪音控制员，分工要明确，责任要到人。小组要有组标、口号、组名，要形成小组合作文化。

2. **教学目标设定的技术**。合作学习目标包括学术性目标和合作性目标。所谓学术性目标就是学科目标，表述为三维目标；合作性目标就是学会交往和合作技能方面的目标。

3. **课堂提问的技术**。什么样的问题才是好问题？通俗地讲，就是提出的问题能够引起学生的兴趣，促进学生高水平思维活动，引发认知的冲突的问题才是好问题。只有好问题才能激发学生合作讨论的动机。

4. **课堂组织和监控的技术**。合作学习课堂组织主要解决三个方面的问题：

一是时序问题，课堂能够按部就班地按照合理的流程有序进行，实现时间的合理分配；二是空序问题，通过合理分组，两人、四人、跨组或整班等方式，协调空间组合，实现课堂在空间上的效益最大化；三是秩序问题，就是通过建立规范和纪律，确保课堂活动的有秩序开展。

5. 评价反馈技术。合作学习主张以小组为单位进行评价，要求评价主体的多元化和评价方式的多样化。

总之，教育教学活动是以教育科学为基础的，有效实施合作学习是个技术要求很高的工作。如果教师们既缺乏合作学习方面的知识，也没有掌握合作学习的技术要领，却想一步登天，想跨越到教学的艺术之境，那简直就是个笑话了！

一周总结

本周我们学习合作学习基本知识，我们已经知道合作学习与讲授法不是一个概念域的，了解了合作学习为什么受欢迎，学习了合作学习的教学模式，并且强调了结构和技术的重要性。

周一，我们探讨了合作学习作为一种学习方式，其对应面是独立学习，而不是讲授法。讲授法有其不可替代的独特优势。

周二，我们解释了合作学习取得五个方面良好效果的原因，多项研究表明，合作学习至少以下五个方面取得了良好的效果：学习成绩更好；更自尊和自信；更喜爱自己的学校；人际更为友善；更高水平的认知活动得以启动。

周三，我们澄清了教学模式的概念，指出什么不是教学模式，提出支持合作学习的教学模式是"激发动机—呈现目标—自学精讲—合作活动—展示评价"。

周四，我们学习了合作学习专家卡甘的观点，教学活动应该等于教学内容加上某种固定的结构，即"内容＋结构＝活动"。笔者提出35种支持小组和跨组合作的策略。

　　周五，我们强调了合作学习必须掌握的技术要领，这些要领都是建立在科学知识的基础上。教师专业应以技能为核心。做专业的合作学习也应该从技能训练开始。

第五周　教学设计

周一　课标是教学设计的依据

为给学生减负，各地教育主管部门都会推出一些政策，比如不得补课，减少作业量，不得考试，考试不计分数等。有人调侃说，减负都减了半个世纪了，说明文件还是下少了！其实下文件的频率确实不算少，从 1955 年 7 月，教育部发出新中国第一个"减负令"——《关于减轻中小学生过重负担的指示》以来，国家层面已发布了 9 道"减负令"，地方出台的"减负令"多达上百道。这不，2018 年 3 月 16 日"两会"的记者招待会上，教育部部长陈宝生在答记者问时又一次宣示了减负的决心，他说，减负从哪些方面减？首先要"从学校减"，"我们有一些减负措施是一刀切的，有一些减负办法是简单化的，它的效果值得评估。学校减负，主要是加强科学管理，把减负的任务落实到学校教学的各个环节，作为一个突出问题来解决。"还有就是"考试评价减负"，考试评价减负就是要改变评价方式，完善学业考试办法，建立素质综合评价制度，不允许以分数高低对学生排名，不允许炒作高考状元。

然而，现实情况是，学生的课业负担不减反增，家长的焦虑感更甚。为什么学生的课业负担减不下来？因为上有政策下有对策，而那些对策的始作俑者多半是地方教育主管部门。因为地方政府一般都将高考成绩作为衡量教育质量的标准，为保证高考成绩，将学业负担层层往下压，从高中压到初中，从初中压到小学、幼儿园。上边明文规定小学不考试，可我搞"质量调研"可以吗？哪个学校考差了，搞"诫勉谈话"可以吗？反正打着冠冕堂皇的理由，都能让负担丝毫不减。

让一线教师无所适从的往往还不是质量抽测，而是抽测的不确定性。我说的不确定性并不是说抽到哪个班级、哪门学科的不确定性，而是考试题出什么内容，还真不知道。事先不会有人跟你宣布一个标准，反正考砸了还不知道哪里教得不好。每次考前的复习，就如玩赌博，赌对了顺利过关，赌错了自认倒霉。

我不反对教育主管部门对学校教学质量进行评价，因为它们有权这么做，但是，有效的评价必须是科学的，否则只会引发人们的恐慌情绪，并将这种消极情绪传导到学生身上，进一步加重学生的课业负担。你想，因为你的考题存在太大的不确定性，教师只能无限扩大复习的范围，压缩正常课时以增加复习课的课时，减少课堂活动省出时间来刷题。

什么是评价？评价就是要按一定的标准对人或事做出价值判断。所谓价值判断就是"好"和"不好"，"合格"还是"不合格"。但是，你要能判断谁好谁不好，谁合格谁不合格，总要有个依据吧。评价者事先要向被评价者公开宣布评价标准，而且要和被评价者执行同一个标准。而不能自己搞一套标准来评价别人，评价者本身的想法不能作为标准，标准必须是由权威部门制定的。

那么，作为评价依据的标准是什么呢？就是课程标准。什么是课程标准？课程标准是国家对课程的基本规范和要求，课程标准是国家基础教育课程质量的主要标志，它统领课程的管理、评价、督导与指导，具有一定的严肃性与正统性。《基础教育课程改革纲要（试行）》明确指出"国家课程标准是教材编写、教学、评估和考试命题的依据，是国家管理和评价课程的基础"。这段话说的是，学生学什么（教材），教师教什么，评价考什么，都只有一个标准，就是国家课程标准。无论是教材编制人、教师还是评价人，首先都要研读课程标准。要是学生所学，教师所教，评价所考，这些都不能一致起来的话，学生和教师的负担怎么能不重呢？从目前课程改革的现状来看，我们存在着的一个严重的问题就是从"课程标准"到"教学实施"的落差太大。为什么课程标准所提出的要求难以化为课堂的现实？这与评价不科学、不合理有关。

下面我们来谈谈介于"课程标准"和"教学实施"的中间环节：教学设计。教学设计是研究教学系统、教学过程，制订教学计划的系统方法。教学设计上承课程标准，下启教学实施，起着十分重要的作用。什么是好的教学设计，好的教学设计一定要依据标准，所依据的标准也只能是课程标准。

因为教材、教学和评价有个共同的"妈妈"——课程标准，所以才会提出"基于标准的教学设计"。提出基于标准的教学设计的意义非常重大，因为教师平时的教学设计首先关心的是要给学生讲授什么内容，虽然也会把教学目标写在教案的前面，但实际教学过程中，教学目标可能并没有起到指导作用，只是教案中的一个摆设。也就是说，教师的教学设计往往并没有依据课程标准中的目标来做。

针对这一现状，美国的课程专家威金斯和迈克泰（Grant Wiggins & Jay Mctighe）提出了一种"逆向设计（backward design）模式"，主张在教学设计中首先明确学习目标，然后确定实施学习目标的评价方式，最后规划学习经验和教学。通过逆向设计使教师带着问题思考教学，确保学习目标的实现。这就引出这样一段话，作为教学设计的总的原则："学习目标源于课程标准、评估设计先于教学设计、指向学生学习结果的质量。"根据这一原则，我们可以把教学设计分为三步，分别为：1. 确定预期的学习目标；2. 制定如何证明学生实现了学习目标的手段与措施；3. 安排各种教学活动，指导学习活动，达成学习目标。

在之后的学习中，我还会详细给大家解读这三个步骤。今天，我们讨论了教学设计的重要的依据——课程标准，课程标准既是教材的妈妈，也是教学设计与实施的妈妈，更是学生学业评价的妈妈。

周二 精心设计好任务型问题

我们常常批评学生学习积极性不高，上课不愿意举手发言，也不参与课堂讨论。我想这不能把责任都推给学生。如果我们所教的内容无法引发学生的学习兴趣，那么他们的手怎么可能举起来？他们的学习积极性怎么可能高？如果教师的课堂中提问让他们觉得没有意思，或缺乏让他们感觉有花脑筋思考的价值，或者这些问题不具有任何挑战性，又怎么可能使他们积极参与？如果教师让学生小组讨论的问题有固定答案，明显属于"明知故问"，学生怎么可能热烈讨论呢？

孩子们在小学中低年级阶段，表现出较强的"向师性"，他们还愿意配合教师以取悦教师，所以积极举手，"热烈"讨论。可随着年龄的增长，他们的"个性"将压倒"向师性"，就再不愿意被你当"猴"耍了！

一些教师在课堂教学中不使用合作学习，是因为他们觉得学生讨论不起来，或者即使讨论，也是乱说一通，浪费时间。或许我们在责怪学生不爱学习之前，先要做自我反思：我们的课堂提问是否能激发起他们的思考和讨论？我在语文课上听得最多的课堂提问是"请画出这段文字中的关键句""这段文章说了什么"，我想这些问题抛下去，孩子们如果能讨论起来，倒是怪事了。即使他们配合老师做了讨论，也是装模作样，给教师面子而已。

教学设计中的一个核心就是设定"任务型问题"，这在合作学习中至关重要。所谓"任务型问题"就是将问题包装在一个任务中，让学生在完成任务过程中发展能力。下面我举一个"任务型问题"的例子：

数学《组合图形面积的计算》（本课例被收入浙江大学精品课程《教学设计与理论》中，作者沈家门第一小学孙文波、翁飞萍）。在教授《组合图形面积的计算》一课时，两位老师设定的教学目标是："1. 通过设计，绿化明天的沈家门一小，巩固长方形、正方形、三角形、圆形等平面图形的计算方法，理解、掌握图形面积的计算方法。2. 在设计过程中获得解决问题的灵活方法，并在解决问题的过程中树立与他人合作的意识。3. 感受数学在生活中的实际运用，进行爱我校园的教育。"为达成上述目标，教师给学生设定的任务型问题是："学校需要在以下地方搞绿化大操场、花坛、林荫道、喷水池、英语角、艺术画廊、健身园，A公司要价40万元，B公司要价每平方米15元，如果你是校长，请问你会选哪家公司？"当教师向学生提出这样的问题时，孩子们按捺不住展开了合作，课堂讨论气氛立即热烈了起来。

孩子们为什么会积极地展开讨论呢？因为：

1. "到底选择哪家公司好呢？"这是一个需要做出决策的"任务型问题"，孩子们的兴趣、愿望、好奇心、荣誉感等内在因素被激发出来了，而这些因素比外在因素能更持久地作用到学生身上。任务型问题本质上就是通过"任务"来"诱发"、"加强"和"维持"学习者的内在成就动机的，也就是说，内在成就动机才是学生学习和完成任务的真正的动力源泉。

2. 选择一家公司来绿化学校，这一任务将学生置于与当前学习主题相关的、尽可能真实的学习情境中，使得学习变得有意义。有意义的学习比机械学习更能激发学生联想，唤起学生原有认知结构中有关的知识经验，有利于学生利用原有知识经验去"同化"或"顺应"新知识。

3. 为了做出理性的决策，孩子们既要独立完成任务，又要与同伴协作完成任务，他们不仅与本组的伙伴合作，还要跨组切磋，还要与教师探讨，孩子们交往的需求得到了满足。

任务型问题显然极大地调动了学生的学习积极性，在培养学生多方面的能力、促进高水平认知活动方面一定是有优势的，但是，会不会因此而丢了基础知识的落实呢？

其实这种担忧是不必要的。因为任务型问题设计最显著的特点就是教师通过巧妙地设计教学任务，将要讲授的知识蕴含于任务之中，使学生通过完成任务达到掌握所学知识的目的。你想，学生为了要替校长做出正确的决策，他们需要计算学校大操场、花坛、林荫道、喷水池、英语角、艺术画廊、健身园的面积，计算每一处绿化的面积，这需要多少基础知识呀！

日本著名教育家佐藤学在一次接受中国学者采访时说："常常有教师抱有疑问说，基本的还没有学会，他们怎么会做那么难的题啊！可实际上，你会发现越难的课题，不会的学生反而越是跃跃欲试。为什么，因为他们觉得有意思，而且在解决挑战性课题的过程中，就是对前面的知识进行进一步内化的过程。也许在最后下课时他还是解决不了挑战性难题，可是有极大可能会掌握教师最初希望全班学生都掌握的教科书内容。"

周三 每堂课都是合作体验场

我考察过不少实施课堂合作学习的学校，真正令我佩服的学校不多，济南市二十七中是其中之一。走进二十七中，你会发现他们的每堂课都是合作学习的课，拿着二十七中的总课表随机走到任意一间教室，孩子们都在合作学习，合作已经成为这所学校的文化了。更难能可贵的是，他们初三毕业班的孩子们也在合作学习，初三升学考前的最后一节复习课也还在合作学习。武树滨校长淡定地说："这没什么，我们相信合作学习能促进学业成绩提高，这点自信我们还是有的。"

无独有偶，我 2018 年春节前走访杭州的一所刚摆脱薄弱学校面貌的学校——浙江师范大学附属笕桥实验学校（原江干区机场路中学），这又是一所靠改变课堂最终实现质量大幅度提升的学校，高琼校长在介绍他们的合作学习时说："我们要求期末考前的复习课，合作学习不能停，刚开始我心里还是有些打鼓的，怕区里组织统考会考砸，可是没有，相反，我们比以前考得更好了！"

我举这两所学校的例子，是想说明，合作学习能培养学生各方面的素养和能力，即使对提高学业成绩也很有助益，虽然我一向认为学业成绩可能是合作学习的副产品。

在支持合作学习的学者中有两派意见，一派意见认为合作学习很重要，至于语文、数学和英语，这些学科未必有教会孩子们合作那么重要，所以合作是教育的重要目的之一；另外一派意见则认为学科学习很重要，合作学习是一种手段，当然还有别的手段可以用，未必都要使用合作学习。在教育思想观念领域内存在争议并形成派别，这很正常，我想一个彻底的合作学习支持者会倾向于前一派的观点，或者说，能将合作学习坚持到底的，多半属于前一派的。那是因为，后一派将合作学习看作是一种手段和工具，可毕竟这种手段和工具用起来一开始并不那么称手，对教师技能方面的要求也是比较高。一旦人们可以选择手段和工具的话，大多会采取直接教授的方法，对实用主义者来说，直接教授是最简便易行的。而且直接教授还可以轻易地将责任推给学生，我们可以教训学生："上课我不是讲过了吗？你为什么还考不好呢？"因此，在我看来，合作学习其实就剩下一派，那就是将合作学习本身看作是教育教学目的的那一派。

是否将合作学习看作是目的，试金石只有一个，就是愿不愿意把宝贵的课堂时间交给学生做小组讨论。一些总是抱怨实行了合作学习课时不够用的教师，在他们的观念中，合作学习只是一个工具而已，他们一定在心中嫌合作学习浪费时间。在他们看来，直接把答案告诉学生是最节约时间的，此外都是浪费时间。其实，从人一生的尺度上来看现在的教学，真的能让人一生受益的知识不太多，教那些东西才真正浪费时间。

将合作学习看作是教育教学目的的教师，会设法在教学中经常使用合作学习，甚至是千方百计地、抓住一切机会地使用合作学习。用一句可能不太妥当的话来说，"有条件要用合作学习，没有条件创造条件也要用合作学习"。

当学生需要你帮助，你会说，你应该先询问你的伙伴呀！

当学生回答问题，答案出乎你的意料，你把课停下，让大家讨论讨论。

当你发现学生没有倾听，或者其他合作技能未达到规定的要求，你又停下来纠正和训练。

只要你"信仰"合作学习，你就会不失时机地用合作学习，而不管课前的教学设计是否标明"此处应合作"。

一个将教会学生合作为己任的教师，在做教学准备时是一定会想方设法把合作性活动作为重要环节设计进去。会在教学目标中，不仅写上依据课程标准而设定的教学目标，还会写上合作性目标；会设计便于小组讨论的课堂提问；会设计小组展示环节，给小组集体展现自我的机会；在评价学生时，会以小组为单位，在设计小组评价时充分运用有利于小组合作的评价方式；甚至在设计作业时，也不忘记交代孩子们合作完成。

总之，真正实施合作学习的教师，会让合作在课堂里无处不在。

周四　将激发动机蕴含在其中

测验考试后，教导处一般都要安排各教研组、年级组进行质量分析。所谓"质量分析"就是要找出导致目前质量水平的背后的原因，我们一般可以从"行为主体""行为对象"和"环境因素"这三个方面来做归因分析。在这里，"行为主体"就是教师，因为教学活动的组织者和实施者是教师；"行为对象"就是学生了，学生是教师教育教学工作的对象；"环境因素"就比较多，近到班风班貌，远到社会大气候条件。一个有意思的现象是，人们在质量分析时很少将失败的原因归为自己（行为主体），而总是习惯于抱怨学生（行为对象）不爱学习，责怪家长（环境因素）不支持不配合，责怪这个社会风气（环境因素）太差，诱惑（环境因素）太多。我认为学生要不要学习，家长配合不配合、社会风气好不好，这些因素会影响学习质量，但是这些因素不是我们能改变的，所以在质量分析会上分析来分析去，都是没有意义的。

学生爱不爱学习，又称为学习动机，这一点很大程度上是受我们教师影响的。试想，要是教师的教学不能引发学生注意，教学内容与学生生活无关，课堂教学中不能激发学生信心，而且课堂不能让学生满足和愉悦，那他们将很难爱上学习。所以，分析学生爱不爱学习，还不如分析我们自己有没有设法提高学生的学习动机。而提高学生学习动机，也应该精心考虑，要将提高学习动机作为教学设计的一项重要内容，尤其对那些不爱学习的孩子居多的班级。

美国心理学家凯勒（JohnM. KetLer）综合了学习动机方面的许多研究理

论，如期望——价值理论、归因理论、自我效能理论等，提出激发学习者的动机的四个条件：注意（attention）、相关（relevance）、信心（confidence）、满足（satisfaction）。这四个条件可表示为首字母缩略词 ARCS。

ARCS 模型显示了课堂学习中的一个序列过程：首先，在学习开始阶段，我们要首先引起学生的注意，使学生参与活动（A）；接着，学生一旦参与活动，他们就会不自觉地问："我为什么要学它?"学生在相信学习与其个人目标有关而且会满足其某种具体需要时，才会努力投入活动（R）；而后，学生虽然认识到了学习任务和个人有关，是具有价值的，但是一些人对有难度的学科存在畏惧心理，这就涉及信心（C）；最后，要让学生有持续的学习欲望，即保持学习动机，学习就必须产生一种满足感（S）。

在注意、相关、信心、满足这四个条件中，合作学习特别注重"信心"这一条件，而且在建设这一心理条件时，合作学习有其超越传统教学的独特的优势。那如何给学生信心呢？这里我要介绍一下著名的"斯坦福实验"。

斯坦福大学著名的发展心理学家卡罗尔·德韦克在过去的 10 年里，和她的团队都在研究表扬对孩子的影响。他们对纽约 20 所学校，400 名五年级学生做了长期的研究，在实验中，他们让孩子们独立完成一系列智力拼图任务，他们发现，如果夸奖学生聪明，不仅不能让他们拼得更好，反而还更差了；那些被夸奖努力的孩子，他们拼得更好。

德韦克解释说："鼓励，即夸奖孩子努力用功，会给孩子一个可以自己掌控的感觉。孩子会认为，成功与否掌握在他们自己手中。反之，表扬，即夸奖孩子聪明，就等于告诉他们成功不在自己的掌握之中。这样，当他们面对失败时，往往束手无策。"

在之后的对孩子们的追踪访谈中，德韦克发现，那些认为天赋是成功关键的孩子，不自觉地看轻努力的重要性。这些孩子会这样推理：我很聪明，所以，我不用那么用功。他们甚至认为，努力很愚蠢，等于向大家承认自己不够聪明。

德韦克的实验重复了很多次。她发现，无论孩子有怎样的家庭背景，都受不了被夸奖聪明后遭受挫折的失败感。男孩女孩都一样，尤其是好成绩的女孩，遭受的打击程度最大。甚至学龄前儿童也一样，这样的表扬都会害了他们。

从这个实验中，我们可以得到最大的启发应该是，孩子们需要鼓励，在他们努力的时候，我们要关注他们，赞美他们，而如果只盯着他们的成绩，这会降低他们的学习动机。

我想，要是我们在教学设计中，结合学生的特点和要教的学科内容、具体教学情况，根据 ARCS 的动机设计模型提出相应的教学策略，学生的学习动机就能得到大大的提升。

以后再做质量分析时，我建议大家多分析分析自己，上课时有没有引发学生注意？有没有让学习与学生的个人目标有关？有没有消除学生的畏惧心理，使学生信心满满？有没有让学生对学习产生满足感？

周五　教学设计与合作型备课

苏霍姆林斯基在《给教师的建议》一书中提到了教师如何备课的问题。他举例说，一个有三十年教龄的历史教师上了一节非常出色的课，连听课的教师和辅导员都完全被课吸引住了，就跟自己也变成了学生一样。课是怎样备出来的呢？一个听课教师问这位老师："您用了多少时间来备这节课？不止一个小时吧？"这位教师这样回答："对这节课，我准备了一辈子，而且总的来说，对每一节课，我都是用终生的时间来备课的。不过对这个课题的直接准备或者说现场准备，只用了大约十五分钟。"看到这段话，我们就明白了一个道理，教师的个人学识、修养非常重要，就如演员的台上一分钟，台下得花多少年的功夫啊！

上海有一位我非常敬重的特级教师、上海市语文教研员步根海老师，六十多岁了，还活跃在一线给孩子们上语文课，还给教师们上研究课和示范课。令人啧啧称奇的是，课前他还要喝点小酒，喝到微醺，看他课前也不做什么准备，好像随时都能胸有成竹地给孩子们上课一样，我们也看不到他哪次是拿着备课笔记本进课堂的。他大概就如苏霍姆林斯基所说的"终生备课"。

我认为，所谓"用一生来备课"，说的是广义上的备课，而课前精心做好教学设计，属于狭义的备课，越是普通的老师，越是需要在课前精心设计。但是，"精心"备课并不是说要花很多时间备课，我看现在好多学校让教师在备课上花太多时间了，特别是在抄抄写写上花太多时间了。一般学校都要求教师要上交备课笔记本，要求写"详案"，动不动就是几千个字，还不能在电脑上写，必须手写，而且还要评分。大家把时间花费在了抄写上，抄教材，抄参考书。很多学校和老师都没有理解，备课的关键是在做教学设计，那种简单、被动的"抄袭式"备课，根本不是在做教学设计。

我国学校有一个很好的制度，就是"集体备课"制，如果实行得好，大可以省下很多宝贵的时间来的。有人总结了集体备课的流程，如，个人初备→集体研讨→重点跟踪→课后交流。先是"个人初备"，每个备课组成员必须写出设计提纲；而后"集体研讨"，每位成员谈自己的构思和设计意图，在听取了别人的构思和意图后，谈谈自己的看法和意见；接着是"修正教案"，即修正原来的设计，确定在现有条件下的最优方案；之后是"重点跟踪"，组织大家跟踪听课，对方案进行检验；最后是"课后交流"，对教学进行反思。

我认为这是一套很好的集体备课流程，这套流程要是能真正发挥效益，其关键在于备课组成员在备课活动时能否体现"分工合作"的原则，要是大家坐在一起讨论，你一言我一语，七嘴八舌地议论一番，就会把备课活动搞成"神仙会"，导致收效不大。现在好多学校的备课组活动形同虚设，主要原因在于没有能体现分工合作原则，备课组内的相互依赖关系并没有建立起来。只有体现分工合作原则的集体备课才是有效率的，并能放大团队的作用。

首先教研组内应该有分工，而后才会有可能合作起来，并积极地相互依赖。我可以这样分工：

1. **按"教学流程"进行分工**。如，按合作学习教学模式，有人负责设计如何"激发动机"，有人负责设计如何"呈现目标"，有人负责如何"自学精讲",有人负责如何组织"小组合作",有人负责如何"展示评价",有人负责统筹和定稿。

2. **按"准备的内容"进行分工。** 如,有人"备教材",着重了解教材的结构体系及其与前后课程的关系,明确教材的重难点;有人"备学生",充分了解学生,了解他们的实际水平和具体需要;有人"备方法",重点研究如何教的问题,选择恰当的教学手段和教学方法以实现教学目标;有人专门把大家的设计意图编写成教案;有人准备教具和教学资源,包括各种演示模型、挂图、投影片、自制教具、现场教学实物及工量具、各种现代化的信息技术手段等。

3. **按"逆向设计模式"进行分工。** 有人负责研读课标,思考学生的学习目标;有人根据预设的学习目标设计学习评价方案;有人进行任务型问题的设计;有人研究课堂合作活动的组织;有人提供课堂活动监控的具体方法;有人负责教学资源准备;有人进行统筹和定稿。

当然我们还可以按别的方法来进行分工,总之,备课组内一定要让每个人都有所贡献,让每个人都很重要,才能提高备课组的整体效益。

实施课堂合作学习的学校,理应在教学设计方面就能体现合作的精髓。也许在团队合作的条件下,我们这些普通人,真的不必用一生来备课的。

一周总结

本周我们学习合作学习的教学设计。课程标准应该成为教材、教学和评价的共同依据,好的教学设计应该遵循课程标准;教学设计的中心是设计任务型问题;既然是合作学习的教学设计,应使合作学习在一堂课中无处不在;教学设计不能只注重知识的学习,还要关注学生的学习动机,在教学设计中要将激发学习动机考虑在内。集体备课就是要以备课组团队的力量来做好教学设计,分工合作,形成备课组的互赖关系是关键。

周一,我们学习了什么是课程标准。课程标准应该成为教材、教学、评价的共同标准；课程标准也应该是教学设计的标准。

　　周二，我们学习了教学设计的一个中心内容：任务型问题的设计。任务型问题是将问题包装在一个任务中，让学生在完成任务过程中发展能力。

　　周三，我们探讨了合作学习的两个流派，指出其实合作学习只有一个流派，那就是将合作作为学习的目的而不是一种手段，为此在合作学习的教学设计中应该千方百计创设合作学习的场景。

　　周四，我们学习了 ARCS 动机模型，要求我们在教学设计中充分考虑到注意、相关、信心、满足这四个条件。

　　周五，我们探讨了有效的集体备课所需要的条件，备课组内一定要让每个人都有所贡献，让每个人都很重要，才能提高备课组的整体效益。

　　下周我们顺着教学设计的思路来谈谈评价设计问题。

第六周　评价预设

周一　合作学习中的目标导向

我们一般会建议合作学习的课堂中向学生呈现学习目标，在教学流程中，呈现目标是一个至关重要的环节。在这方面我很坚持，甚至到了偏执的程度。我对教师们说，坐在后边听课，如果我不知道你的目标是什么，那么我就根本无法评课了。什么是一堂好课？以目标为导向的课才可能是好课，我点评一堂课，不是看你的课上得有多漂亮，而是要看你的教学过程是否奔向你的目标，这是一堂好课的前提条件，如果连目标都没有达成，这样的课可能不值得一评。

换一种比较极端的说法，我可以接受一堂课你从头至尾一言不发，只要你能达成目标；我也可以接受你从头至尾一路讲下来，而且讲得很糟糕，只要你要能达成目标。

很多教师的教学低效、无效甚至"反效"，与他们的课堂教学没有目标有关，或者与他们的目标不清晰有关，又或者与他们所设定的目标与课程标准不一致有关。如果教师不研读课程标准，也不研究学生，甚至不研究教材，上课随心所欲，想讲什么就讲什么，什么拿手就讲什么，这是非常自私的表现，真把课堂当成自己家开的私塾了。

所以，我听课时，要看到授课教师出示的教学目标，要检查他是否将自己的教学与课程标准保持一致。还要审查这堂课的目标最终有没有达成，如果目标写不清楚，那就无从审核，或者目标虽然清晰，课堂活动却偏离目标，都应被判为不合格的课。

其实，学习目标不主要是给我这个听评课的"专家"看的，目标更是要给全体学生看的。对一堂课最终要达成的结果，在课的开端就要与学生达成共识，才可能使师生为着共同的目标进发，也才可能使课堂成为教师与学生们共同的课堂，学生才有可能成为课堂的主人。而要是学生们对一堂课最终要到达的目的地毫无期盼，这样的课堂怎么也不可能是有效的。

在合作学习的课堂上，尤其需要用目标来统摄全部的教学活动。因为合作学习的课堂，是以学生自主学习为基础的，要是课堂全部都由教师主导和主宰，那么目标藏在教师心里就行。可是，要想学生成为学习的主人，就一定需要给主人一个明确的方向，否则他们走着走着就"散伙"了。

之所以合作学习尤其需要用目标来统摄的另外一个重要的原因是，合作学习中为了使小组建立积极的互赖关系，并使每个学生对小组学习承担起必要的责任来，就要让小组明确目标，或者说，小组的共同目标是小组成为学习共同体的必要条件。

以上是在合作学习课堂上给学生呈现学习目标的必要性。接下来我要讲讲"目的"与"目标"的区别，因为一些教师并没有将这两者做很好的区分。

什么是教学的目的？教学的目的是我们教学时"心中的意图"，比如，我们为了让他们考出好成绩，为了让他们的人生幸福，为了让他们获得完整的成长，这些都是我们的目的。比如，我国的教育目的就是要让学生全面发展，成为社会主义事业的建设者和接班人。

教育目的很重要，在提出教育目的后，我们才能提出培养目标。比如，我们国家提出"中国学生发展核心素养"就属于培养目标。有了培养目标，接着就能提课程标准了，因为我们具体开哪些课，每门课要达成哪些目标，都要为培养目标服务的。有了课程标准后，我们的教学依据课程标准，才可能有学生的课堂学习目标。最后则是评价指标，因为目标是否达成是需要做出评价的，这就需要有评价指标。

以上这些构成了一个价值链，教育目的是宏观层面的教育方针，更关注教育的"应然"状态；培养目标是对教育目的的具体化；课程标准是在落实教育目的时，在课程方面制定的目标，其中包括具体课程的整体目标、阶段目标和具体的内容标准，从"抽象"逐步过渡到"具体"；学习目标则比较具体，是关注"实然"状态的目标，也是日常教学中教师经常思考的内容。

我们来换一种说法，教育目的、培养目标、课程标准、学习目标应该是一致的，学习目标为课程标准服务，课程标准为培养目标服务，培养目标为教育目的服务。

那什么是为学习目标服务的呢？那就是教学活动了。如何衡量教学活动是否有效？需要看评价学习目标是否达成。

总之，学习目标就是我们对学生学习结果的预期，没有共同的预期，就没有共同学习。

周二　科学评价促进精准教学

这些年有一个热词——精准扶贫，本来我们也在扶贫，可是因为没有考虑到每个贫困户具体的困难，他们贫困的根源不同，需要解决的问题也不同，那你用一刀切的方法去扶贫，效果怎么可能会好？还有个词叫作"精准医疗"，意思与精准扶贫类似，意思是说要想获得更好的医疗效果，就要瞄准靶点，对病症实施精确打击。

我想把"精准"这个词引入教育也同样是有意义的。但是实现"精准教育"可能比精准扶贫和精准医疗更为困难，因为能否实现精准，关键还在于是否真正了解靶点在哪，而教育的靶点不太容易找到。只有清楚地知道贫困户贫困的根源，才能帮助他们脱贫；只有清楚地知道病人的病根，也才有可能实施有效的治疗。那么我们对学生了解多少呢？如果我们对学生已有的知识基础不太了解，对他们目前的处境不太了解，对他们的天赋潜能不太了解，那又怎么能实施有效教学呢？

我认为，实现精准教学的关键在于评价，技术的难点也在评价上，如果不能科学评价学生，靶点就很难找准。

要想把评价做好，首先就得把目标陈述清楚。比如说，"学生在不使用计算器的情况下，能在五分钟内完成二十个百位数以内的加减法"。这个目标的陈述是清晰的，清晰到可以以此为依据进行评价。通过测试，我们才能了解学生目前的水平，也就是说你能找到靶点了，下一步你到底应该帮助学生补课还是提高教学难度，精准教学就此开始。而如果目标不清晰，比如你把目标写成"提高学生百位数以内的运算能力"，甚至写成"提高学生运算能力"，这样模糊的目标不容易激发学生的学习动机，也很难对学生到底学得好不好做出反馈和评价。

正确的目标陈述有以下四个要素：行为主体、行为动词、行为条件和表现程度。如，"学生在不使用计算器的情况下，能在五分钟内完成二十个百位数以内的加减法"，这一目标中的行为主体是"学生"，行为动词是"能完成"，行为条件是"不使用计算器的情况下"，表现程度是"在五分钟内完成二十个百位数以内的加减法"。

再如，"在与同学的交往中，学生能复述他人的主要观点"。这一目标中，"学生"是行为主体，"能复述"是行为动词，行为条件是"在与同学的交往中"，"主要观点"是表现程度。

做好目标陈述本身是一个技术活，在这里我要强调四点：

1. **行为主体应是学生，而不是教师**。评价对象是学生的学习结果，因此目标的陈述必须从学生的角度出发。一些老师习惯用"使学生……""提高学生……""培养学生……"等语句，这些句子的主体都是教师，我们不是评价教师，行为主体就不应该是教师。

2. **行为动词应尽可能是可理解的、可评估的**。比如说，"掌握"这个词就比较模糊，而且也难以评估，如果换成"能说出""能背诵""能解释""能说明""能归纳""能证明"等，这就符合要求了。

3. **要有行为条件。**行为条件是指影响学生产生学习结果的特定的限制或范围。比如，"可以带计算器""允许查词典""在 10 分钟内，能……""在课堂讨论时，能叙述要点"等，这就界定了行为的条件。

4. **要有具体的表现程度。**要写出学生通过一段时间的学习后所产生的行为变化的最低表现水准或学习水平，用以评价学习表现或学习结果所达到的程度。如，"至少写出三种解题方案""百分之八十学生都能答出五种解题方案"等。

总的来说，精准教学是有效教学的终极目标，要提高精准度，找准靶点是关键。那如何找准靶点呢？就要靠评价了。而科学评价的起点在于目标的书写。

合作学习把教人合作也当成是目标的，那我们如何评价合作呢？

周三　合作学习与表现性评价

传统上，我们对学生学业成就的理解比较狭隘，仅限于事实性知识的掌握。因此，对学生学业成就的评价主要借助于纸笔考试来实现。但在新课程提出了知识与技能、过程与方法、情感态度价值观三大课程目标领域的背景下，学业成就的范围被大大地扩展了，不仅包括事实性知识，也包括如问题解决、批判性思考之类的高层次的认知技能；不仅包括学术性的知识和技能，也包括一些非学术性的成就，如综合素质。对于高层次的认知技能和综合素质，常用的纸笔考试往往无能为力。于是，就要使用新的评价方式：表现性评价。

什么是表现性评价？国内外学者有很多的答案，其中斯蒂金斯（R. J. Stiggins）的观点比较具有代表性，他在 1987 年指出，"在表现性评价中，常常运用真实的生活或模拟的评价练习来引发最初的反应，而这些反应可直接由高水平的评价者按照一定的标准进行观察、评判，其形式包括建构反应题、书面报告、作文、演说、操作、实验、资料收集、作品展示"。十年之后，斯蒂金斯又给予表现性评价一个更为明确的界定，"表现性评价是基于对展示技能的过程的观察，或基于对创造的成果的评价"。

我们就斯蒂金斯的观点来概括一下表现性评价的特征：

· 要求呈现有意义的真实性任务，这些任务是为学生实地现场的表现而设计的；

· 强调高水平的思维和更复杂的学习；

· 有清楚明了的评价标准，因此学生都知道他们将被怎样评价；

· 评价牢固地镶嵌在课程之中，不能与教学区分；

· 要求学生展示他们的工作时，要尽可能面对具体的对象；

· 不仅涉及对学习结果的评价，同样还要评价学习的过程。

让我们来看合作学习方面的例子。有个教师指导学生用合作的方式解决各种问题，他想评估学生是否习得了合作能力。那么应该如何评价呢？他有如下选项：

A. 让学生完成一些判断题，题目的内容主要是小组合作解决问题过程中的流程和方法问题。

B. 让学生完成一系列的选择题，题目主要是列举小组合作解决问题的某一步，让学生选择正确的下一步。

C. 让学生简短地回答一系列关于合作解决问题方式的简答题。

D. 呈现给学生一个问题情境，让学生写一篇短文，说明通过小组活动可以如何解决。

E. 学生以小组合作方式解决以前没有遇到过的一个问题，教师对学生的努力予以观察和评价。

对以上评价手段,你的选择会是什么呢?我想,可能最有效地评价学生合作能力的应该是最后一种吧!这最后一种就是表现性评价。

周四　合作学习与合作性评价

先讲一个案例,那是根据一位美国教师朱迪思·科勒森的一篇文章改编的,原文刊载在 1993 年《共同学习》第 1 期第 14 卷。文中每一段后边的括号内的文字是我的简短的点评。

我的学生习惯于传统的测验考试,这些测验考试都是由个人独立完成的。在这种测验考试中,成绩是否优秀,责任是由学生个体和教师个体承担的,而测验考试的内容和标准都是由教师一个人来确定的。(传统的测验考试,评价主体是教师,学生是被评价的对象,他们只能接受评价结果)

本学期,我准备了四次测试,包括一次期中考试和一次期末考试。每一次考试在不同程度上和不同方式上都使用了合作策略。我想使学生脱离以教师为中心的测试。

第一次测试中,我让学生与我一起命题。测试中的第一项考题是拿回家完成的。它要求学生根据本学期前 1/4 所学内容出三道试题。我对这些试题进行评判并把最好的题目列入试卷。他们测试成绩的 10% 是以这些试题的成绩为基础的。学生开始由学生角色转向教师角色。(教师在第一次测试中做出的最大改变是由学生参与命题,使学生成为评价主体,而不再以教师为中心)

在第二次测试中,其中一个问题涉及创造力和动手能力(使用物体,如,积木,动手学习数学概念)。需要两个人共同工作和解答。两个人的答案分别出现在他们的答卷上,并描述合作伙伴为解决问题所做的贡献。考试的其他内容都是个人回答的简答题。合作测试形式为学生提供合作的机会，使其分担考试焦虑，还建立起了学生间的彼此信任和尊重。（教师安排的第二次测试，一个重大的改变就是要求学生在涉及解决问题的时候与他人合作，学生可以合作完成试卷中的部分内容，而这部分内容是考查学生能力的。学生不仅要合作完成试卷中的相关内容，而且还要描述同伴的贡献，显然，合作被纳入评价。）

第三次测试，由学生小组创编游戏，所创编的游戏用于介绍、讲授或复习数学中三个不同的问题：乘法/除法，分数，概率和统计。游戏的来源可来自他们自己的创造性的想象，学术刊物或水平相适的大纲指南。在一页纸上大致标明年级、描述游戏内容，说清来源，写清游戏规则以及怎样评分。（由学生就所学内容创编游戏，这种评价方式属于表现性评价。更为重要的是，创编游戏依然由小组合作完成）

第四次也是最后一次考试，有若干个目标。我希望发现一个能够体现合作评估中所有目的及益处的方式。我让学生共同工作解决自己设计的开放式问题。在自由组合的四人组中，学生需要以多种形式动手操作，并涉及不同年级的多类数学问题。我希望学生们不仅思考教学，也思考设计试题本身。最后，我希望他们感觉自由和轻松而不是在紧张中受训练，并感到有趣。这似乎是无法做到的要求！除了合作成分以外，学生还要单独回答一些问题。

在考试中，一个学生说："我从来没想到老师会这样组织期末考试，但这的确很有意思。"另一个学生反驳说："不错，是有意思。但是，也很难。"一个学生的话可概括许多相似的反应："这些测试激励人思考，鼓励我们独立思考，告诉我们教授数学和数学测试不一定是枯燥无味的。教师相信学生。测试很有趣……"（合作性的学业评价中，评价的目的不是要把学生分为三六九等，而是为了促进学生学习，帮助他们成长，并使他们感受到快乐。）

以上这个案例是不是很大胆很有创意呢！总结朱迪思·科勒森老师安排的

四次评价，我们可以看出他对学生所做的评价，目的不仅在于提高成绩，他更关注人的完整的成长。他既采用总结性评估以衡量学习的质量，又采用形成性评估，目的在于促进小组成员在学习任务和合作方面的进步。他拓展了评价的内容，不仅包括学习方面，也包括交往方面，例如，他评估学生在小组中的表现以及一个小组是如何共同学习的。他实行了多元评价，评价主体不仅是教师，而且使学生更积极地参与。

我把这个案例给好多教师解读，他们普遍认为很不错，一定会对学生的学习产生积极的作用。可是，他们无一例外地认为，照这个样子，按我们中国的国情，那是不可行的。你不可想象，居然学生出题，居然合作完成试卷！我问，为什么不可行？他们说"上面"不会允许。我想教师其实是有评价学生的权利的，可是为了控制考试，"严把质量关"，在重要的测验考试中，教师已经无权给自己的学生命题了，教师也无权给自己的学生阅卷。所以，即使这种基于合作的评价效果再好，教师也不会采用。

其实早在 2001 年，我国颁布的《基础教育课程改革纲要（试行）》就指出"评价不仅要关注学生的学业成绩，而且要发现和发展学生多方面的潜能，了解学生发展中的需求，帮助学生认识自我，建立自信。发挥评价的教育功能，促进学生在原有水平上的发展"。所以，评价改革是势在必行的。

实施合作学习，相应地也要改变和丰富对学生的评价，具体来说要特别强调以下几点：

1. **在评价中让学生承担更积极的角色。** 由传统的，以教师为中心的评价，转向以学生为中心的合作评估方式。

2. **以全组表现为基础的评价。** 比如，以一个合作学习成果给全组评分，随意选择一个组员的工作来评价全组等。

3. **把合作能力纳入评价。** 比如，参与合作学习的情感与态度，合作的技能，自我控制和协调的技能等。

总之，合作性评价是合作学习中一个不可分割的部分，我们不能在学习时讲合作，而评价时却相反。这有悖于合作的精神。

周五　合作学习与增值评价法

最近我读到一本书《助推》，作者是理查德·H·泰勒芝，加哥大学商学院教授，他获得了 2017 年的诺贝尔经济学奖。所谓"助推"就是不用强制手段，不用硬性规定，却能保证你同时收获"最大利益"和"自由选择权"。泰勒芝认为，这股轻轻推动你做出最优选择的力量，就是"助推"。颁布法令禁止食用垃圾食品不算"助推"，把鲜嫩欲滴的新鲜水果以低廉的价格方便地呈现在人们眼前，让人们主动选择健康食物，才是"助推"。

我们今天正在讨论评价问题，大家都会说评价是个指挥棒，怎么评价学生的，就会影响到教师的课堂教学。如果要助推课堂改革，评价改革是个关键。其实促进小组合作，也需要评价改革来助推的。

我们在课堂里搞合作学习，实施小组的捆绑式评价，以使每个小组成员都能承担其对小组的责任，我们普遍认为这会对小组合作产生积极的促进作用。

我们可以使用各种各样的手段将小组每个成员的个人表现与集体表现结合起来，比如可以将最低分的那名组员的成绩统计为小组分；也可以将全组成员成绩的平均分作为小组分；还可以将全组成员个人成绩之和作为小组分。

只要将每个成员的成绩与小组成绩捆绑在一起就能促进小组合作，那是真的吗？

让我们想象一下，如果在一个小组内，总有一个人在拖后腿，小组其他成员还会一而再再而三地支持和帮助他吗？从普遍的人性来分析，答案是"不会"。对小组成员进行集体主义教育会不会好些呢？估计不能解决实际问题，尤其是小组面临严峻的竞争压力时。强制小组待在一起不允许他们解散行吗？不行，如果小组业绩因为某一名成员的问题而受到拖累，其他成员将倾向于消极怠工，而那名落后的成员乐得搭便车，反正有福同享，倒霉的话也在一起。

为了防止成绩差的学生被小组其他成员排挤，一个解决方案就是使不同的学生按不同的标准来进行评估，这样，所有的小组成员都可恰当地受到挑战，差生不会受到惩罚或受到某个优秀生的威胁。这么做固然在一定程度上缓解了组内优秀生和差生的矛盾，但是同一组中的成员，你能让他们在学习时不使用同一材料，或不以同一速度和难度学习？根据教、学、评一致性的原则，这个方案的可操作性并不强，而且难度也可想而知。

因此，我们在合作学习的评价中要引入"增值评价法"。

什么是"增值评价法"？用最简单的话来解释，增值评价就是要计算学生进步的幅度，并将进步（或退步）幅度作为评价的依据。用一个公式来表示：增值＝输出－输入。

"增值评价法"以现代教育评价的创始人拉尔夫·W·泰勒（Ralph W. Tyler）的思想作为理论基础，泰勒早就指出：评价应该是既定目标与实际结果之间一个比较的过程。换言之，评价就是通过某种技能或手段，测量出既定目标的达成程度。有效学校应该是一所向全体学生（包括相对优秀的学生和相对困难的学生）提供教育机会，并使他们取得学业进步的学校。同样，称职的教师也应该是这样一位教师。

"增值评价法"最早出现在美国。1984年，美国田纳西大学的两位统计学家威廉·桑德斯和罗伯特·麦克莱恩发表论文，提出了采用学生成绩数据来评价教师的增值评价法。因此，增值评价法也被称为"桑德斯模式"（The Sanders Model）或"田纳西增值评价系统"（The Tennessee Value - Added Assessment System，TVAAS）。1991年，田纳西州通过了《教育改进法》，增值评价法被正式作为田纳西州教育改革的一项重要举措。

现在，我们再来设想一下，在一个组内，有的孩子成绩很优秀，有的孩子成绩总是拖全组的后腿。一开始，大家出于小组合作的热情，其他成员都来帮助这名同学，可是渐渐地大家失去了耐心，小组因为这名同学的存在总在小组间的竞争活动中落下风。于是，大家开始嫌弃差生，甚至向教师提出要把他换掉，否则太不公平。

这时，如果我们调整一下评价策略，不仅计算小组平均分，而且还要计算小组进步分。这么一调整，大家发现，原来成绩最差的那位同学一下子具备了竞争优势，因为原始成绩最差的那名学生，增值的空间更大，而最优秀的学生，他们增值空间最小。于是，小组每个人都找到了自己的价值，都能以自己的努力为小组做贡献。更重要的是，差生有可能受到本组同学更多更有效的帮助，而差生因为也能对小组有所贡献而恢复自尊和自信。

增值评价就是在给小组合作助推。

一周总结

本周我们学习了带有鲜明的合作学习特点的学业评价，涉及评价的目的、评价主体、评价方式，以及引入增值评价对小组合作产生的助推效应。

周一，我们学习了教育目的、培养目标、课程标准和学习目标之间的关系，以及这些概念之间的逻辑的一致性。而后我们了解到评价就是在收罗证据，证明学习目标是否达成。

周二，我们研究了精准教学的可能性。通过科学评价，我们才可能使教学更为有效，实现对靶点的精确打击，教学质量的提升才有可能。

周三，我们研究了表现性评价，如果不满足于知识的学习，而要发展学生能力以及促进课堂合作学习，那么就一定要运用表现性评价。

周四，我们进一步探索了合作性评价的可能性，虽然受制于教师的评价权，但是毕竟评价改革势在必行，合作性评价将越来越成为一种必备的评价方式。

周五，我们研究了小组合作存在的隐患，我们一方面要混合编组，将学习成绩水平存在差异的学生编在一个小组内，另一方面又希望他们能互助与协同，这是一个悖论。化解之道就是引入增值评价，采取这种评价策略，差生很有可能反而成为小组内最受欢迎的人。

对学生的学业评价是个技术活，我们本周先学到这里，进一步的学习还希望大家自己用功了。下周我们将进入合作的课堂。我们将从互动关系开始。

第七周　师生关系

周一　从母爱退到父爱和友爱

我看到过一项调查，问教师是否爱学生，90%的教师称自己是爱学生的，而问学生是否感受到教师对他们的爱，结果只有不到10%的孩子做出肯定的回答。我想之所以存在那么大的落差，多多少少在于师生之间对爱的理解存在巨大差异。

说到师爱，传统的理解都是以母爱做比较的。母爱是无条件的，神圣的，包容一切的。有太多的歌颂母爱的名句可以用来表达人们对师爱的期待，"母爱是世间最伟大的力量""世界上的一切光荣和骄傲，都来自母亲""人生最美的东西之一就是母爱，这是无私的爱，道德与之相形见绌""没有无私的，自我牺牲的母爱的帮助，孩子的心灵将是一片荒漠""母亲的心是一个深渊，在它的最深处你总会得到宽恕"。

其实，母爱虽然非常伟大，可是师爱更伟大，因为学生们并不是教师自己家的孩子，母爱是在疼爱自己的孩子，那是本能。而师爱则是疼爱别人家的孩子，面对别人家的孩子却需要如母亲一般无怨无悔，要为学生尽心、尽性、尽力做好每件事，而不图谋实际的好处，那不是比母爱更神圣吗？

但是，我们不要对由大多数普通人组成的教师期待过高，我们不能要求他们都高尚而神圣，更不能在规章制度里明文写上那些爱的神圣的句子。因为如母亲一般爱孩子不是教师行为的底线，而是一种奢望。

我甚至认为教师大可不必如母亲一般地爱学生。因为师爱是有条件的爱，在这方面倒是可以向父爱学习学习的。有条件的爱比没有条件的爱更具教育的力量，弗洛姆说："母爱是一种祝福，是和平，不需要去赢得它，也不用为此付出努力。但无条件的母爱有其缺陷的一面……父爱的积极一面也同样十分重要。因为父爱是有条件的，所以孩子可以通过自己的努力去赢得这种爱。"

爱是一种给予，爱的力量就是给予的力量。但是不能什么都给，更不能不谈条件就给。再如弗洛姆所说，母亲的良知对他说："你的任何罪孽，任何罪恶都不会使你失去我的爱和我对你的生命、你的幸福的祝福。"父亲的良知却说："你做错了，你就不得不承担后果。最主要的是你必须改变自己，这样你才能得到我的爱。"你看，是母爱还是父爱更值得教师去模仿呢？古人说"一日为师终身为父"，强调的可能就是这种"有条件"的爱。

我甚至认为从母爱退到父爱还不够彻底，还要进一步退到更为平等的"友爱"里去，才更符合现时代对教师的期望。我们来看看朋友之间的爱有哪些特点，再来思考一下对我们有什么启发。

1. **朋友之爱不是"专爱"**。如果是父爱和母爱，都是有特定对象的，就会要求自己的孩子只爱自己，不能爱别人家的父母。相反，我们倒是要教孩子们如爱自己那样爱自己的同伴，与同伴们友爱。

2. **把不同的爱给不同的朋友**。如果是父爱和母爱，对每个孩子的爱都是一样的，一视同仁，但对朋友却不一样。在一次调查问卷中，有20%左右的学生要求教师严厉，而80%左右的学生喜爱教师温和。这大概就能说明，孩子们对师爱的期待存在着差异。而教师对待学生如果同对待朋友一样的话，那么对不同的朋友，就应该有不同的相处之道。

3. **友爱是对等的**。父爱和母爱是无法割舍的，但友爱是可以放弃的，放弃那些不值得的爱，而且要告诉孩子们怎么做才能保住友爱。没有什么无缘无故的爱，友爱是要"两情相悦"的，教师不能对学生做的任何事都报以弥勒佛式的微笑。我们要教会学生，你想得到对方的爱，就要当得起这份爱。

4. **友爱不是无微不至的关怀**。父母对孩子的关怀无处不在，可是友爱却总是在对方最需要的时候才发挥作用。友爱是对方受到挫折、遇到困难、心里孤单、承受重大心理压力时才显得尤为珍贵。不需要时，友爱至多是"锦上添花"；需要时，友爱如同"雪中送炭"。

5. **友爱起于自爱**。作为教师，不能像父母那样要求学生爱，而要自己去努力赢得学生的爱，只有自爱才能换回学生的爱。自爱不是"自私"，自爱是对自己的生活、幸福、成长以及自由的肯定。如果一个人有能力创造性地爱，那他必然也爱自己，但如果他只爱别人，那他就是没有能力爱。

下面我们小结一下，师爱不必如母爱，师爱可能与父爱更接近。更进一步，师爱应该像朋友之间的爱。有了这个前提，师生之间才能正常交往和沟通。

周二　从好为人师到学会倾听

前些年有个段子说教师普遍地不受欢迎，连旅行社都不愿意接教师团，特别是到香港澳门旅游，要是自称是教师，就要每人多加三百到五百元的管理费。为什么还要额外付管理费？因为你不好管呀！让你去购物你不去，上了车还要教训导游。

有些教师从事这个职业时间久了，容易染上自以为是、唠唠叨叨、好为人师的毛病，变得很不可爱。难怪很少有学生把教师当朋友，很少有学生会把心里话告诉老师，因为那一般都没有什么好结果，只要你一开口说话，老师就开始教育你，而且数落起来还特别冗长，没完没了的，令人生厌。

让我们想象一下这样的场景：假如你是个学生，你受同学欺负了有点委屈，想要向老师诉说，你对老师说："老师，我有事找你。"老师问："什么事？"你说："王小毛同学欺负人……"没等你说完，老师放下手中的工作语重心长地对你说："别老觉得别人欺负你，你要是不去惹人家，平白无故人家会来欺负你？我已经说过无数遍了，你们一定要好好珍惜这么好的学习环境，别总是瞎胡闹。你爹妈辛苦工作挣了钱送你来读书，是让你们胡闹的？心思怎么就一点都不花在学习上，来你看你这次作文写成啥样子了……"我想听到这里，你的头都大了，你一个劲地后悔，遇事为什么非得找老师？这不是自讨苦吃嘛！你觉得，你的老师根本不理解你，甚至都没打算理解你。

现在让我再换一个场景，假定你是个病人，身体不适去看医生，还没说上几句，医生就开腔了："我就知道你们这些人，平时就是不注意身体，乱吃东西，又不锻炼，现在才知道不舒服了吧！"

要是你去看病，而医生竟然这么跟你说话，你心里一定想，这个医生是不是疯了？哪有医生还没有"望闻问切"，就开腔了呢？而且一开腔还不是给人治病消除病人病痛，反而数落起病人来了呢？这不是疯了是什么？你下次还愿不愿意去找医生看病呢？

如果医生这样子对你说话像是疯了，那教师这么说话是什么呢？良好的师生关系是建立在教师对学生充分了解的基础上，可是教师要是不能静下心来听听学生在说什么，却总喜欢好为人师，难怪学生不愿意靠近教师了。

教师一定要戒掉"自传式回应"的老毛病。什么是自传式回应？就是随便一个话头接过来，都能谈半小时，哪怕一知半解，也要利用自己的话语权唠唠叨叨，轻易地给出建议，甚至教训对方。比如，"我以前年轻的时候，怎么怎么怎么的，你也应该这样做"，这是好为人师者最经典的自传式回应，就喜欢随时随地做别人的人生导师。

教师还要戒掉轻易给人下判断做定论的毛病，比如，"你们这些人，心思就不用在学习上""你们就是懒惰，一点都吃不起苦"。好为人师者的长篇大论总是从对对方的妄断开始的。

教师还要戒掉揣摩别人动机的坏毛病，比如，"为什么你来告状，分明是恶人先告状嘛！这样你就可以逃避责任了吧！"好为人师者还往往自鸣得意于自己能识破别人的小心思，"你肚里有几根肠子，我还不清楚！"

好为人师，无论是自传式回应，还是妄断，或是揣摩他人动机，都是把自己放在一个制高点上，一个道德的制高点上，用审判者的眼光去看待他人，他们始终以自我为中心，从来不好好设法去真正理解他人。

教师要成为学生的朋友，首先要做到的就是倾听，倾听学生心里的声音。不仅要用耳朵听，而且还要用眼睛看，用心去理解。

人们为什么不愿意倾听？因为倾听是一件很费神的事。据专家估计，人际沟通仅有7%通过语言来进行，38%取决于语调与声音，其余55%则得靠肢体语言。所以，有时文字沟通是不够的，还要语音；语音沟通也是不够的，还要视频；视频沟通也是不够的，还要见面。见面光听对方说话也还是不够的，还要能读懂对方的肢体语言。读懂肢体语言也还不够，还要用心理解对方的话外之音。在课堂上，也许学生表态说"我记住了"未必是记住了，说"我懂了"也不一定真懂，教师要做更深入的观察，才能读懂孩子们的真相。

最高级的倾听应该是能"移情"的。所谓"移情"就是把心放到对方身上，先感受到他的快乐、愤怒、痛苦、激动，然后再听。移情是一种技能，更是一种态度，是理解对方的关键。

下一次再有学生遇到委屈要向你诉说，你能进入对方的心灵吗？如果觉得非常难，说明你还没有把自己放下来，放到与学生同样的高度上，放到与学生同样的位置上，想象你就是他，他被一个名叫王小毛的欺负了，却无处申诉，此时，你要感受他的感受。

其实，你会发现只要你耐心听完，对方的委屈感已经缓解一大半。在对他深表同情之后，你可以问他，需要老师做什么吗？有什么可以帮你的吗？我想剩下的问题根本不难解决。

老师们，在课堂上我们倾听孩子们了吗？在课间休息时，我们倾听孩子们了吗？在操场上我们倾听孩子们了吗？在他们快乐的时候，我们倾听了吗？在他们愤怒的时候，我们倾听了吗？在他们委屈和恐惧时，我们倾听了吗？

周三 权力泛化牺牲师生关系

近年来，学生辱骂教师甚至伤害教师的事件屡见不鲜。前不久，华东政法大学一名女学生因受到教师批评而心存不满，向老师泼沸水，造成教师严重烫伤；吉林市某小学女老师调解学生间的纠纷，遭到 5 名学生家长殴打。在这些令人唏嘘的冲突背后，可以看到一些变化，那就是原本庄严和谐的师生关系正在发生变化。显然，教师职业的神圣性受到严重挑战。

从心理上，无论教师还是社会舆论都不能接受学生对教师的伤害，认为伤害教师简直就是"大逆不道"。教师理应受到格外的尊敬，这是世界上各个国家和民族的共同的传统。自古以来，中国就有浓厚的尊师重教之风，中华人民共和国成立后，为了发扬尊师重教的传统，政府还将每年的 9 月 10 日定为教师节。在国外，尊师重教的习俗也并不鲜见，比如，日本政府规定，对穿教师服的人，在公共电、汽车上，人们都应主动让座。

当教师受到任何的人身攻击，哪怕这些事件只是个案，是小概率事件，依然会引起轩然大波。教师们纷纷悲叹，教师已经成为一个"高危"职业。

虽然我本人也是教师，对受伤害的教师非常同情，对施暴者恨之入骨。但是，我依然要说，教师和学生这一对关系中，教师的权力还是太大了，虽然我们要旗帜鲜明地反对一切针对教师的暴力手段，但是防止教师权力泛化现象依然是未来相当长的一段时间内的重要任务。

什么是权力？韦伯认为，权力是处在社会关系中的某一行为者不顾反对意见，去强行执行自己的意愿，也不顾这种意愿会带来什么后果。从这一定义中可以看出，权力集中于某个人，他就可能不受约束地把自己的意志强加于他人，这叫作权力关系的不对称性。任何一种权力如果没有得到很好的监管，就有可能泛化或引发腐败。与其他权力一样，教师权力也是需要监管的，否则这种权力的破坏力很大，甚至会伤及孩子们一生的幸福。对教师权力的监管十分困难，因为权力对象是学生，而且教师权力资源非常丰厚。

教师的职业特点，决定了教师拥有的权力资源格外丰厚。具体来说有以下主要的权力资源：

1. **传统观念是教师第一大权力资源**。我们往往认同的师生关系是以家庭中的母子或父子关系作为参照框架的，这种传统的道德观念和师生关系模式对师生的影响根深蒂固，同时也为社会上大部分人所认同。在这个传统伦理框架下，教师自然就有权按自己的意愿对学生严加管束，而学生就应该绝对服从教师的管教，否则就是"大逆不道"。教师过大的权力优势导致课堂教学中的老大难问题始终解决不了，整个教学过程中，主要关心教师的教，而忽视了学生的学；重视知识的传递，忽视学生学习过程中的情感因素等。

2. **知识的影响力是教师第二大权力资源**。由于教师掌握着知识，当知识越是确定，掌握知识的人的权力就越大。教师有权向学生传递确定的知识，对学生来讲，教师就是知识的化身，也就拥有特权了。因此，教师往往将那些不确定的知识描述为确定的，唯此才能维持他们的权力。

3. **教师作为成年人的成熟的人格是第三大权力资源**。相比于学生，教师的能力更强，无论是表达能力、组织能力还是思维能力等都占据着更大的优势，他们更果敢，更少犯错，这些优势化身为一种人格，拓展了教师在学生中的影响力。

4. **教师行使权力的方式是第四大权力资源**。教师行使权力的方式不少，主要是鼓励、提醒、表扬、批评等，而教师在行使这些权力时是无须获得任何个人或组织批准的，行使这些权力的效果如何也无须做出评估。教师行使权力的方式中，对学生的惩罚可以说是最普遍的一种了。日常教育教学活动中，教师以批评和惩罚等消极的方式行使其权力的概率，要远高于以表扬、鼓励等积极的方式行使权力的概率。

5. **教师的教学方式是第五大权力资源**。传统教学中，教师总是倾向于以自己为中心来进行集中讲授，这一教学方式是以限制学生的自由为代价的。

教师享有的权力资源事实上使教师享有不受或者很少受到限制的权力，教师权力泛化所导致的必然后果就是学生的"权利"（自由）特别容易受到伤害。

更为严重的是,学生家长其实是愿意成为教师权力泛化的同谋,他们为了使学生通过教育实现社会升迁的目的,不惜把自己的权力转交于教师,从而强化了教师"管束"学生的意识。

如此看来,教师处于侵权的危险之中,实在不是危言耸听。师生之间的冲突,甚至是暴力冲突在所难免,而且日后只会加剧。

要是教师权力泛化现象得不到遏制,良好的师生关系就很难建立起来,光靠道德呼吁,而不在法律上做出调整,要实现把"权力关进笼子里"的目标,那是不可能的。

周四　追求课堂里的统合综效

先来说说商业上的事,一个人或者一家企业想要获得商业上的成功,就要学会与人合作。

电商巨头马云是怎么成功的?1995年4月,31岁的马云投入7000元,又联合妹妹、妹夫、父母等亲戚凑了2万元,创建了"海博网络",你看,在初创期,马云就在与人合作了。1996年3月马云和杭州电信合作,马云的"中国黄页"资产折合60万元,占30%的股份,杭州电信投入140万元人民币,占70%的股份。1997年,马云加盟中国国际电子商务中心(EDI),由马云组建、管理,马云占30%的股份。1999年2月,马云和18个伙伴共筹措了50万元开始做电子商务,花了1万美元从一个加拿大人手里购买了阿里巴巴的域名。1999年3月阿里巴巴正式推出,于1999年8月接受了以高盛基金为主的500万美元投资、于2000年第一季度接受了软银的2000万美元的投入,阿里巴巴就这么成为全球最大网上贸易市场、全球电子商务第一品牌,并逐步发展壮大为阿里巴巴集团,成就了阿里巴巴帝国。马云的成长过程,绝不是单靠一个人打拼,马云最大的能耐就是把一群有梦想的人聚在他的周围。

最好的合作一定是双赢的,好的合作不是各退一步海阔天空,好的合作应该是创造性地合作,能实现1+1>2的效果,这被称为"统合综效"。每年秋天，大雁南飞，一会儿排成"一"字形，一会儿排成"人"字形。那是为什么？因为这么飞可以更省力。大雁扇动翅膀，会在后方带起一股上升气流，紧跟的后雁，就可以飞得更快、更省力。带队的头雁飞累了，后雁还会接替它的位置，轮流休息。据科学家分析，以人字形，或者一字形编队飞行的雁群，比单只大雁能飞的距离要长73%。这就是"统合综效"：通过创造性合作，实现整体大于部分之和。

马云的成功不在于他一个人成功，而是让大家一起都获得了成功。教师在课堂里也是在与学生合作，也要双赢，也要追求课堂里的"统合综效"。

一个以追求"统合综效"为目标的人，他应能做到以下几条：

1. **尊重个体差异性**。要对现实世界里的多样性心存感激，庆幸我们生活在一个由不一样的人组成的世界里。对教师来说，不要总想着让孩子们成为像你一样的人，而要鼓励他们成为他们自己。课堂里孩子们越是多样性，就越是有活力和创造力。

2. **让每个人都受益**。教师要设法给每个孩子在课堂上表现自己的机会，让他们明白学生之间不是你死我活的"仇人"关系，也不是大家各退一步的妥协，而是建立真正的合作关系，这种关系以每个人发挥自己长处为前提。

3. **找到共享的目标**。瞎子看不见路，瘸子走不了路，两人都寸步难行。如果两个人彼此嘲笑，那将一事无成。而如果以走路为共享的目标，瞎子把瘸子背起来，用瘸子的眼睛，指挥瞎子的腿，就可以走路，就可以去往遥远的地方了。教师要能与学生建立合作关系，一定要与学生在目标上达成高度的一致性。

我们再来看马云，马云虽然不算英俊，却是一个激情四射、极富魅力的创业家。马云先后离开与杭州电信和外经贸部合作的公司，手下员工都愿意放弃更好条件甘愿吃苦受累追随马云重新创业，当年创业的18个人至今仍然追随马云发展。马云通过个人魅力和激情吸引了某国际风险投资公司的亚洲代表蔡崇信放弃了优厚的工作待遇追随他，马云6分钟搞定软银孙正义投入2000千万美元的风投。马云的团队实现了"统合综效"，显然遵从了尊重个性差异、让每个人都受益和找到了共享的目标。

要与他人建立创造性合作关系，就要与人交往。其实良好的师生合作关系就是在长期的交往中形成的，这一交往过程需要借助一定的手段来进行。总的看来，人类的交往手段不外乎言语和非言语符号，每一种交往手段都有其不同的特点。以时间、条件、地点为转移，因人、因事和因地采用不同的手段与学生交往，对形成良好的师生人际关系是极为重要的。

教育是师生以"语言"为中介进行交互作用的关系过程。雅斯贝尔斯说："教育是人与人精神相契合，文化得以传递的活动。而人与人的交往是双方（我与你）的对话和敞亮……所谓教育，不过是人对人的主体间灵肉交流活动。"我在机场候机楼的书店里，常常被马云的演讲录像所吸引。马云的语言能力很强，更重要的是他的非言语能力，我看到他的面部表情、眼神，都表达出鼓舞人心的力量。我就在想，教师在课堂上与学生交往，有没有这些言语和非言语的技能呢？

周五　教师成为平等中的首席

有不少教师对建立平等的师生关系心中是有恐慌的，前几天我们学习了师爱要从母爱退到父爱，从父爱退到友爱；我们期待的好教师不是好为人师的那种，而是能认真倾听的；我们还讲到要防止教师权力的进一步泛化，讲到课堂中要与学生创造性的合作。说到这里，可能大家要说，这是不是在"颠覆"传统的师生关系？

我认为，以上我说的这些都是要让教师成为一个"人"的方式，你说是在与学生相处时，到底做"神"容易还是做"人"容易？这里的人是真实的、具体的、小写的人，而不是抽象的、群体的、大写的人。师生关系是一个个有血有肉的人和人之间的交流、对话和合作的关系，如果交往中存在不平等的和不对等的现象，师生之间就不可能有真正的融合。用后现代的说法，新型的师生关系应由学生的教师（teacher of the student）和教师的学生（student of the teacher）变为"教师学生"（teacher－student）或"学生教师"（student－teacher）。学生知识的习得过程也就是师生进行精神能量的交换过程，相互合作、平等对话而达成共识的过程。师生之间静态的"师教生学"关系要转变为动态的"共生互学"关系，教师要成为"平等中的首席"。

我觉得，在师生关系上，教师要成为平等中的首席，对这一观念的接受，关键在于知识观的转变。如果知识是确定不变的，那么教师的功能便停留在将主流社会认可的知识传递给学生上，而好教师的标准就是能够将知识完整地原原本本地传授给学生，好学生的标准便是能够准确无误地理解、接受或运用教师所传授的知识。而我们现在越来越认识到知识的开放性、情境性及个体主观体验的重要性，强调知识并不是对现实世界的准确表达，只是一种解释或假设，并不是精确地概括世界的法则。它的价值在于不断地给人创造的起点，而不在于给人以现成的东西。知识观的这一变化，迫使教师本人一定要成为一个学习者，教育才能成为一个要求师生共同参与的、动态发展的过程，一个探求知识、建构意义的过程。

成为平等中的首席，要求教师学会与学生对话。并不是任何的说话就叫作对话的，对话是师生在相互尊重与平等的立场上通过言谈和倾听而进行双向沟通的方式，是民主的，是致力于相互理解的、和睦相处的和合作的。为此，在传统教育中浸润多年的教师，就特别需要努力改掉一些"霸占"话语权的坏毛病，改掉独白的旧习惯，养成与学生对话的新习惯。

什么叫习惯？我们来做一个小游戏，请把你的双手十指交叉，握在一起，你看，你哪只手的拇指在最上面？右手？还是左手？现在让我们改变一下，试着让另一个手的拇指在上呢？是不是很别扭？是的，这就是习惯，你不由自主的自然而然做出的动作就是习惯。

欧洲工商管理学院教授特奥·康普诺利在他《慢思考》一书中，把人的大脑分为反射脑、思考脑和存储脑。他认为反射脑管直觉，思考脑管理性，存储脑管记忆。反射脑里的直觉，依赖习惯。用习惯做出反应，非常快，而且省能量，只是未必正确；思考脑里的理性，依赖逻辑，用逻辑做出反应，更正确，但是迟缓，并且费能量。那么，直觉和理性，也就是习惯和逻辑，哪一个对我们更重要？

行为科学研究得出结论：一个人一天的行为中，大约有5%是非习惯性的，而其他的95%的行为都是源自于习惯。这几乎也就是说，是习惯，而不是逻辑，决定了我们的一生。

于是，要调整师生关系，难度在于我们必须用5%的逻辑，与95%的习惯做斗争。

可是，要是连那5%的逻辑都不讲，真的就没什么希望了。

一周总结

本周我们谈了书中最难的一个部分，或者说是一个枢纽部分，那就是师生关系。这是一本从关系切入教学的书，如果书的一些部分可以删除，那么这个部分也得留下。师生关系是我们理解课堂里一切其他关系的关键所在。

周一，我们讨论了教师与学生之间应该更像朋友，"亦师亦友"，而不应该扮演父母。友爱与母爱相比，友爱是有条件的；友爱与父爱相比，友爱是平等的。只有友爱，可以给师生更多的自由，而自由对于知识探索是个必要条件。

周二，我们谈到了教师的职业病，教师不受人待见的一个重要原因就是"好为人师"，教师如果不能改了这个职业病，就无法真正了解学生，师生交往就是不健康的，也就不可能与学生建立合作关系。

周三，我们讨论了师生之间冲突的实质是权力之争，教师垄断了太多的权力，丰富的权力资源让教师成为"既得利益者"，所以很难自觉改变。改变就意味着剥夺自己的权力。

周四，我们从正面谈了创造性合作，不是要谁让着谁，而是要追求"统合综效"，为此，教师就要尊重学生的个性差异性，要把舞台让给每个学生，而且要共享目标。

　　周五，我们从后现代的角度探讨了知识观的变化，教师不是把一成不变的知识传递给学生，而是要和学生共同学习，成为平等的学习者中的首席。作为首席，要学会从独白变成对话，就要花大功夫建立新的习惯。而 5% 的理性是唯一的希望。

第八周　良性互动

周一　哪些不是课堂互动行为

上周我们讨论师生关系，本周我们进一步探讨师生互动问题。一般我们习惯将师生互动当作动态的关系状态和交往过程，而将师生关系理解为师生互动的结果和静态关系的体现。

首先来谈谈广义的互动。广义上的互动是说这个世界是相互联系的，相互影响的。就如"蝴蝶效应"：一只南美洲亚马逊河流域热带雨林中的蝴蝶，偶尔扇动几下翅膀，可以在两周以后引起美国得克萨斯州的一场龙卷风。其原因就是蝴蝶扇动翅膀的运动，导致其身边的空气系统发生变化，并产生微弱的气流，而微弱气流的产生又会引起四周空气或其他系统产生相应的变化，由此引起一个连锁反应，最终导致其他系统的极大变化。你看，世界的联系是如此紧密，从广义上看，一切物质存在物都会产生相互作用与影响。就如蝴蝶效应，蝴蝶偶尔扇动几下翅膀，引起连锁反应，甚至可能导致龙卷风。

不过，我们今天讨论课堂的互动问题，指的是狭义的互动，是指在一定社会背景与具体情境下，人与人之间发生的各种形式、各种性质、各种程度的相互作用和影响。它既可以是人与人之间交互作用和相互影响的方式和过程，也可以指在一定情景中人们通过信息交换和行为交换所导致的相互之间心理上和行为上的改变，从而表现为一个包含互动主体、互动情境、互动过程和互动结果等要素的动态和静态相结合的系统。这段对互动的解释读起来比较费解吧！专业的术语，要保证严密性，往往就要牺牲可读性了。为了帮助大家理解什么是互动，我想跟大家聊一聊什么不是互动，当我们知道什么不是互动，估计就能理解什么是互动了。

1. **一个人是不会有互动的**。互动必须在两个或两个以上的个体之间才会发生，你要是一个人在家喝多酒了，导致上吐下泻，酒与你的呕吐构成了因果，但是不构成互动，因为酒和你是同一个个体。在课堂里，孩子们安静地独立完成作业，这也不是互动。

2. **一方主动而另一方被动，也不是互动**。比如说，家里的保姆按你的要求把地扫干净，保姆只是简单被动地扫地，不能被认为你们彼此之间存在互动关系。去年杭州一户人家的保姆，因为对主人产生怨恨，纵火把他们全家烧了，这是互动，也就是保姆和雇主之间发生了彼此的能动反应，才具备互动的条件。在课堂里，你让孩子们举手发言，他们举手发言了，这也不是互动。也就是说，教师和学生都是主动的，都是课堂教学中的主体，才会有真正的互动发生。

3. **没有教育性就不是互动**。在家里，妻子和丈夫为了孩子的学习意见不一争吵了起来，丈夫一气之下离家出走，这是互动吗？这不是互动，因为这场争吵没有建设性，更不具有教育和成长的意义。课堂里的师生之间发生激烈的冲突，教师体罚学生，学生离家出走，这当然不是互动。师生或生生互动应该对人的成长产生积极的作用。

4. **控制—服从不是互动**。春节期间严禁燃放烟花爆竹，警察巡逻，我们配合检查，这不是互动，因为警察与我们的关系是控制—服从的关系。课堂里，教师宣布考试规则，学生遵守这些规则，虽然这一对关系具有教育价值，可也不能算是互动。

5. **情感上缺乏安全感的不是互动**。你回到家，老婆问你到底今晚跟谁一起吃饭，你要是心中有鬼，战战兢兢地回答并与她争辩，这不是互动。心理学研究互动问题，非常强调"亲密（closeness）、矛盾（conflict）和依赖（dependency）"等这些情感因素，甚至将情感质量（emotional quality）和心理接近渴求程度（psychological proximity seeking）看作是师生互动的主要内容。在课堂上，要是课堂氛围紧张，学生们噤若寒蝉，怕说错话招来教师的批评和指责，互动的质量就不会高。

6. 只有师生互动的还不能算互动。在讨论家庭事务时，只有父母两个人参与，孩子刚要发表意见，妈妈就让孩子闭嘴别管大人的事，这不是真正的互动。心理学研究者十分强调师生互动的系统性，师生互动应该被理解为一个多方位、多层次的多边相互作用的综合系统。因此，师生互动从本质上讲，是一个包括发生在多情景中的、具有多种形式、多种内容的互动体系。

7. 教师不为所动的不是互动。如果每一次互动都是由教师策动，很少有学生提出问题而由教师参与的，就不是高质量的互动了。在互动关系中，互动双方是同等重要、互为主体的。

下面我们小结一下，上周我们研究的是师生关系中静态方面的要素，本周开始我们对师生互动做动态研究，这就提出了互动这一概念。我们越多了解什么不是互动，就越是可能理解什么是互动了。

周二　做个优质高效的助产婆

古希腊哲学家苏格拉底是一个与年轻人互动的高手，我们先来看这个例子：有一位叫欧谛德谟的青年，一心想当政治家，为了帮助这名年轻人认清正义与非正义的问题，苏格拉底与这个年轻人有这样一段对话。

苏格拉底：虚伪应归于哪一类？
欧谛德谟：应归于非正义类。
苏格拉底：偷盗、欺骗、奴役应归于哪一类？

欧谛德谟：非正义类。

苏格拉底：如果一位将军惩罚那些极大地损害了其国家利益的敌人，并对他们加以奴役，这能说是非正义的吗？

欧谛德谟：不能。

苏格拉底：如果他偷走了敌人的财物或是在作战中欺骗了敌人，这种行为该怎么看呢？

欧谛德谟：这当然正确，但我指的是欺骗朋友不正确。

苏格拉底：那好吧，我们就专门讨论朋友间的问题。假如一位将军所统率的军队已经丧失了士气，精神面临崩溃，他欺骗自己的士兵说援军马上就到，从而鼓舞起斗志取得胜利，这种行为该如何解释？

欧谛德谟：应该算正义的。

苏格拉底：如果一个孩子有病不肯吃药，父亲骗他说药不苦很好吃，哄他吃下去了，结果病治好了，这该属于哪类呢？

欧谛德谟：应该属于正义的。

苏格拉底：如果一个人发疯了，他的朋友怕他自杀，偷走了他的刀子和利器，这种偷盗行为是正义的吗？

欧谛德谟：是。

苏格拉底：你不是认为朋友之间不能欺骗吗？

欧谛德谟：请允许我收回刚才说的话。

我们看到苏格拉底与年轻人的这段对话，苏格拉底认为自己在对话中起到了"接生婆"的作用，因此，他的这套特殊的与人辩论的方法被称为"苏格拉底法"。苏格拉底通过提问，让对方根据自己的思路来回答，然后进行反驳，结果对方矛盾百出。

那些我们看上去很随意的互动过程，其实是有操作要领的，也是有相对固定流程的，要领就是连续的追问，流程就是"讥讽、助产术、归纳和下定义"。所谓"讥讽"，就是在谈话中让对方谈出自己对某一问题的看法，然后揭露出对方谈话中的自相矛盾之处，使对方承认自己对这一问题实际上一无所知。所谓"助产术"，就是用谈话法帮助对方把知识回忆起来，就像助产婆帮助产妇产出婴儿一样。所谓"归纳"，是通过问答使对方的认识能逐步排除事物的个别的特殊的东西，揭示出事物本质的普遍的东西，从而得出事物的"定义"。从讥讽到助产术，再到归纳和定义，这是一个从现象、个别到普遍、一般的过程。

后人给"苏格拉底法"下的定义是"一种要求学生和教师共同讨论，互为激发，共同寻求正确答案的方法"。这种方法有助于激发学生积极思考，判断和寻找正确答案，对西方教育教学的发展产生了重要影响。

我认为，优质高效的互动有两个关键点，就是如苏格拉底法所展现的两个特点：1. 连续的追问；2. 相对固定的流程。

关键点 1：要保证互动的连续性。

一问一答，而两个问答之间没有关系，这叫智力测验，不是优质高效的互动。对方的应答如果不影响你的下一个问答，说明你的提问都是事先预设好的，当然也不算好的互动。互动是一种交互影响和相互作用，互动中的双方总是基于对方的行为来做出自己的反应的。在课堂互动中，一方面，教师的行为对儿童有很大影响，儿童往往是依据教师的要求等来调整自己的行为的；另一方面，儿童的行为同样会对教师产生很大影响，构成师生影响的双向交互性。

关键点 2：要有相对固定的流程。

课堂教学中的师生互动行为的种类比较多，康翠文在《现代中小学教育》2007 年第 5 期发表《浅议新课程课堂教学中的师生互动》一文中总结了 7 种：

（1）师生互动。师个互动是教师与学生个体的互动过程，常见于教师针对一个问题对学生个体的提问，对学生个体回答问题结果的反馈，对学生的个体辅导等。

（2）生生互动。生生互动是学生个体与学生个体之间的互动，比如相邻座位之间的作业批改、交流讨论；对同一问题发言的个体学生的不同看法或者是意见争论等。

（3）师组互动。师组互动是教师与学生小组的互动过程，存在于探究学习、合作学习、研究性学习的教学活动过程中。

（4）个组互动。指小组内部成员之间的互动。个组互动的表现就是小组成员之间针对共同任务，独立思考后发表自己的意见，最后在大家的共同努力下提出解决问题的方案。

（5）组组互动。指小组与小组之间的互动。这种互动方式一般存在于竞争式的课堂教学过程中，各个小组针对一个问题提出不同的解决方案，然后展开辩论或争论。

（6）师群互动。指教师个体与学生群体的互动。常见于教师对课堂的组织，对全班学生的讲话、知识的讲授、问题的分析等过程中。

（7）个群互动。指学生个体与学生群体的互动。主要包括学生个体在全班学生面前进行示范、角色扮演或代替教师当"小先生"所产生的互动。

你看，那么多互动的种类，苏格拉底与年轻人的互动是其中最简单的一种"师生互动"，就这种最常用的互动方式，苏格拉底都有他的套路"苏格拉底法"，那么大家说，更复杂的互动，要是没有有效的组织手段，互动不就变成乱动了吗！

现在的课堂中，教师在安排互动活动时根本不敢放开，互动严重缺乏连续性，可能与缺乏有效的组织策略有关。而设定相对固定的流程，是实现优质高效互动的关键。尤其是生生互动、组组互动、个群互动等这些教师不参与的互动，更要事先宣布流程和注意事项。

今天我们讲解了课堂互动的两个关键点，第一个关键点是互动应该是连续性的，否则这样的互动其实就是"不动"；第二个关键点是"要讲流程"，缺乏有效组织的互动可能会变成"乱动"。

周三　看见那些看不见的互动

有个非常有名的智障儿童名叫舟舟，原名胡一舟，他不会识字、不会计算十以内的加减法，智商不及常人一半。可是，他从小偏爱指挥，当音乐响起时，舟舟就会拿起指挥棒，挥动短短的手臂，像真正的指挥一样，直到曲终。一部电视纪录片改变了这个智障少年的命运，这部长达60分钟的纪录片《舟舟的世界》获得1998年国内纪录片最高学术奖中的唯一大奖和最佳导演奖。再后来的1999年1月22日，在北京保利剧场，舟舟和赫赫有名的中央芭蕾舞剧院交响乐团有了"历史性的合作"，他指挥乐团演奏《拉德斯基进行曲》，全场几乎沸腾了，报道称："舟舟以接近大师的风范示意全体乐手起立向观众致意"。可是，你知道最让人惊叹的是，舟舟所有这些出人意料的表现都是没有人教过的。

起初看到关于舟舟的纪录片和相关报道，我也被这一神奇的故事惊到了，甚至还和很多人一样被深深地感动了。可是，当我了解了真正的指挥工作后，我知道舟舟其实并没有在指挥，他无法与任何人做互动，至于被指挥的是人还是机器，对他来说毫无分别。自始至终，他在做着下意识的动作，或者说得再好听些，他在模仿指挥家的动作，在跳与指挥动作相接近的舞蹈，与模仿清洁工扫地，售票员售票，没有什么区别。上帝剥夺了舟舟的智商，可并没有给他别的什么。

我觉得当初对神奇的舟舟的报道可能误导了观众，以为指挥家的工作是可以无师自通的，指挥家的工作是不需要智商的，指挥家没有什么了不起。对大多数与西洋音乐有着隔膜的中国人来说，舟舟加深了人们对这门高深艺术的错误印象。

下面我来讲讲关于指挥家的工作与课堂互动的关系问题。指挥家的工作分两部分，一部分是在台上指挥，还有一部分是演出前的排练，这两部分工作都需要靠指挥与乐团成员的互动来完成的。

指挥家在台上的基本工作就是要提示演奏员，乐队演奏者往往不能在看谱的同时记住所有排练时要求的所有细节，这时，指挥在台上通过做手势来提示他们。指挥家指挥的是一支庞大的乐队，有时甚至还要加上合唱队，这里有各种不同的乐器，每个演员的表演个性和水平也各自相异，指挥家要把他们统一成一个和谐的整体，进而创造出千姿百态的音乐来，这哪里是一个智障的孩子可以完成的事情？这么庞大的乐队演奏气势如此恢宏的《拉德斯基进行曲》，我想舟舟机械地做出的那些指挥动作，真有提示作用？

指挥家的工作更重要的是在排练阶段。从表面上看，指挥家只是在舞台上，在乐队面前闭着眼睛做做样子，可实际上为了这台演出，指挥家已经花费了大量艰苦的和高智力的劳动。仅为一场演出所做的各项准备工作，就几乎包括了音乐学院全部学科知识，而要达到运用自如的精深境界，更非一朝一夕之功所能成就。除了研究总谱和每一个乐器，他还要尽可能地发挥乐队和演员的表演水平，以取得理想的音响效果。在排练厅里，指挥的工作远远不是打拍子，他要把自己对乐曲的内心感受传达给每一个演奏者，不仅用语言，更是通过手臂、手指、眼睛、脸部表情和一切可以表现的指挥技术，与每个演奏员保持一种感情的互动。

卡拉扬、奥曼第、小泽征尔、伯姆等，都是誉满全球的指挥家，他们的地位甚至超过现代的作曲家、演奏家和歌唱家。这是为什么呢？如果一部交响曲，每个指挥家的指挥都是一样的，那么指挥家就不会有这么高的艺术地位了。熟知古典音乐的朋友们一定知道，在不同的指挥家手里，同一首曲子会展现不一样的艺术魅力。

如果我们把教师的工作比作指挥的话，授课时，教师和学生的问答，这是互动，就如舞台上的演奏，是指挥与乐团的看得见的互动。看得见的互动主要是关于学习内容的，主要是那些课程上的知识、技能，就如乐谱上的音符。

但是，还有看不见的互动，就如指挥家带给乐团的精神的和心理的内容。

首先是价值的互动。真正的学习，其价值和意义应当是挣脱世俗功利的羁绊，是为追求心灵上精神上的美好而准备的。教师与学生在课堂上的精神性互动给师生以美好的体验。

其次就是心理的互动。教师将注意力、精力和热情投注到课程中，教师的忘我和陶醉激发了学生的兴趣，影响了学生的信心、态度和决心。就如指挥家将自己放到音乐中，与音乐融为一体，也深刻地影响到了乐团的表现。

同时，孩子们的天真无邪和乐观态度，他们的不事功利，他们蓬勃的创造力、独特的体验和视角也在影响着教师。

师生之间在精神和心理上是交相辉映的，正如伟大的乐团和杰出的指挥家一样。这里哪有舟舟的份？

周四 互动课堂中的座位摆放

2016 年我辞去了校长职位，一方面是治校未达到我心中的预期，而我 6 年的任期也已满；另一方面是因为我天性爱自由，而最限制我自由的就是"被开会"了。每次接到开会通知，就开始心疼，心疼时光的流逝，眼睁睁看着那么多时间被浪费掉了，太划不来。我当时心里算过一笔账，区里每周四上午开校长例会，照例要求校长、书记一同出席，加上教育局各科室、教师进修学校等附属单位领导，会场里坐得满满当当，两百多号人，那得费多少钱啊！姑且不算材料费（每次总要发放一堆文件材料）、场地费，也不计算每个与会者的交通费，光算一下人力成本就不得了。假定与会人员每月工资 6000 元，一个月 22 个工作日，开半天会的人力成本是 150 元，200 人开会，总共耗去 30000 元，一个月开四次例会就花去 120000 元。花那么大的代价，能取得什么样的成果呢？难道就没有替代方式吗？

会议的效果着实很差，按照台上领导的话来说就是"会风很差"！我想关于会风总是很差，大家一定和我有同感。参加各类会议是我校长生涯中不那么美妙的体验的一个部分，简直可以用煎熬来形容了。台上的领导难道不知道会风差是因为这些会议本身有问题吗？我想他们是知道的。轮到他们的上级召集他们开会，想必他们也是怨声载道，他们的会风也一定好不到哪里去的。

可是，为什么明知道会议效果不好，伤财又劳民，还要召集开会？原因很多，其中重要的一条是会议环境，中国式的会场有个高高在上的主席台，领导们只要一旦坐在主席台上，聚光灯打在额头上，俯视这台下芸芸众生，一种掌权而带来的晕眩感，特别容易使人上瘾。所以，哪怕会风不好，领导们还是欲罢不能，照样通知开会。我有时候心里在想，要是把会场的桌椅改成圆桌，或者索性变成一桌一桌的围坐，会议的模样会不会改变？领导们一定感觉到权威受损，而他们开会的愿望和冲动是否可以在一定程度上被抑制呢？

主席台其实只是会议环境中一个小道具而已，可偏偏一个小道具决定了会场中的人际互动关系。这个现象不仅在会场上存在，课堂上也是如此，课堂环境也是影响师生互动关系的重要因素。

课堂环境中教师能够操纵的、最显著的一个因素就是座位安排。在传统教学中，座位安排基本上呈现"秧田型"的格局，这种排列方式从教师角度来看，有利于观察与控制学生的课堂行为，有利于进行系统的知识传授。而从学生角度看，这种格局在暗示学生，这里并不是一个可以自由发表观点的地方。只要端坐在这样的课堂里，学生们本能地就会意识到，自己基本上只有听讲的份，这是一个被动接受信息的地方，是不可随便说话的。秧田型的课堂给每个孩子的内心带来一种威压，告诉所有人这里是有权威的，教师和学生之间是不能随便的，学生们之间也不能随意。教室里似乎起了一堵又一堵无形的墙，把人与人硬生生地隔开。

为了打破这种不平等的格局，有的教师把代表权威的讲台拆除了，教师走到孩子们中间，与学生实现更高效和便捷的互动。但是，拆除讲台还是不彻底，虽然方便了师生间的互动，可学生们之间的互动关系还是无法实现。

于是，有的教师将前后桌的学生组成四人组，坐在前排的两名学生将头回过去，这样就便于讨论了。因为孩子们围坐在一起，他们交流显然更为方便。还有的教师把 T 字形、U 字形、马蹄形等引入课堂。总之，不管采用哪种编排方式，一定要让学生们坐得很近。身体距离的靠近是心理靠近的前提，这就是所谓的环境对互动关系的影响了。

有人说，现在有了慕课之类的新玩意，似乎不要课堂教学学生也可以学会了。但我不这么认为，人是社会性的动物，人是在与他人的交往互动和对话中学习的，在合作中人们不仅能学到，而且更愿意学，也学得更好。真正可能被现代信息化手段替代的是"秧田式"的课堂。只有课堂里的课桌椅发生变化，课堂的民主才能实现。而这一切又都取决于会场里的改变，因为只要会场上还总是摆放着主席台，真正的互动就不会真正降临。如果成年人尚且未曾体验民主，又怎能指望他们自觉地在课堂中搬桌子呢？

周五　同伴之间建立亲密关系

本周我们学习师生互动，了解了课堂互动的种类，每一种互动关系都应该成为"亲密关系"。

关于亲密关系，推荐大家读一本书，书名就是《亲密关系》，作者是加拿大的克里斯多福·孟。在这本研究人类关系的心理学著作中，孟总结了亲密关系的四个阶段：绚丽、幻灭、内省、启示。"绚丽"阶段就是蜜月期，两个人如胶似漆，亲密无间；进入"幻灭"阶段，双方开始看到对方的缺点，内心生出遗憾；到了"内省"阶段，对方的缺点越来越多，同时，自己也有机会从中反省自身的问题，正视内心真实的自己；最后的"启示"阶段，两个人接受自己的不足，共同成长，寻找爱的真谛。

2016 年 8 月，里约奥运会如火如荼，自赛程开始以来，奥运话题当仁不让地占据着新闻排行榜的首位。然而 8 月 14 日凌晨 0 点 21 分，王宝强在微博上发表了自己的离婚声明，直指妻子马蓉和经纪人宋喆婚外不正当两性关系。由于王宝强极高的人气与知名度，同时"出轨门"主角居然是妻子与经纪人——这样逆天的剧情成了引爆的一枚核弹，其冲击波迅速横扫娱乐圈。腾讯网公布了一组数字：截至北京时间 8 月 14 日 18 时，王宝强的离婚声明转发近 60 万，评论近 160 万，点赞近 340 万，总互动量超 560 万。在微博"王宝强离婚"的话题，不到 18 个小时，阅读超 27 亿！而即便是"里约奥运会"话题已经持续多日赛程过半，总阅读量也不过 124 亿，奥运会红人"傅园慧"的微博话题总阅读量是 3 亿。

为什么人们关注奥运不及关注王宝强？这当然与明星话题有关，但我分析下来，这与王宝强的婚姻大逆转有关。回看王宝强的恋爱、求婚、婚礼、生子，谁都不会想到这一切会以这种方式迅速"灰飞烟灭"，人们就此可议论的话题太多。王宝强和马蓉之前向公众秀出太多的恩爱，按《亲密关系》所说，那是多么的"绚丽"，而现在进入"幻灭"阶段，接着会不会"内省"，最终进入"启示"阶段。两人各自"内省"，反省自身的问题，正视内心真实的自己，这还是有可能的，可要"两个人接受自己的不足，共同成长"，即进入"启示"阶段，这简直是不可能的。

克里斯多福·孟认为，除了"绚丽"阶段，其他三个阶段都充满着"冲突"，也就是说，人与人之间要建立亲密关系就要学会化解冲突。其实在课堂的互动关系中，最容易被忽视的就是学生之间的关系，这种关系远比师生关系更为丰富、微妙和脆弱。

如果仔细观察，就会发现孩子们之间的攻击、冷战和故作委屈这三种行为。

1. **攻击性行为**。孩子们之间相互指责、批评、威胁、向老师告发等行为都属于攻击性的，严重的攻击性行为就是辱骂和欺凌。

2. **冷战**。冷战又被称为情绪抽离，我记得以前我还是学生的时候，经常与同桌陷入冷战，在课桌上还画了一条"三八线"，从此井水不犯河水，谁都不能越界，这就是所谓"冷战"。有些人不喜欢直接对抗，所以在和同伴闹别扭的时候，会选择闭嘴。

3. **故作委屈**。又被称被动攻击，是通过故意装委屈，单方面扮演"受害者"的方式，令对方产生愧疚感，从而惩罚对方，避开坦诚沟通的做法。有时候爸妈会使出这一招来，以做出可怜状使自己达到控制子女的目的。

生生关系是师生互动关系中十分重要的一对关系，直接决定着学生的学习生活质量。而同伴之间的亲密关系会受到"人际冲突"的威胁。

克里斯多福·孟认为冲突在亲密关系中存在，主要有两个主要原因：一是对冲突存在的"无知"；二是面对现实的"恐惧"。首先是无知，人们在"蜜月期"内，对可能的冲突，以及有冲突带来的情感危机缺乏清醒的认识；其次是人们不愿意在对方面前承认错误，而之所以不愿意承认错误，是因为人们害怕一旦承认自己错了，可能会被惩罚，可能永远不会被对方原谅。

如果认识到学生之间的交往和互动十分重要的话，教师就要教孩子们化解冲突的办法，克里斯多福·孟介绍了两种方法："放下立场""学会接受阴影人物"。

1. **放下立场，不要一味坚持"自己是对的"**。一旦咬住对方的错误不放，就会与对方造成两个立场的对峙，进而导致冲突加剧。放下立场之所以有效，一方面是因为不论你所坚持的立场是否正确，只要固执己见，就会对亲密关系的发展产生危害。另一方面，放下立场会让人意识到，其实对错并不重要，重要的是两个人都快乐。

2. **学会接受阴影人物**。阴影人物就是集合了自己身上所有缺点的那个形象。当两个人争吵得不可开交时，一方会觉得另一方就是这个阴影人物，不论对方做什么，自己都看不顺眼。

怎么接受"阴影人物"呢？一要寻找对方让你受不了的特质，并且换位思考；二要看看这些你受不了的特质在自己身上是否同样存在；三要列举对方身上的优点。重复这三步，便是反省和正视内心真实的自己的过程。

学生与学生之间的互动是课堂里最高频发生的一对互动。合作学习与传统教学相比更注重学生之间的交往和对话，因此，主张合作学习的教师比任何其他人更在意学生之间的亲密关系，并致力于让这种关系永远绚丽。

一周总结

我们总共二十周的学习，主题就是课堂里的种种关系，而这些关系都应能促进高水平的学习。本周我们研究互动关系，这是一种动态的关系。

周一，我们从狭义的角度来理解师生关系，所谓互动就是在一定社会背景与具体情境下，人与人之间发生的各种形式、各种性质、各种程度的相互作用和影响。为加深大家对互动的理解，我讲了七种不是互动的情况：一个人独处的；一方主动而另一方总是被动的；缺乏教育性的；控制—服从的；情感上缺乏安全感的；只在师生之间发生的；教师不为所动的。

周二，我们从苏格拉底讲起，苏格拉底的"助产婆"式的互动是优质高效的互动，那是因为优质高效的互动应该是连续的层层深入的，而不是机械的一问一答；此外，对话应该能被高效组织起来，这就要为互动设置必要的流程。

周三，我们探讨了指挥家与乐队的互动，台上的互动是看得见的，彩排的互动我们没有见到；更看不到的是精神的和心理的互动。

周四，我们强调了课堂里的课桌椅摆放会影响到师生互动的质量。我们研究了一下会场上的主席台，也许正是主席台代表着某种居高临下的强权，导致大会缺乏真正的对话。

周五，我们研究了被人忽视却高频存在的一对互动关系，就是生生关系。良好的生生关系应该是一种亲密关系，而亲密关系的维护需要学生学会如何化解冲突。

我们上周谈师生关系，本周谈良性互动关系，这为下周我们进一步讨论课堂对话作好了铺垫。

第九周　课堂对话

周一　多元负责协力的共同体

我最早听到"共同体"这个词就是著名的"欧洲共同体"，这是西欧国家推行欧洲经济、政治一体化，并具有一定超国家机制和职能的国际组织，是欧洲煤钢共同体、欧洲原子能共同体和欧洲经济共同体的总称，又称欧洲共同市场，简称欧共体（European Communities）。

为什么欧洲可以成立共同体，而亚洲、非洲、美洲成不了共同体？我想主要原因有二：一是欧洲比其他各州有着更多共同的文化遗产和心理认同感，而且经济发展水平相近。而亚洲情况却不同，亚洲的东亚部分本来就不和，西亚也是战争不断，南亚各国也是错综复杂。二是当时受到苏美两个超级大国的威胁和控制，外部控制越是严峻，欧洲各国越是能不计前嫌团结在一起。

共同体这个词因为欧洲共同体而被我们中国人听多了，渐渐地也开始使用了，其实学界对我们中国历史上有没有共同体还是有争议的。社会学中共同体一词最早由德国古典社会学家滕尼斯在其《共同体与社会》中引入，滕尼斯的"共同体"一词的含义进入到中国后由费孝通等人翻译为"社区"，与"社会"一词相对应，中国是否存在共同体，早在 20 世纪 40 年代就已经展开过讨论，不少社会学家都认为中国社会不存在共同体，因为中国只有王朝，集权统治，却没有社会，没有社区。

那什么是真正的共同体？为什么一些社会学家认为在中国传统社会没有共同体？

所谓共同体，是指社会中存在的、基于主观上和客观上的共同特征（这些共同特征包括种族、观念、地位、遭遇、任务、身份等）而志愿组成的各种层次的团体、组织，既包括小规模的社区自发组织，也可指更高层次上的政治组织，还可指国家和民族这一最高层次的总体。看一个组织是不是共同体，要着重看以下几个制约因素：背景是否一致；目标是否集中；成员是否具有思想独立性；成员是否彼此了解；解散需求是否存在；共同体成员情绪是否稳定；共同体行为所受制约程度；领导人的个人因素。

从共同体的概念来看，聚众闹事的一群人就不能算是共同体，因为参与闹事的成员的情绪不稳定。苏联不是一个共同体，因为一些加盟的共和国始终有解散的需求。中国传统社会不是共同体，因为成员缺乏思想独立性。

理解了什么是真正的共同体，我们再来看一个近年来教育界很时髦的词"学习共同体"。学习共同体要比共同体更进一步了，"学习共同体"（learning community）或译为"学习社区"，是指由学习者及助学者（包括教师、专家、辅导者等）共同构成的团体，团体成员在学习过程中经常进行沟通、交流，并分享各种学习资源，共同完成一定学习任务，形成了相互影响、相互促进的人际联系。学习共同体与传统教学班和教学组织的主要区别在于强调人际心理相容与沟通，在学习中发挥群体动力作用。具体来说，学习共同体除了具备共同体的特征外，还有更进一步的要求，我用"负责、多元、协力"来形容。

1. **负责**。学习共同体是以责任依从关系和情谊性关系联系在一起的、有目的的综合体，其全部目的就是促进人的发展。共同体成员能为自己的行为承担责任，同时还能为共同体本身的发展承担起责任来。

2. **多元**。无论是教师、学生还是专家，他们都是行为主体，是自由的和独立的个体，在共同体内，人的个性能得到充分的发展。

3. **协力**。共同体成员是被高度组织起来的。共同体的活动是整合一致的，共同活动由共同目标导向，强调分工与合作，动作是相互协调的。

我花了这么多篇幅在谈共同体，谈学习共同体，是为了引出本周我们要集中探讨的一个关键词：对话。佐藤学认为"所谓学习就是同教科书的相遇对话，同教室伙伴们的相遇对话，同自己的相遇与对话"。我非常赞同这一"建构主义的学习观"。按照建构主义的观点，对话可以加速个体的知识建构，谭文丽在《对话的艺术》一书中认为：

1. 学习者与他人之间的交流、争议等有助于学习者建构起新的、更深层的理解；

2. 在与他人的对话过程中，学习者的想法、解决问题的思路都被明确化和外显化了，学习者可以更好地对自己或他人的理解和思维过程进行监控；

3. 在对话中，学习者之间观点的对立可以更好地引发学习者的认知冲突；

4. 在学习者为解决某个问题而进行的对话中，他们要达成对问题的共同的理解，建立更完整的表征，这有利于问题的解决，形成更完整的知识；

5. 学习者通过与他人的合作对话，可以完成个人难以完成的学习任务。

要实现课堂对话，就要构建一个适合对话的环境，构建一个有利于对话进行的话语空间。对话性空间意味着课堂里可以存在不同的声音，这些不同的声音应该具有相互之间表达、倾听、交流的可能。要保证课堂内的信息是畅通的和流动的；要鼓励置身其中的每个人，无论是教师还是学生，无论是资优生还是学困生，他们都能说出自己真实的想法，并被每一个人听到。

而要能在课堂里实现这些目标，就要将课堂打造成"负责、多元、协力"

的学习共同体。

周二　提防孩子们拉黑了教师

如今，微信成了人们生活中必不可少的社交工具，可是不少年轻人偷偷屏蔽了他们的父母，因为他们不愿父母干涉自己的私生活。我看到腾讯新闻报道，有记者采访一名大学生小马，小马说，有时会在朋友圈中晒出自己的生活状态。可每次时间不长，妈妈的电话都会准时打来，劝他要把精力用在学习上。虽然知道这是妈妈在关心自己，可是时间长了小马却觉得自己的私生活受到了干涉，为此双方还发生过争吵，最后小马干脆将妈妈"拉黑"了。小王是一名白领，因为忙于工作，她一直没有精力找对象，对此父母颇有怨言。每次家里"开会"，父母都会说她不务正业，整天朋友圈里发的都是美食、聚会，有时间不如处理下"终身大事"。实在不堪其扰的小王只好将父母设成了"朋友圈不可见"。

在记者采访的 23 位年轻人中，有近六成的人或者将父母设置成不可见，或者干脆无视父母的好友申请。他们表示，这样做的原因是觉得父母通过微信过度干涉了自己的私生活。

看到这篇报道，我想问题并不完全出在子女的私生活被父母干涉上，而是父母没有学会与子女平等对话。其实，父母不懂得平等对话，何止出现在微信中，日常与子女的对话中，他们也是如此。

在我们的课堂里，教师与学生之间的对话，如果也出现不平等的问题，孩子们就会把教师"拉黑"或"屏蔽"，孩子们会用沉默来对抗，就如他们对抗父母一样。为防止学生把教师拉黑，最需要教师注意的是一定要倾听，要把倾听当作是教学中教师活动的中心。上课时，我们做教师的反复强调，要学生听话，要注意倾听，可是自己却不愿意倾听学生，这可能是教学中的一个通病。

哪些因素在妨碍教师有效地倾听？一是"选择性倾听"。人们总习惯于听到自己想听的和爱听的东西，在心中事先已经准备好标准答案了，我们不由自主地把与标准答案不同的部分屏蔽了，结果我们很有可能听不到孩子们真实的想法；二是"偏见和成见"。如果事先对对方已经做出了负面的评判，就很难再去倾听他的观点。比如，认为某位学生基础很差，我们心中对他的心理预期就不会太高，而他即使回答得很不错，也可能被我们忽略；三是"挑刺儿"。一边听讲，一边反驳，并且沉浸于这种反驳中。我们认为学生在回答问题时，教师的工作就是挑毛病，而且为终于能挑出毛病而沾沾自喜；四是"厌烦"。如果在学生发言之前就已经猜到了他要说的内容，就会对后来的讲话心不在焉。先入为主和居高临下，都不利于教师在课堂上倾听。

课堂上教师要倾听学生，那应该倾听学生什么呢？一是学生发言的内容本身；二是发言是由之前哪位同学的发言所触发的；三是发言与本人之前的发言有着怎样的关联。

教师要认识到，任何一个孩子的发言都是精彩的。即使是错误的发言，我们也要认识到孩子们的思考本身就是了不起的，所以他们思考过程中的偏差也都是了不起的。我们不仅要认真倾听他们的发言，而且还要认真倾听每个儿童的低语或沉默，这样才能获得教学的立足点。

研究者认为，教学中的对话具有三重性质，你会认同哪一重？一是将对话作为课堂教学一种手段，当然还有其他手段；二是将对话作为一项教学原则，要求在课堂教学中的师生交往和互动以对话的形式表现出来；三是将对话作为教学的目的，即教学的一切行为都应有利于对话，有利于学生与教学文本、学生与教师、学生与学生之间的对话。这三重性质可以分别概括为"对话""教学对话"和"对话教学"，三种分别有着不同的意蕴。我本人是持第三种观点的，我认为教学是一个主体借助有意义的交流，不断探究和解决教学中发生的问题，以增进教学主体间的理解，提升师生学习生活质量的过程。

我想，父母要是能注意倾听，能与子女建立"有意义"的交流，不断探究和解决生活中发生的问题，以增进与子女间的理解，并进而提升彼此的生活质量。子女怎么会拉黑父母呢？

周三　让好问题开启学生心智

我当校长时曾经听过本校的一名语文教师的随堂课，边听课边记录她的课堂提问，课后反馈时我告诉她，一堂课她对学生的课堂提问多达 66 次，她惊讶地瞪大了眼睛说："不会吧！"我把记录下来的课堂提问清单给她看，她涨红了脸认账了。她的那么多课堂提问基本没有什么思维含量，激发不了学生的学习兴趣。我分析，她课堂提问的目的本来也不是为促进学生思维，用意可能是在于通过频繁的课堂提问，使学生保持紧张感，不至于注意力涣散，或者为了控制课堂纪律，通过提问给不认真听讲的学生以警示。所以她的提问中大量都是这样的句子："我看谁没有注意听？""某某同学，请你站起来把刚才我的话重复一遍！""刚才读了这篇课文，谁能把段落大意概括一下"等。如果一堂课都是这样频繁地问这些可有可无的问题，师生之间哪有什么对话，孩子们不厌学才怪呢！

好的课堂提问是课堂对话的前提，有了值得讨论的提问，才有孩子们的应答，在问答之间，思维活动开始了，探究与创造才会开始。在对话中，因为对话是自由和开放的，所以就会有质疑，也就会有相互说服，也就能发展批判性思维，发展了人的理性精神，激发了人的生命活力，发掘出人的创造潜能。课堂中越是生成了超出教师预料的问题，对话的质量就可能越高。

由教师发问、学生回答而引起的课堂学习，是一种被普遍采用的教学行为方式。早在 1912 年，美国学者史蒂文斯和白拉克等人就曾对中小学教师的提问做过调查。结果表明，中小学教师平均分别要用 22% 和 80% 的课堂时间来提出问题、回答问题和评价学生的回答。教师每天要问的问题平均达百余个。1966 年，白拉克等人研究指出："教学序列的核心就是教师的提问和学生的回答，另外还有教师对学生的回答所作出的反应。"其研究结果显示：教师要用72% 的教学时间来提出问题、回答问题和进行评价。由此可见提问所占用的教学时间之多。而且，教师在教学中提出问题的数量也是相当可观的，史蒂文斯发现，中学教师平均每天要问大约 400 个问题。弗洛伊发现，小学教师平均每天要问 348 个问题。国内的有关调查结果发现，提问法在教学中的应用频率仅次于讲授法，位列第二。

可是，虽然课堂提问占了那么多的教学时间，问题的数量也如此之大，可是这些问题都是好问题吗？

教师在课堂上提个好问题，总的来说就是要提出具有思考价值的问题，如英国科学家玻兰尼所说的："问题只有当它使某人疑惑或焦虑时，才成一个问题。"用现代心理学的说法，如果一个问题提出之后，要是能引起学生"认知失调"，那就算是成功了。所谓的认知失调是指个体所面临的问题不能用个人已有的经验去解决，两者产生矛盾时所引起的认知不平衡感。这种心理上的不平衡感，使学生感到困惑、举棋不定甚至无法解答，这就会激起他们弥补缺漏、寻求方法、探索答案的积极性。

具体来说，好问题就要符合以下三个条件：第一，这个问题必须是学生尚不完全明白的或未知的，他们发现自己不能很快地和直接地找到答案，由此引发了认知上的矛盾、困惑或心理上的紧张感。第二，这个问题必须是学生想弄明白的或努力想说清楚的东西，问题要能够引起学生强烈的兴趣，产生强烈的探索的欲望，并立即愿意付诸行动的。第三，这个问题必须与学生认知水平相当，他们能够运用现有的知识和能力解决的，也就是要在学生的最近发展区内的。

教师的课堂提问要激发学生高水平的思维活动，如果要按思维的指向性来分类的话，可以分为：

1. **聚合性问题**。应答这类问题，思维指向于内，就是指向于正确答案的。比如，我国的面积有多大？一般来说应答这类问题所需的思维水平是不高的，虽然有些聚合性问题很难；又比如，如果你没有学过化学，要是问你"在化学元素周期表中，钠处于什么位置？"孩子们可能被难倒了，可是这也只是一个记忆层面的问题，与能力无关。

2. **发散性问题**。发散性问题可以有许多不同的答案，思维是指向于外的，这一类问题是开放的，学生可以提出自己的看法，只要言之成理就行。比如，"筷子有多少种用途？"考查的就是学生的创造性思维，非常容易引发课堂对话。

3. **层进式问题**。应答层进式问题需要做纵向的思考。比如，"为什么沙漠中阳光如此充分，植物却长不好呢？"这类问题是最能引发学生思考的，需要较高的思维水平才能拿下。

总之，课堂提问是教师专业技能中特别重要的一项。

周四　课堂对话是一个技术活

昨天我们谈到，课堂提问是教师专业技能中特别重要的一项，提高课堂提问技能才能开启高水平课堂对话。下面我们来模拟一个场景，妈妈和孩子之间的一段对白。

孩子放暑假已经一周了，痴迷于网络游戏中。

妈妈说："小毛，什么时候可以停一下，妈妈想跟你讨论一个问题。"

儿子："好的妈妈，再等我十分钟吧！"

十分钟后，妈妈等孩子的视线离开了电脑，就接着问："小毛，你还记得放假前一天我们是怎么约定的吗？你可不可以对照一下现在的表现？"

小毛的表情有些不自然，似乎在思考，又似乎沉浸在刚才的游戏中。妈妈等了一会，把刚才的问题又重复了一下。

儿子嘟囔着说："放假也不能玩游戏吗？"

妈妈说："放假了当然可以玩游戏，妈妈只是提醒你，放假前我们有过约定的，如果你想修改约定，我们可以重新讨论的呀！但是，我们是不是要遵守那个约定？"

儿子："好吧，妈妈，现在我看书去了。"

妈妈："妈妈知道你是一个能履行诺言的男子汉！"

这段母子之间的对话，从专业的角度看是非常成功的。这段对话分为四个阶段，第一阶段是"引入"，"妈妈想跟你讨论一个问题"，这句话让小毛接受妈妈的话先有个心理上的准备，也给他从激烈的游戏中走出来预留了时间，而且时间长达 10 分钟；第二阶段是"陈述"，妈妈正式提出问题："你还记得放假前一天我们是怎么约定的吗？你可不可以对照一下现在的表现？"提完问题后，妈妈耐心地等候了一下，儿子反问了一下："放假也不能玩游戏吗？"接着就是第三阶段"干预"，妈妈要出手进行引导了，让孩子思考："我们是不是要遵守那个约定？还是修改约定？"妈妈的干预显然发挥了作用，儿子说"现在去看书"。最后就是第四阶段"评价"，妈妈夸奖孩子守信用，对话完成。

我虚拟了这个例子，是要帮助大家理解，提问是有技术要求的。整个对话过程分为引入、陈述、干预和评价四个阶段，每个阶段都有技术要求，下面我就来讲讲这些要求。

第一阶段"引入"。提问前，教师要用不同的语言暗示或提示学生自己即将发问，让大家做好心理准备。可以用动作、神态暗示学生，也可以用言语提示学生，比如，"同学们，下面我就要提问了，大家有没有准备好呢？""好了，我们的话讲完了，现在轮到你们了！"总之，这个阶段是要给出一个明显的界限，表示课堂活动要转入问答。

第二阶段"陈述"。在引起学生对提问的注意之后，教师就要正式提出问题。以下是若干要领：

1. 问题的句子构成，无非就是"什么""为什么""怎么做"。"是什么"指向实体，"为什么"指向原因，"怎么做"指向状态。提问时，一定要突出"什么""为什么""怎么做"这三个词，因为问题就是靠这些词来给出指向的。

2. 提问的语言，要力求做到准确、简洁、清晰，避免冗长或模棱两可的提问。因此事先就要把问题想清楚，避免重新表述，否则容易打断对方的思路。还有就是问话必须很有亲和力，要谦逊，否则学生被你的气势"压倒"，就不愿开口与你对话了。你看我上文所举的妈妈的例子，我想即使在儿子不好好学习光打游戏这件事上，她都能保持如此的克制，是值得我们学习的。

3. 如果问题难度较大或学生容易误解题意，可对所提问题做必要的说明，我们可以说："你们还记得我们已学过……的知识吗？""请利用……原理来说明……"甚至可以更直白地提示"请注意，在回答这个问题时应注意以下几点""对于这个问题的回答请注意教材中所提供的时间顺序"等。

4. 教师应尽可能多等待，给学生充足的时间思考。那应该等待多长时间为宜？谭文丽在《对话的艺术》一书中做了总结。目前来看，对候答时间的研究可以归结为两个方面：

一是指教师发问后，学生回答前的候答时间。有的研究者发现，在实验条件下教师的发问后候答时间增至 3 秒以上时，教学效果明显提高。研究发现，教师对待时间长，"更多的学生愿意给出答案""能力稍差的学生回答问题的概率增加了""学生们给出更长的回答""答案更加深思熟虑并有创造性""学生们在回答时更加自信""提出更多可能的答案""更多学生提出问题"。

二是指学生回答后至教师对回答做出反应之前的时间。一般情况下，教师往往对学生的回答在 1～2 秒内迅速做出反应。但是当教师把候答时间增至 3 秒以上时，可以帮助教师更从容地思考隐藏在学生回答背后的东西，以及应该如何对学生的回答做出反应，师生之间的问答性质就会由"质问式"变成"对话式"。

5. 教师应该让谁回答问题？一般在公开课上，教师为了展现自己的教学才艺，往往会请班级里最优秀的孩子回答，最好能赢得听课专家和同行的"满堂彩"。但在正常的课堂教学活动中，我们应该把答问的机会给每个学生。研究表明，按一定顺序依次请学生回答，如按座次、学号、姓氏笔画等，效果要优于随机叫答（检查记忆性内容除外），那是因为随机叫答比按顺序叫答更容易引起学生的焦虑，而焦虑构成的压力是不利于课堂对话的。总之，要减少自愿举手回答的情况，因为这对一些自信不足的学生是不公平的。专家建议教师在学生渴望回答时，要适当抑制"大声喊"，让孩子们学会尊重别人的回答。多数学生沉默不语时，则要鼓励大家参与，甚至允许"大声喊"。有关研究显示，叫答范围越广，教学效果也越好，学生能表现出较多的专心行为，较少焦虑，学业成绩更好。

6. 应提示学生如何应答自己的提问，主要是有这样几点：（1）要听清题意，如有不清楚，可询问对方，让对方复述问题；（2）要自信而清晰地回答问题；（3）为将问题解释清楚，应在回答时辅之以手势、神情；（4）"不知为不知"，对自己回答不了的问题，要实事求是地承认，并向他人请教；（5）回答完毕要向对方示意，也可以向对方说"完毕"。

第三阶段"介入"。当学生回答不了，或回答不完全时，教师应先检查学生是否听清题意，如果没有听清，应重复所提的问题。

如果学生还是不能作答，教师要做提示，给出一系列暗示性语言，提示解决问题的方向。提示性语言可以是"你可以尝试……""……会有帮助吗？""把你的想法与……比较了吗？""……怎么样？""为什么不……？""你尝试过……吗？"

如果回答不完全，那就要通过追问来做进一步探询，使学生更深入地考虑他们最初的答案，更清楚地表达自己的想法。不充分或者不完整的回答对于有效的课堂讨论来说，其实是一个很好的开始。所以，如果一个学生给出一个需要改进的答案——不要直接做出回应，通过问："等一下，看看别的同学怎么想的？"让全班参与讨论，从其他同学那里获得一些答案。然后，把这些答案拿给第一个回答的学生，并问他："你最喜欢哪个答案？"这个方法可以让教室里的其他人参与，同时能继续让第一个回答的学生保持认真倾听和思考的状态。

第四阶段"评价"。对学生的回答，要及时做出评价。

建议评价可分为以下几种情况：（1）当学生自信地回答正确时，可用"正确""不错""很有道理"等评价语言；（2）当学生不自信、犹豫而回答正确时，应给予积极肯定，可用"完全正确""非常准确""太棒了"等评语；（3）当学生自信而回答错误，应首先对对方积极思考做出肯定，并引导他得出正确的结论；（4）当对方不自信而回答错误，可复述一遍问题，鼓励对方再次回答，也可改变提问的角度或添加辅助性的问题引导回答。

我们可以使用"勋章"（代币）对学生的应答做出积极的反应，不过这方面还存在一定的争议。有研究认为，代币制一般在用于控制学生问题行为时较为有效，一些实验研究发现，代币能有效增加学生正确回答的比例，提高学生成绩。其实一些"微小的鼓励"，如"嗯……嗯"这样的积极反应效果就不错，它的潜台词是："请继续，我在听，我明白。"另一种给予微小鼓励的方法是重复一个错误的或不完整的回答，比如，教师："为什么磁铁能吸在冰箱门上？"学生："因为它是金属的。"教师："因为它是金属的？"这就够了。不必每次都兴师动众地搞勋章之类的奖励物，哪怕只是代币。

总体来说，各项研究都证明教师对学生的应答做出消极反应，如，表示不赞成、批评、训斥等，效果都不理想。有关教师批评与学生成绩之间相关的 16 项研究中，有 13 项是负相关，只有 3 项是正相关。

好了，今天的内容是不是有点枯燥？技术层面的东西确实不那么太有趣，但是这些枯燥的内容恰好构成了我们专业技能的核心。今天我们讨论了课堂对话的技术问题，在引入、陈述、介入和评价方面的一些正确的做法。你可以在实践中去演练演练。

周五　对话的无目的合目的性

看完电影《芳华》后，妻子问丈夫，这部电影好看不好看？丈夫发表了自己的看法，妻子不认同，于是两个人展开了一场对话。这场对话由问答开始的，而且讨论得非常热烈，思维水平也很高，因为当问到"电影好看不好看"时，就是要对电影做评价，这当然就激发起高水平的思维活动了。可是，这场对话与我们讨论的课堂对话不同，夫妻俩欣赏完电影之后的对话，那是在闲聊，是无目的的，而课堂教学是有目的的，课前是设定了明确目标的，课堂要追求效能的，所以课堂对话听上去就像聊天，可是却不同于聊天。这大概就如哲学家康德所说的"无目的的合目的性"。康德的这句话用我们中国本土的话来翻译，可以说成"无所为而为"。我们传统教学太想有为了，结果效能不高，现代的主张对话的课堂，虽看上去"散漫"和"自在"，可其实却优质高效。

教师的课堂教学是要有目标的，关于教学目标分类，最著名一套分类方法是布卢姆的《教育目标分类》（1956）。布卢姆的分类包含六个水平，这六个水平是：1. 知识；2. 理解；3. 应用；4. 分析；5. 综合；6. 评价。在做教学设计时，学生的学习目标设定在哪个水平上，教学的对话就应尽可能在哪个水平上的思维过程来进行。下面我们依次来看：

1. **知识水平**。当你的目的是要确定学生是否记住了某些具体事实时，可提问回忆类别的问题。比如，"中华人民共和国是哪一年成立的？""《狂人日记》是谁的作品？""请说出人体两种血管的名称。"这些问题都是有标准答案的，很容易就做出正误判断。

2. **理解水平**。当你的目的是帮助学生把事实组织起来，并弄清这些事实的含义时，可以提理解类的问题。提这类问题的方法主要是要求学生选择恰当的事实，对这些事实进行描述、比较或对照。比如，"等腰三角形和等边三角形的区别是什么？""唐朝的生活与今天的生活有什么不同？""能用自己的话说说彩虹是如何形成的吗？"

3. **应用水平**。当你的目的是要鼓励学生将已习得的知识，运用到别的问题情境中，或迁移到别的地方，可提应用类的问题。这类问题要求学生把某一规则或方法应用于某一问题，以确定正确的答案。比如，"如果 $x = 2$；$y = 5$，那么 $x^2 + y = ?$""应用已学过的经度和纬度的定义，在地图上找出北京在哪个点上。"

4. **分析水平**。当你的目的不仅仅是要帮助学生记忆和理解，而且要弄清知识背后的原因，就要提解释型的问题。比如，"清朝最终灭亡的原因有哪些？""为什么坏血病曾一度是海员的常发病？""导致孩子与父母发生分歧的原因有哪些？"

5. **综合水平**。当你的目的是为了帮助学生将某种关系或事物以一种创造性的方式进行组合时，可提综合类的问题。这些问题通常用来发展学生的创造能力，与"应用水平"不同的是，"综合水平"的问题不要求有标准答案。比如，"假如我们把煤和石油都用光了，你设想会有什么情况发生?""你认为应该怎么做，中国足球队才能进世界杯决赛圈?"

6. **评价水平**。当你的目的是帮助学生通过判断，在诸多选择中做出最适于某种固有价值的选择时，可提评价类的问题。与综合水平的问题相似，评价水平的问题也不要求有唯一正确的答案。比如，"这个单元一共有四篇课文，你认为哪一篇最适合讲给你的父母听?""你认为污染企业就必须关闭吗？你认为由此带来的下岗失业是必须承受的代价吗?"

以上我介绍了布卢姆的教学目标体系和我们基于学习目标而设计的课堂提问，这些提问能将学生的思维锁定在某一认知水平上，这样的话，对话教学的效能可以更高。我们主张提高课堂提问激发学生的高级思维，即减少让学生做机械的简单的回忆，而多让学生去比较、对照、解释、总结、分析、综合、评价，在高级思维启动后，课堂对话才真正可能高质量的展开。

一周总结

本周我们讨论课堂中的对话行为。佐藤学认为"所谓学习就是同教科书的相遇对话，同教室伙伴们的相遇对话，同自己的相遇与对话"。我非常赞同这一"建构主义的学习观"。

周一，我们研究了共同体、学习共同体这两个基本概念，因为要是一群人没有结成共同体，这群人就不会有高质量的对话行为，因为学习共同体给对话提供了良好和环境。

周二，我们讨论了孩子们不愿意与教师对话的原因，还研究了如何将对话作为教学的目的，使教学过程的一切行为都应有利于对话，有利于学生与教学文本、学生与教师、学生与学生之间的对话。

周三，我们学习了课堂好问题的标准，好问题，总的来说就是要有思考价值，我非常欣赏英国科学家玻兰尼所说的："问题只有当它使某人疑惑或焦虑时，才成一个问题。"用现代心理学的说法，如果一个问题提出之后，要是能引起学生"认知失调"，那就算是成功了。

周四，我们花了很长时间来打磨课堂对话的技术，在对话的引入、陈述、介入和评价方面的一些正确的做法。

周五，我们介绍了布卢姆的教学目标体系，研究了如何使课堂对话与所设定的目标保持在同一个思维水平上。

连续三周，我们层层深入，考察了课堂里的关系，我们从静态的师生关系，谈到课堂的动态关系——互动，再谈到作为一种最重要的互动方式的课堂对话，尤其研究了触发良性互动的课堂提问和应答。

下周我们要研究由学生策动的课堂对话，我们先从课堂生成开始。

第十周　主动参与

周一　非良构知识与主动学习

《哈佛女孩刘亦婷》的作者刘亦婷，年仅 19 岁，高中尚未毕业就同时被美国的哈佛大学、哥伦比亚大学、威斯利大学和蒙特豪里尤克学院四所大学录取，并免收每年高达 3 万多美元的费用。最后，她选择了哈佛大学。在就读于美国哈佛大学期间，她比较了在中国和美国的受教育经历，归纳出中美学生六个方面的区别：身体素质、适用能力、协作精神、积极性和创造性、人际沟通能力、动手能力。这六个方面，我国学生都明显不如美国学生。我们的优势在基础知识和刻苦学习两方面。

我感觉我们培养的学生，刚开始的时候，还是挺令人骄傲，渐渐地，后劲就没有了，典型的赢在起跑线却输在终点线。就学生们求学的状态上看也是如此。随着年龄的增长，我们很少有学生愿意主动学习了，而主动学习的一个标志性特点就是主动提问。

我这些年来一直在收看网易公开课 APP 里国内外名校的课，一个明显的对比就是，我们的大学生们正襟危坐，认真听讲，而美国的学生坐姿随意，却常常在未经教师提示的情况下举手提问。

导致中美学生这么大差异的原因是什么呢?

这当然要说到文化要素,中国的文化不主张个性张扬,比较注重集体,而美国人则崇尚个人主义。但我并不是一个文化决定论者,中国孩子成为今天这个样子,当然与文化有关,但与我们的教育理念和方法高度更相关。

刘亦婷在《哈佛女孩刘亦婷》一书中分析认为,"我国的基础教育在追求快、难、多时,不得不省略或舍弃那些妨碍这一追求的东西,而在我们省略和舍弃的东西中,却包含着很多对增长智慧和发展创造力来说最需要的条件、最根本的基础。"

我赞同她的观点,在育人目标和与育人目标相关的学习内容上,我们确实比较偏重于基础知识。但是,导致这种现状的更为深刻的原因可能在于不良的师生关系上。我们的教师习惯把自己打扮成权威,喜欢说一不二的那种感觉。孩子们在未到学校之前,本来是喜欢提问的,是乐于质疑的,可是进了学校,用不了多久,就变得"成熟老到""圆滑机灵"。教师的自我中心倾向严重,权力主义思想不能破除,课堂是不会充满生命力的。在教师的权力主义领导之下,学生的"心理自由"和"心理安全感"匮乏。

所谓"心理自由"是指表达思维和感觉的自由,塑造自我的自由。要让学生感到心理自由,就得给学生更多的自我表达机会,就得允许他们任意插嘴,而不该对他们的言论冷嘲热讽,所谓的"引蛇出洞""秋后算账"之类的行为,都会导致孩子们丧失心理自由。所谓"心理安全"是指:学生感到自己被他人承认、尊重和信任,这样就抛弃了羞怯和虚伪而获得了自由的存在。要给学生"心理自由"和"心理安全",我们还需要做很多,但当务之急是要放松对学生的评价,至少应延迟对学生的评价。

现在一些学校注重对学生的评价,一堂课下来评价次数过多,从某种意义上说,评价过于频繁其实就是在以评价权力"胁迫"学生更好地服从教师的指令。实施延迟判断是为了让学生敢于"胡说八道",特别是当学生之间存在争议的时候,要让他们自己去解决,不要急于当裁判。否则,在教师犀利的眼光下,课堂当然就会变成一潭死水。

　　研究者发现，权力主义的教育方式下，儿童伴随着较高水平的挫折，并对教师表示出一定程度的反感，教师在场，参与活动的积极性较高，教师一旦离去，活动效率便明显下降。而在民主的领导方式下，儿童比较愉快，关心集体，工作也较好，表现出较强的独立性，惹是生非也少。

　　另外，虽然教师也会提示学生，"你们有什么问题吗?"也会批评学生不积极提问，可是平时却并不教授提问技巧，也不对学生进行提问方面的训练。美国教育学者弗雷斯和施瓦茨从数量和质量等方面对学生的课堂提问进行了研究，结果表明，在没有指导的情况下，学生所提出的问题中，90%的都是一些低水平的问题。其他相关研究也表明，教师的指导对学生提问能力的提高有很大的帮助，通过训练可以提高学生课堂提问的能力。目前，国外已经开发出针对"发问"的训练模式，如，"K－W－L"模式，这一模式由三个问题组成："关于这个主题我已知道了什么，我想通过这次学习学到什么，我学到了什么?"教师通常将 K－W－L 模式设计成工作单进行教学，我们是可以借鉴一下的。

　　我认为，要突破我国课堂中教师权力主义的倾向，应在教育领域引入"非良构知识"的概念。

　　根据知识的复杂性，斯皮罗等人将知识划分为良构领域（well－structured domain）的知识和非良构领域（ill－structured domain）的知识。所谓良构领域的知识，是指有关某一主题的事实、概念、规则和原理，它们之间是以一定的层次结构组织在一起的；非良构领域的知识则是将良构领域的知识应用于具体问题情景时而产生的，即有关概念应用的知识，这意味着，良构领域中的同一个概念应用在各个具体实例中，其内涵将表现出一定的差异。

　　我国教师的头脑中根深蒂固的观念就是将所有的知识看成是"良构"的，都是有标准答案的。因为有标准答案，而答案又掌握在自我手中，我当然就是权威。于是，学生只能成为知识的奴仆，于是"万马齐喑"也就成了"究可哀"的必然。

周二　自然演化论与生态课堂

我教了 10 年高中语文，高中语文课本里有不少鲁迅先生的作品，很让学生们费解，作为语文教师，好些方面的内容我也不是特别明白，就只能对着教参照本宣科了。但关于鲁迅先生是一个进化论者，我还是能搞懂的。鲁迅受了严复翻译的赫胥黎的《天演论》的影响，他在青年时代便把进化论作为武器，向他认为的"落后势力"展开了斗争，他之所以要打倒孔家店，之所以认为青年必胜于老年，其思想基础都是"进化论"。鲁迅在谈话中说："那个时候，它（指进化论）使我相信进步，相信未来，要求变革和战斗。"

其实，鲁迅先生，包括后来的一代又一代文化人，对进化论产生了误解。误解主要是两方面：

第一个误解是将演化误认为就是进化。

《天演论》这部书是素有"达尔文的斗犬"之称的生物学家赫胥黎在牛津大学所作的一场却是演讲，原名直译应当是《进化论与伦理学》。严复当时没有照书名来直译，这是正确的，因为"进化"这个词会给人一种错觉，认为事物的变化总是"更高更强""更前进"的，其实演化并不等于进化，"天演论"这个译名很好地把这本书的内涵表达清楚了，演化是一种无处不在，不可逆的演变过程。

可是在全书的翻译中，严复却不尊重原文了，舍弃了赫胥黎对伦理学的关怀，却强调竞争，这就变成"进化论"了。严复这么错译，是有用意的，在当时晚清政府"丧权辱国"的国情下，严复要迎合当时中国读者的口味，而使"落后就要挨打"的观念成为中国人的常识。他做到了。

第二个误解是将生物学的理论引入了社会学中。

生物学理论能否引入社会领域，这本身是个问题。可偏偏那些不懂生物学的社会学家认为生物是"进化"的，既然生物是进化的，人类社会也应该是进化的，人类未来一定会更美好。因此，人类应该有一个终极理想的，而我们朝着那个方向前进，就一定能实现伟大理想。中学教科书里说事物的发展是由简单到复杂、低级到高级，这个说法应该就是从生物学的"进化论"中来的，可这个进化论的生物学本身是错的。

生物是进化的吗？可能未必吧。哲学家王东岳先生在他的《物演通论》中认为，世间之物，后衍的物种的生存强度（生存的顽强程度）总是呈现递减态势，一代比一代弱，于是，要想生存下去，就得不断地寻找更多的支持因素。于是生物体变得越来越复杂，它的可生存性倾向逐步趋近于零（存在度降低），也就是说越高等越复杂能力越强大的物种，灭绝速度越快。

为了说明王东岳的观点，我们来举一个地球人都知道的例子吧：恐龙的灭绝。恐龙十分强大，而且据科学统计，恐龙完全灭绝的时间持续了100万年，也就是十倍于人类的发展史。可如此强大的恐龙怎么就灭绝了，而同时代的比恐龙弱得多的鳄鱼等物种却存活至今？那是因为恐龙太高等了，恐龙可以游泳，可以爬行，跑得又快，有的还可以飞，有的吃肉，还有的吃植物。正因为能力超强，反而生存优势越来越低了。我们试着来推理一下：恐龙具有很大的生存优势，它们不愁食物，体型越长越大，食物量越来越多，直到有一天，植物为了保证自己延续下去，开始有了孢子和蕨类植物，它们疯狂生长，导致很多植物死亡，食草类的恐龙的食物量急剧下滑，它们的数量开始减少，食肉动物随之减少，以此类推，恶性循环，最终灭绝。科学家研究认为，恐龙灭绝和小行星撞击地球有关，你想小行星撞击地球之后，为什么植物和动物大规模的灭绝，可低等的植物动物都能存活下来？比如蚯蚓、蚂蚁，还有老鼠之类的，当然还有古老的生物——打不死的小强蟑螂。

看了强大的恐龙的例子，你再看世界500强公司，可怜的500强，它们的平均寿命却只有41年左右。诺基亚，柯达，雅虎这些大牛，可以瞬间破产，毫无征兆。

所以，演化论的观点不是说要成为最强大的，而是最适应环境的可以生存下来，但环境一变，原来的优势随时可以逆转为劣势，缺点反而可能变成优点。所以，在自然演化的过程中，没有什么绝对的优点、优势可言。

现在有不少地方提生态教育，生态课堂，我认为所谓的生态就是尊重自然演化的，而不是鼓励竞争，不应该含有"弱肉强食"的所谓进化的意思。

因为生态课堂反映的是生态世界的本质，所以课堂并不是遵循着"对称的、简单的、序列性的秩序"，而是一种"非对称的、混沌的、分形（fractal）的秩序"，生态课堂不预设未来的"进化"目标的，应随机顺便，让环境去做选择。因此，生态课堂特别能产生"变异"，这些变异虽然与当时环境要求不一致，有时还显得很突兀，但这种变异也许代表着未来，我们称这种有益的变异为"创新"。在生态课堂里应该常常有意外发生，这些意外被称为"生成"。

最近一些上海人在讨论"上海为什么会错过互联网"，作为土生土长的上海人，我非常关注这场讨论，在公众号"肥肥猫的小酒馆"《这些年上海是如何一步步错失互联网机遇的？》一文中，作者分析说："中国的互联网企业，讲究野蛮生长，先污染，再治理，先擦边，再洗白，太规矩是做不成事的。像马云这种人，在杭州他可以胆大包天搞出支付宝，如果在上海，大概老早就被经侦抓起来了——几十个亿沉淀在支付宝里是闹着玩的？赶快给我研究合不合规，赶快给我关掉。广东那边就更是了，为了留住大户什么都可以谈，连劳动法都可以商量。这在上海不可想象，所以需要容忍踩线的行业，上海都发展不起来。"

我的观点是，上海已经不"生态"了，上海管得太多太细了。正如课堂不生态，就不会有活力一样。因此，为了课堂的生成，我们要学会"顺势而为"。

中国古代老子的观点正是我们要经常拿出来温习的，以下一些词，都可以用来描述生课堂中的生成策略：欲擒故纵、装疯卖傻、推波助澜、顺水推舟、投石问路、将错就错、适可而止、不了了之……

周三 《王者荣耀》之于课堂生成

与同行聊天时，不少人为青少年学生沉迷于网络游戏而焦虑，尤其是一款名为《王者荣耀》的游戏，更是让无数人不思茶饭。我看到一篇报道说，2016

年 4 月，一名 17 岁高中生在学校宿舍床铺上连续"激战"40 多个小时，中间只闭眼睡了 3 小时，结果晕倒，被确诊为脑梗。

据统计，至 2016 年 6 月，《王者荣耀》已吸引 5000 万的日活用户，注册用户突破 2 亿，腾讯浏览指数显示玩家主力人群为 11 - 20 岁（占 53%），现在连"小学生"也已经入侵这款 MOBA 手游。《王者荣耀》其实已经成为全民游戏。

为什么《王者荣耀》这么火，男女老少都在玩？《王者荣耀》是如何一步步让人上瘾的？其实，与所有容易上瘾的游戏一样，《王者荣耀》能引发心流状态。

什么是"心流"？心理学家米哈里·希斯赞特米哈伊将心流定义为"一种将个人精神力完全投注在某种活动上的感觉；心流产生的同时会有高度的兴奋及充实感"。当玩家在玩《王者荣耀》的时候，会觉得时间飞快，注意力格外地集中，也感觉不到生活带给你的忧虑，一切都无法干扰到你。

米哈里·希斯赞特米哈伊认为，使人进入"心流"状态，有四个前提：

1. **内在奖励感**。在一局游戏中胜利了，我们会获得认同感和掌控感。

2. **清晰的目标**。在玩《王者荣耀》的时候，我们的目标就是和队友一起推掉对方的水晶。努力打小兵、打野怪就能赚金币，赚了金币就能买装备，买了装备就能提升攻击和防御能力……目标非常明确。

3. **及时反馈**。当你打完一局，可以清楚地看到自己和他人的评分，以及每个人对团队的贡献。

4. **跳一跳够得着**。很多人都习惯在对战模式中练英雄，每买了一个新英雄时，我们往往会在最初被虐得很惨，然而在一局局练习中，我们逐渐了解新英雄的技能，杀人头越来越多，享受到了成功的快感。

《王者荣耀》最成功的一点，也是其他游戏无法做到的一点就是，它把社交属性发挥到极致。本来和同事、同学并没有太多的接触，结果偶然间发现对方也在玩《王者荣耀》，几局玩下来，发现原本陌生的人之间的关系变得亲近了。玩家可以在游戏中拜师收徒，也可以在游戏中和别人建立情侣、闺蜜、好基友、死党等关系。为什么那么多人好不容易下决心把《王者荣耀》从手机里卸载，一回头却又装上了？是因为人们可以卸载掉手机上的《王者荣耀》，却无法轻易将社交关系清除掉。

我觉得《王者荣耀》另外一个成功之处就在于总能找到玩家的"最近发展区"。有一些游戏，刚开始玩的时候，兴致满满，可是渐渐就扔在一边不再碰了。可《王者荣耀》却让人对它保持持久的兴趣。当你在打《王者荣耀》排位赛的时候，你会感觉到取胜似乎就在眼前，你相信自己这一局一定能成。那是因为系统会自动识别你的水平，为你匹配适合你的对手。

苏联心理学家维果斯基的"最近发展区理论"认为，学生的发展有两种水平：一种是现有的水平，指独立活动时所能达到的解决问题的水平；另一种是学生可能的发展水平，也就是通过教学所获得的潜力。两者之间的差异就是最近发展区。教学应着眼于学生的最近发展区，为学生提供带有难度的内容。学生什么时候学习积极性最高？在他们"跳一跳够得着"的时候，他们最努力，他们的潜能也才能得到充分的发掘。目前，大量的研究证实了最近发展区理论在儿童学习中的价值。儿童在最近发展区内学习，他们的计划水平，问题解决能力和记忆水平均获得显著提高。我想，《王者荣耀》的设计者显然对最近发展区理论十分的精通。

有人把学生网络成瘾称为是一种需要治疗的精神性疾病。对此我有不同看法，一个人对某一事物成瘾，怎么会是一种病呢？对阅读成瘾，对钢琴成瘾，对锻炼身体成瘾，我妈妈对做家务成瘾，这些为什么不是病，偏偏玩网络游戏就是病？这岂不是对《王者荣耀》的歧视吗？所谓成瘾无非就是长期接触某物而造成了心理上习惯性的依赖而已。2007年6月24日，在美国医学会一场激烈的辩论之后，美国医学会拒绝向美国精神病学会推荐把"网瘾"列为正式的精神疾病。

我们今天花这么多时间讨论《王者荣耀》，是为了便于讨论我们教学专业问题，什么样的课堂策略有利于课堂生成？那就是我们从《王者荣耀》的成功经验中再次印证的那些基本原理：

1. 把孩子们带入心流状态；

2. 将孩子们联结起来，成为团队；

3. 找到他们的最近发展区。

周四 奖励可能破坏学习动机

我曾经在 12 年一贯制的民办学校短暂地当过校长，那所学校由小学、初中和高中三个学段构成，当时我就遇到一个一般单一学段很难碰到的问题：教师节的时候要对教师进行表彰奖励，该不该给高中毕业班老师更多的奖励？因为论贡献，高考出成绩，与高三教师的关系最为直接。按惯常的做法，当然要向毕业班教师倾斜。但是，小学和初中学段的教师可能很有意见，难道高三学生考得好，没有其他学段教师的功劳？奖励应该给谁？这可真是个难题。

当时我的决策是，三个学段各切一块奖励金，奖金池里的金额按这个学段的教师人数确定，对高三的奖励金哪怕再高也由高中的奖金池中切出一部分。在教工大会上，我宣布了两条奖励原则：

1. 不奖励人们喜欢做的事。比如说，大家喜欢当干部，争着抢着当干部，那么原则上不奖励干部。如果有的教师喜欢轻松一点的工作，特别是评上高级职称后不思进取了，申请到图书馆工作，那么就不该给他们奖励。我当时问，我们学校老师们喜欢教高三吗？如果高三教师们正在干着自己向往的工作，那么就不该得到额外奖励。

2. 奖励要向平时很难有机会拿到奖励的工作岗位倾斜。根据经济学中的边际效用原理，也不应该给高三老师更多的奖励。高三教师平时获得奖励金的机会更多，因此，边际效用在递减，这就是"雪中送炭"还是"锦上添花"的区别。从学校的边际成本来看，当然应该把有限的资金花在最能产生边际效用的部分。

那照这样的原则进行奖励，高三拿到奖金不够高，会不会他们就不努力工作了呢？不会，因为不能履行职责，或完不成工作目标，是有"罚则"的。当时我在民办学校工作，对教师的绩效考核和奖励比较容易尊重经济学和管理学规律。

今天我们来谈谈学生参与课堂对话的积极性问题，这方面有什么好办法呢？当教师给出一个问题，总是希望学生能做出积极的反应，这就涉及学习动机了。作为学生学习的一个最为关键的因素之一，动机问题经常被教师和家长讨论。是什么因素促使学生想学习爱学习？这是个很复杂的问题，因为学生的学习动机是许多因素共同作用的结果，比如学生的个性、能力、特定学习任务的特征、学习的诱因、情境和教师的行为等。

首先，我们要接受一个现实，不要希望一个孩子会对任何事物都有兴趣。动机有强度和方向上的变化，我们也许可以增强、降低或保持学生在某一方面的动机，可是却很难让一个酷爱文学的孩子明天对化学实验产生浓厚兴趣。所以，作为教师，我们的任务也许主要在于增强动机本身，而不是改变他们努力的方向。动机可能就如汽车的发动机（强度）和方向盘（方向），发动机可以修理甚至更换，而方向盘却永远在孩子们自己手中。明白这一点很重要，我们至少知道一些孩子真的不喜欢数学，或者对阅读无感，我们不必过于勉强他们。

在接受了这个现实之后，我们再来看奖励物对动机所产生的作用。昨天我们谈到《王者荣耀》是如何让玩家着迷的，这里涉及游戏中的奖励问题。能够产生心流的奖励一定是内在的奖励。行为主义心理学在这方面的一些研究结论很有意思。

有一份工作，薪水是每小时50元，这50元会对人产生什么样的作用？我们来看下面的四种情况：

1. 答应给小王60元，让他油漆围栏，可是，等他干完后对他说，"我认为你干的活不值60元，给你50元。"

2. 答应给小王40元，干完后，赞赏他的出色工作，给了小王50元。

3. 小王和小莉一见钟情，约会结束后，小莉说："小王，跟你在一起真的很愉快。这里有 50 元，希望你能接受。"

4. 爸爸给小王 50 元，让他下周六带上邻居家的孩子去公园学打球。

你看，这 50 元，虽然都是一个"强化物"，可是起到的作用是不同的。与第一种情况相比，第二种情况更能激发小王的工作动机，而第一种情况则彻底扑灭了小王的工作动机；第三种情况，这 50 元是对小王的羞辱；第四种情况下，小王也许会带邻居家的孩子去玩，也许不会，因为这要看小王有没有别的更有价值的事要干。

我举出这四种情况是要说明一个重要的问题：不能想当然地认为某一诱因具有动机价值，因为诱因的动机价值是由许多因素共同决定的。

当教师说："我希望你们都能积极发言，否则是要被扣小组分的。"这时，教师在心里做出了一个基本假定：小组分对大多数学生都是一个有效的诱因。但是，一些学生可能对小组分并不关心，或许他们更关心自己的个人得分，或者对任何分数都不关心。

当教师对学生说："说得真不错！我知道你思考得很深入，太棒了！"这时，你做的基本假定是，对这位发言的同学来说，对其思维方面的肯定是真正重要的一种"强化物"。

我要给大家的一个基本结论是，孩子们对奖励的期待决定了奖励的动机价值。对一个饥饿中的人来说，食物是个奖励物，对一个酒足饭饱的人来说，食物却是一种惩罚。因此，我们在对学生实施奖励时要先根据学生的行为来推断其动机，虽然这有些困难，但这是我们不得不去做的事。我们有多了解学生，才有多大可能去调动他们的积极性。

我在当校长时，一直有件难办的事就是安排监考老师，尤其学校被指定为成人高考之类的社会化考试的考场。监考的劳务费很低，根本没有吸引力，而你又不能强迫教师牺牲休息日来监考，这时你怎么说服教师们来参与此项工作呢？按照马斯洛的需要层次理论，监考劳务费可能是低水平的需求，教师们如果已经不在乎区区监考费了，那就只能设法激发他们高层次的需求了，比如归属、尊重和自我实现之类的需要。学校有不少女教师嫁得很好，丈夫挺有钱的，怎么才能调动她们的工作积极性？数百元的绩效工资往往是无效的。

掌握了激发动机要了解不同对象的需求这一原理后，我们再来看课堂上的对话和生成，学生为什么会积极投入到课堂活动中来？给小组加减分有效吗？我的如下结论还是从多年前给高三的奖励原则中来的：

1. **不奖励孩子们喜欢做的事**。如果他们都很投入到课堂对话中，课堂生成得很好，他们已经为学习达到了一种忘我的地步了，那么就不要奖励他们了。因此，最理想的状况是教师能引导学生投入到孩子们真正认为有价值的对话中。

2. **奖励要向平时很难拿到奖励的孩子倾斜**。优秀学生的机会更多，而学困生更需要鼓励。

3. 对那些一直不愿意参与课堂学习的学生，则要采取其他方式，比如可能要有针对性地进行行为矫治，或必要时实施"负强化"。

明天我们就来谈谈如何应对那些不愿意参与的学生。

周五　习得性无助与刀枪不入

我曾经在初中教过一年历史课，因为没有太多的考试压力，我教得比较开放。记得教中国近代史这个部分，我设了三个专题，分别是《慈禧太后》《曾国藩》《李鸿章》，为了还原历史真相，我还让孩子自己去搜集资料，让他们扮演角色。比如在研究《李鸿章》这一专题时，我让孩子们通过角色扮演来经历《马关条约》的签订过程，深入理解李鸿章当时的处境，这绝不是简单的一个"卖国贼"就能概括的。

孩子们非常喜欢我的历史课，可是同教研组的老师们却不敢做评价，他们说，"也就你这个校长才敢这么上，我们真不敢。"我对他们说，我们以前学过的历史知识，到底还有多少能被我们记得？我们真应该培养孩子们的历史兴趣，培养他们探究历史真相的能力。

可是，班上就有一名男孩子，怎么也不参与，叫他起来回答问题，他永远奉拉着脑袋。班主任老师提到这个学生也直摇头，"校长，你的课那么有意思，他尚且不给你面子，我们这些主课教师更拿他没有办法了，让他开口发言太难了，各种办法都试过了，他刀枪不入的。"

关于学习动机问题，昨天我们谈到奖励的作用，谈到要了解孩子的需求才能激发他们的动机，可是这个孩子的需求点在哪里？

一些孩子非常渴望获得成功，无论是获得内在的还是外在的奖励，他们需要获得成功感。可是，有一些孩子，他们总是倾向于避免失败。追求成功的孩子遇到失败，很有可能"越战越勇"，会更加努力以获得成功，而总是力图避免失败的孩子，遭遇失败只会进一步减弱他们参与的动机。在掌握较大权力的人面前，倾向于避免失败的孩子会更害怕失败。美国心理学家阿特金森和雷特温在一项研究中发现，"失败避免者的一个重要特征就是：他们要么选择非常容易的任务，要么选择非常难的任务"。因为只有这样做，如果他们失败了，也不会得到他人的消极评价或受到指责。

由于不断经历失败的体验，这些孩子中的一部分最终可能会放弃所有的努力，心理学理论将这种现象称为"习得性无助"，也就是产生一种"防御性悲观主义"，索性什么都不做以避免否定性的反馈。当时，我们不懂那名学生的心理问题是"习得性无助"，除了经常鼓励他，给他发言机会，我们无计可施。现在我们知道，习得性无助与儿童幼年接受的不恰当教养方式有一定关系，也可能是由于教师给予的不一致、不可预测的奖惩引起的，原因比较复杂，改变这种状况也比较难。心理研究专家对于避免或减轻学生的习得性无助，提出一些建议，结合我的一些思考和实践，提出以下操作步骤供大家参考：

第一步，将学习任务分成小步子。要把每一个具体的任务细分为一个一个小任务，这些小任务最好在 5 分钟内就能完成。还要确保小任务在孩子的最近发展区内，给学生提供更多成功的机会。

第二步，提供及时的反馈信息。所谓反馈就是将行为结果告诉行为人。对反馈的研究发现，在某些情况下，提供有关努力结果的信息可以作为一种很有效的奖励加以使用，但是有一个前提就是反馈必须明确的、具体的且及时的，这一点对年幼的学生、学习困难的学生、自信不够的学生更应如此，对习得性无助的孩子尤其要及时反馈。

第三步，向学生表达自己积极的、一贯的期待。有关教师对学生的期望的研究发现，学生或多或少会实现教师的预期，在教师有较高期待的学校里学习的学生，其成绩要比其他学校的学生好。我们可以直接告诉孩子，你一定能行，但是这么说可能反而给孩子压力。我们还可以间接地表达积极的期望，比如，我们可以耐心地等待他的回答，较长时间的等待意味着对学生的高期望；淡化成绩，或者表扬提高分；让他协助你承担一部分教学助手的工作，如擦黑板，带信给其他同事，等等。

第四步，反思性个别谈话。通过个别谈话进行归因训练，帮助学生反思，使其真正明白，成功和失败与自身的努力相关，而与别的因素关系不大。

下面我们小结一下，在我们不明白"习得性无助"这一专业知识的时候，我们会被总是不参与课堂活动的孩子所困扰，掌握了这一知识，有助于我们采取必要的行动，用我们的耐心和执着，帮助他们从困境中走出来。

当时我执教历史的那个班里，老师们认为没救的那个孩子，现在是上海一家著名交响乐团的指挥。在一次我的学生们的聚会上，他说，至今为止，在他不擅长的领域，依然无语，而且这样的领域还不少。

一周总结

本周我们研究了学生的课堂参与问题。学生的课堂参与是教学质量提升的一个重要的前提条件，我们探讨什么样的知识更能激发学生的学习积极性，我们还学习了生态课堂这个词中的生态到底意味着什么。我们探讨了网络游戏之所以迷人的迷人之处，进一步提出激发学习动机的策略问题，以及习得性无助方面的知识。

周一，我们接触了一个新的概念——非良构知识，分析了中美学生之间的在学习上的差异，发现中国学生总体来说不如美国学生那么主动，主要原因在于中国教师普遍认为知识是良构的，这导致教师的权力主义倾向严重。

周二，我们探究了什么是"生态课堂"，生态课堂是注重自然演化的，而不是进化的。顺便我们刷新了一下对进化论的认识，而且我们知道不能简单地将生物学的规律引入社会领域。如果说，让课堂体现更多的生态特征，将会更好地支持孩子们创新，而创新本身是一种"变异"。

周三，我们研究了一下风靡一时的网络游戏《王者荣耀》，我们知道迷恋网络不是一种病，而是游戏设计者的成功。按理说，游戏设计者应该向懂教育的教师们学习，可现在我们发现应该倒过来向游戏设计大师们致敬。

周四，我们学习了动机理论，了解了奖励或者惩罚是否有效，关键不在于强化物本身，而在于我们有否了解学生们需要什么。所以，如果我们一厢情愿地奖励学生，很有可能适得其反。

周五，我们又学习了一个新的概念——习得性无助。有一些孩子，他们的行为动机是避免失败，因而他们更容易在遭遇失败后选择放弃。为此，我们应听取专业方面的建议，将他们从困境中解救出来。

下周，我们将专题研究如何组织课堂讨论。

第十一周　组织讨论

周一　在茶馆和星巴克里畅聊

在广东和扬州，为什么早茶是一种文化？因为这两个地方自古以来贸易兴盛，经济发展条件好，早茶时分可以谈谈生意、交换信息，当然也可以在喝早茶时会朋聚友、谈天说地。因为早茶是一种文化，所以不能把早茶认为是一群人一早口渴去喝茶的，人们是去到茶馆是聊天、商谈的。

聊天和商谈不同于正式的说话，演讲、说书、讲报告都是正式的说话，基本上就是"一言堂"，而聊天、商谈则是"复调"的、"多声部"的、"众声喧哗"的。聊天和商谈也不同于辩论、吵架，辩论和吵架是会伤了和气的，而商人们是讲究和气生财的。

成功的聊天和商谈必须满足三个条件：理想的环境、合理的逻辑、内容的自由转换。而三大条件中首先就是要有一个适合的环境和氛围。现在早茶的文化似乎有衰败的迹象，因为城市的生活节奏加快了，而人们也比以前更心浮气躁些，大家都为生计奔忙，慢慢地喝一上午茶的人少了，所以喝早茶几乎成了老年人的文化，可能年轻人的文化是星巴克的文化。

年轻人的时尚是星巴克的咖啡。都市年轻人去星巴克，他们难道是喝咖啡的吗？也不是，他们也还是去聊天和商谈的。星巴克号称要创造一个"第三空间"。什么是第三空间？在传统的定义上，人们生活的第一空间通常是家庭，这是我们饮食起居的生活场所。第二空间通常是公司或单位，这是我们白天 8 小时努力拼搏的场所。星巴克说欢迎大家来"非家，非工作"的第三生活空间，那是忙乱繁华都市中的一个小绿洲，是让奔波于家庭和办公室之间的现代人有个落脚转换的"第三空间"。在一本关于星巴克的书《一切与咖啡无关》中写道："咖啡的消费很大程度上是一种文化层次上的消费，文化的沟通需要的就是咖啡店所营造的环境文化，这种环境文化应该能够感染顾客，让顾客享受并形成良好的互动体验。"星巴克真正要推行的不是咖啡，而是咖啡因驱使下所体现着的自由气质的精神空间，这个空间里人们可以自在地发呆，当然也可以聊天、商谈。

本周开始我们要学习如何有效展开"课堂讨论"。人们在早茶时在咖啡店里的聊天和商谈，其性质上就是在讨论，是一种全方位的多向互动。心理学的研究发现，多向的师生、生生之间的交流互动，比之单向的师生相互作用具有更大的心理效能。有人可能会觉得不可理解，你说茶馆或星巴克里的人们在商谈，那是在讨论，OK，没有问题，可聊天怎么也是在讨论？难道课堂上允许孩子们聊天？

教师们在课堂上提出一个问题后，经常会紧接着说："同学们，关于这个问题，大家自由讨论！"你看，最自由的讨论就是聊天了，聊天不就是全方位的多向互动吗？看似毫无意义的聊天在学习中发挥着着很大的作用，通过聊天所营造的轻松愉悦的情境，可以将学生所获得的知识与现实世界拉的更近。可以说，聊天是人们运用知识的一种方式，课堂应该成为孩子们聊天的乐园。

与课堂提问和应答这种互动方式相比，孩子们之间的讨论应该更少地受到规则控制，甚至不一定要做结构化的轮流交谈，而是一种自由平等、自发自然的交谈，话语的"可碎性"是课堂讨论的最重要的特征之一。早茶也好，星巴克也好，其实都不仅是在卖饮料，而是在卖环境，适合自由平等、自发的交谈的环境是可以标价的。

20 世纪 80 年代，上海育才中学段力佩校长提出了有领导的"茶馆式"教学，在上海乃至在全国产生了很大的影响，有人称之为"读读、议议、练练、讲讲"教学法。其中最重要的环节就是"议"，段力佩先生认为，课堂气氛不必过于严肃，不是只有教师讲学生听，还可以在教师的引导下像茶馆里那样，随便交谈议论。学生在读、议、练、讲活动中，互相切磋补充，也时时产生创见，有利于锻炼创造能力。

在茶馆里和咖啡店，有人发言，有人倾听，里头没有人强迫每个人都说话。真正的课堂讨论也是如此，良好的讨论应在学生中随意进行，讨论的主持者只是讨论活动的调控者而不是指挥者，更不是独裁者。教师要帮助每个孩子参与课堂讨论，可是不能认为只有踊跃发言才是参与。相反，我们看到太多的冠冕堂皇的讨论会，虽然发言者慷慨激昂、振振有词，可是这样的会议也只是单向性的信息传递，因为缺少人与人之间真实的思想交流，严格说来，那不是在讨论，而是在作秀。我想在茶馆和星巴克，我们是见不到这么虚假而丑陋的场景的。

聊天也好，商谈也好，经常会有奇谈怪论，有不少偏激的话。其实，这给所有参与者提供了多角度认知客观事物的机会，而客观事物存在和运动形式本来就具有多样性，这有利于打破认知上的"自我中心"，养成全面分析事物的习惯，同时保护了所有参与者的好奇心和创造精神。在茶馆或者星巴克，没有人要求句句都要符合标准答案，没有人在意你的出语惊人。

现代解释学创始人伽达默尔有句名言："偏见并不是骂人的话，相反，它说明我们只能从某个特定的'视界'来理解世界，该视界为我们提供了思想和行动的起点。只有当人们能够相互间展开交谈，由此产生不同的视界的'融合'，形成新共识，人与人之间的理解才是有可能的。"

但是，请大家不要误解，以为课堂讨论不需要主题，也不要任何规则。如果既没有主题也没有规则，那么这样的讨论就是在"胡扯"。我相信，如果茶馆和咖啡店里人们都是在"胡扯"，那么，大家都毫无收获，下次人们还会去吗？

在课堂里，教师的工作就是让孩子们放开说，却又要防止他们"胡扯"。

周二　别让辩论赛阻断了真理

1993年，我在一家高中当学生团委书记，成天跟比我小不了多少岁的学生玩在一起，玩到高级一点的活动就是辩论赛了。那时候电视直播"国际大专辩论赛"，议题也确实很值得讨论，比如"温饱是不是谈道德的必要条件""艾滋病是医学问题还是社会问题""人性本善还是人性本恶"。

当时，我被大学生们的精彩辩论深深吸引，虽然我本不具备辩论之才，可还是组织了辩论社团，在学生中拉起了一支辩论队，我还当教练带队参加区里的辩论赛，虽然没有冲到决赛，但是整个备赛的过程还是很过瘾。

参加辩论赛之所以过瘾，是因为激烈的辩论可以满足"口舌之快"，而且富有竞争性，很是刺激。可是回过头来想想，孩子们其实对于辩题可能并没有真正地理解，也无须真正理解。因为是抽签决定立场，所以即使心中不认可"人性本善"，可你抽到的观点就是人性本善，你就不可以说人性本恶。我觉得辩论赛的这一规则对于追求真理是不利的，我反对先有立场再去找证据的思维方式。比如，你先有了无产阶级立场，你先站队站好了，然后找到你的对立面资产阶级，资产阶级拥护的就是你反对的，资产阶级反对的就是你支持的。这么讨论问题，只会离开真理越来越远。有些事，我们越是辩论，越是相信自己是正确的，对方是错误的。辩论带有一定的竞争性，敌我关系很明确，于是辩论中带有强烈的情感色彩，当双方争到面红耳赤的时候，哪里顾得上理性而客观。

真正的课堂讨论应该是理性而客观的。所以，我原则上反对在课堂教学中让孩子们站边搞辩论赛。不搞辩论赛不等于课堂不可以让孩子们辩论辩论，毕竟辩论是课堂讨论的一种方式，虽然这种方式比较偏激。我们其实可以对传统的辩论赛做一番改造，使之既能发挥辩论的好处，又同时克服其弊端。

比如说，我们可以使用"合作辩论法"，流程是这样的：

第一步：将学生分为四人小组，每组分成两方。指定每一方必须持有的一种立场，正方或反方。一方准备向另一方陈述他们被指定的立场；

第二步，双方陈述指定的立场。一方陈述时，另一方应该做记录，并保持沉默。除了向对方发问，任何反对意见都应等到下一步方能提出；

第三步：陈述立场之后，学生们进行自由辩论，力争说服对方他们被指定的立场是正确的；

第四步：双方交换立场，准备陈述与此前相反的观点。原先为正方的学生现在要准备作为反方出现，反方学生则做正方；

第五步：学生们就新指定的立场重复步骤二和步骤三；

第六步：不再给学生们指定立场。每个学生陈述他们自己对这一问题的真实观点。整个小组力争就这一问题达成一致。

经过修改的合作辩论法，最终是需要孩子们就某一论题达成一致意见的，为此他们在辩论过程中需要转换立场。教师要通过合作辩论教会孩子们站在对方的立场上再来思考一下辩论的主题。这就避免了传统辩论的目标是击败对方，而不是力争探讨真理的弊端。

另外，我们还可以使用"四角站立法"来让孩子们进行辩论。其流程是这样的：

第一步：对某一开放性问题，先思考自己的立场："非常同意""同意""反对""非常反对"；

第二步：相同立场的学生站在一起，构成四个谈话角；

第三步：每个谈话角选出一名代表做主持人，在成员中收集支持本立场的论据；

第四步：主持人作为代表向全班陈述立场；

第五步：四位学生陈述完立场后，所有人可变化立场，并站到新的立场的角落上；

第六步：改变立场的学生向全班解释改变立场的原因。

"四角站立法"要求孩子们都能尊重和倾听其他立场的学生的发言，而立场绝不是对立的两方。如果觉得其他同学的发言更有道理，如何学生都能改变立场。

再比如，我们还可以使用"对折评价线"的辩论方法，具体的操作步骤是：

第一步：让孩子们独立思考在某一论题上的立场；

第二步：每个人在纸上画一条直线，并将两个完全相反立场的选项放在直线的两端，并将直线均分为八格；

第三步：在自己认可的一格上打上标记，所做的标记越是靠左，代表自己的观点越是接近或等同于左侧立场，所做的标记越是靠右，代表自己的观点越是接近或等同于右侧立场；

第四步：所有学生站成一排，形成一条就像他们在纸上画的那样的评价线，每个人所站位置根据他的观点所定；

第五步：将整个一排分成两部分，从最左端站到中心点学员为左半部分，从中心到最右端的是右半部分；左半部分的同学从头至尾依次走到右半部分同学的对面。如，全班成员共 36 人，最左端的 1 号和最右端的 36 号对面站立；18 号和右半部分中心附近的 19 号对面站立。

第六步：面对面站立并讨论：为什么会持有与对方不同（或相同）的观点。

"对折评价线"能有效防止孩子们产生非黑即白的不良思维习惯，避免了走极端。针对那些非常重要的根本性问题，我们为什么不可以保持价值中立呢？

孩子们喜欢辩论赛，可是辩论赛存在一定的问题，稍稍改变一下游戏规则，完全可以让辩论服务于追求真理的目的。

周三　课堂讨论与南塘十三条

在生活中，因为有意无意地违反逻辑规则而导致讨论无法有效展开，这样的例子真是不少。如果大家都不讲逻辑，那么我们不仅无法达成一致意见，还可能使对话陷入僵局甚至引发激烈的人际冲突。我们先来看一段夫妻之间的对话吧：

> 妻子：我妈身体不好，今天我要去探望，你在家看孩子吧！
> 丈夫：真不巧，今天单位安排重要工作，不去还真不行。
> 妻子：孩子重要还是单位重要，你看着办吧！
> 丈夫：都很重要，可今天真的是没办法，我还要代表学校向领导汇报工作。
> 妻子：你就是这么不顾家，我看这个日子没法过了！
> ……

夫妻之间"大吵三六九，小吵天天有"，不过上面这段争吵真的很没有必要。妻子的语言犯了逻辑毛病，如果她的逻辑正确，我想他们根本可以避免这场愈演愈烈的争端。妻子的逻辑错在哪里？

她的逻辑错误在于偏离了讨论的主题，这也是人们在讨论问题时经常会犯的一个错误。按逻辑学的规范说法，她违背了逻辑三大定律中的同一律，同一律这一逻辑规则是说，我们在讨论问题时，必须自始至终保证论题同一，讨论中"转移论题"或"偷换论题"都是逻辑上的错误。

妻子哪里偏离主题了呢？

夫妻俩讨论的主题是"孩子没有人带怎么办？"由谁带孩子，这是一个事实层面的问题，按顺着这个逻辑，他们应该集中在事实层面上进行讨论，在两人都不能带孩子的情况下，有没有其他替代性方案，比如说是否可以请邻居帮忙看一下。可是，妻子没有沿着这个思路讨论下去，却另外开启了一个新话题："照看孩子和单位工作哪个更重要？"这是一个价值层面的问题，主观性特别强，一时半会儿哪里讨论得清楚。可是，还没等丈夫说完，妻子再一次转换话题，说"两人的日子过得下去过不下去"，这是个情感层面都问题了，属于"剪不断理还乱"的问题，哪里可以作为讨论的话题呢！于是一场完全没有必要发生的口角就这么被制造出来了。

有时候人们有意违反同一律来获得人际交往中积极的作用。比如，当对方谈论某人的是非，而你不想介入，这时你就可以转移话题了，你可以说说发生在自己身上的趣事，说说新闻和股票之类的事。

但是，在学习和工作中，要是大家都不讲逻辑，那就乱套了。现在我们再来设想一个场景，期末考试结束后，教研组开质量分析会，A 教师说，我们班没有考好，这些孩子一点儿都不努力。B 教师说，我们班也很差，我真为他们着急，爹妈也不管管他们。C 教师说，是的啊！现在的年轻人光顾着自己玩，哪有心思管孩子？D 教师说，都是宠坏的一代，我那不争气的儿子，成天只知道玩，连恋爱都懒得谈……

你看，这几位教师从学生不努力谈起，谈到自己的孩子不谈恋爱，中间转换了几次话题，连个过渡句都不需要！不讲逻辑有多可怕。

所以，要对教师们进行必要的逻辑训练，否则你可以想象，由一个不讲逻辑的教师组织一群不懂逻辑规则的学生进行课堂讨论，岂不是乱套？

要组织一次有效的课堂讨论，教师要教孩子们遵守包括同一律在内的一系列重要的逻辑规则，教会孩子们从小学会如何讲道理。

2011 年 1 月的《南方周末》上有篇文章介绍说，安徽阜阳南塘村兴农合作社的负责人杨云标，为了教会村民开会邀请美国留学归国的袁天鹏，让村民们学习《罗伯特议事规则》，学会如何讨论问题。村民们日常开会存在三大问题：一是跑题，讨论常常言不及义；二是"一言堂"，话语权多被村领导和几个话多的人垄断；三是野蛮争论，抓住人家言语中的一个词不放，甚至打起来。所以很有必要进行训练。

村民中的百分之八十是六七十岁的老人，为了帮助他们学好《罗伯特议事规则》，杨云标他们把这本大书翻译成《南塘十三条》，我在网上找了一下，供大家一起来学习学习，学完后，让我们"从娃娃抓起"吧！

第一条：会议主持人，专门负责宣布开会制度，分配发言权，提请表决，维持秩序，执行程序。但主持人在主持期间不得发表任何意见，也不能总结别人的发言。

第二条：会议讨论的内容应当是一个明确的动议："动议，动议，就是行动的建议！"动议必须是具体的、明确的、可操作的行动建议。

第三条：发言前要举手，谁先举手谁优先，但要得到主持人允许后才可以发言，发言要起立，别人发言的时候不能打断。

第四条：尽可能对着主持人说话，不同意见者之间避免直接面对的发言。

第五条：每人每次发言时间不超过两分钟，对同一动议发言每人不超过两次，或者大家可以现场规定。

第六条：讨论问题不能跑题，主持人应该打断跑题发言。

第七条：主持人打断违规发言的人，被打断的人应当中止发言。

第八条：主持人应尽可能让意见相反的双方轮流得到发言机会，以保持平衡。

第九条：发言人应该首先表明赞成或反对，然后说理由。

第十条：不得进行人身攻击，只能就事论事。

第十一条：只有主持人可以提请表决，表决必须等到每个人的发言次数都已用尽，或者没有人再想再发言了，才能提请表决。如果主持人有表决权，应该最后表决。防止抱粗腿。

第十二条：主持人应该先请赞成方举手，再请反对方举手。但不要请弃权方举手。

　　第十三条：当赞成方多于反对方，动议通过。平局等于没过。

周四　有理不在声高位重权大

　　一些学校要求学生做对教师的满意度调查，并且把调查结果纳入对教师的绩效考核分，并把这一做法称为 360 度评价。我认为这种做法存在两个问题，一是将 360 度反馈当成了 360 度评价了，根据绩效评价原则，只有某个岗位的直接"上司"才能评价这个岗位的工作，如果上司希望进一步了解下属的工作，那可以寻求 360 度的反馈意见，但是不能简单地直接引用来自学生的数据，否则有逃避责任之嫌；二是学生对给教师的打分带有强烈的主观色彩，而绩效评价必须以事实和数据做依据，即使是大多数学生的喜好也不能判断某教师的工作绩效。那些得过且过，对学生要求非常宽松的教师，在打分前请孩子们吃肯德基的教师，也许满意度得分很高。

　　这里，我们要区分一下，什么是事实，什么是观点。对某位老师喜欢还是不喜欢，这是观点，某位老师上班迟到 4 次这是事实。如果要发表观点，不同的人观点未必一致，所以需要讨论讨论。可是事实却不需要讨论，观察一下、测量一下就行了。

　　因为事实总是由"真相"组成的。通过技术手段，真相可以大白，比如说，我们的祖先都是从非洲走出来的，通过基因测序，真相终于可以为我们所知；拿破仑是被毒死的，有他遗存的头发为证，砷严重超标了，当然是中毒的结果；小龙虾是日军的化学武器，这不是一个事实，这不需要讨论来决定的，也不是看谁能言善辩谁就掌握真相的。

　　观点是一个人对外部世界的看法，比如有人认为中国基础教育比美国好，有人认为 iPhone 手机好用，为什么在这些问题上会讨论甚至会争论，因为没有标准答案。为什么没有标准答案？因为只要你发表的观点不违反事实，而且做到逻辑自洽，你的观点就是成立的。

你说中国基础教育好，为了证明这一点，你举出的事实是中国学生在国际标准化考试中的成绩远超美国，这个事实是有数据做支持的。而逻辑上，你将国际标准化考试成绩看成是基础教育好的标准，所以逻辑上你也是自洽的。我当然也能发表我的观点，我说中国人得诺贝尔奖的人数远低于美国，这是事实，这个事实是由数据做支持的。逻辑上我把获诺贝尔奖作为衡量基础教育质量的标准，也没错。如果再讨论下去，就要讨论到底应该以什么作为评价某国基础教育好不好的标准，这就见仁见智了。观点上的讨论是有益的，通过讨论，我们彼此受教，学会从其他角度再来认识事物，于是我们的认识水平得到了提高。

如果你说"iPhone 手机好用"，这是观点，不是事实。我接着追问："你为什么这么认为？"你回答说："因为 APP 最多啊！"这说明，在你的认知体系里，APP 最多的就是最好的手机。对此，我不同意，我说："我认为 iPhone 太封闭，开放的手机，才是最好用的手机。"那继续讨论下去，我们可能得出的结论是："站在 APP 多少的角度，那 iPhone 可能确实是最好用的手机。如果站在手机是否足够开放的角度，iPhone 并不是做得最好的。"这时，讨论就应该告一段落了，双方争论到面红耳赤，试图改变别人，是徒劳无益的。

为什么讨论到这里可以结束？是因为我们都必须尊重对方的观点，只要对方的观点有事实做支持，逻辑上也是自洽的，就是个值得尊重的观点。

作为一个优秀的讨论者，要能区分事实和观点；只在观点上与人讨论，事实只要证实就可以了；发表观点时，要以事实为支撑，而且要做到逻辑自洽；听对方的观点时，要注意听对方是否有事实作为依据，以及是否逻辑自洽，这两条都做到了，就要尊重对方，这两条没有做到，就要向对方指出；而对方勃然大怒，你就可以悄悄离开了，因为他不配与你讨论。

我们能教孩子们这些吗？

周五　你如同不在却无处不在

一桌人在吃饭应酬，自然就有若干种角色：有人唱主角，喜欢站在舞台中间"夸夸其谈"的良好感觉；有人做配角，启发诱导主角说话，一边还频频点头，在情绪上能与主角保持一致；有人是旁观者，一言不发，却很专注；还有人游离在餐桌之外，虽然入席，可埋头刷手机，明显是个凑份子的"边缘人"。那你说，这四个角色，哪个是最重要的呢？如果是电影、小说、戏剧，主角最重要，因为主角不就是"主要角色"吗？可是在讨论活动中，配角显然十分关键。讨论活动中，配角不着痕迹地引导着话题，激励着主角说话，不去抢主角的戏份。课堂讨论中，教师应该学会做不抢戏的配角。

我们经常拿讲授法与讨论式做比较，如果讲授是教师独占讲话机会的话，那么讨论就是把讲话的机会让给学生。我们常常把教师提问学生回答当成是讨论，这不是讨论，这只是"问答"，是教师与学生之间的互动。讨论则主要是学生与学生之间的互动，教师要把课堂的舞台让给孩子们，让他们成为真正的主角。

讨论中，教师一定要耐得住寂寞，甘当配角。一个好的配角一定是相信学生的。我总结下来有四个相信：一要相信，虽然有的孩子只是在一边默默地观察，可是，每个孩子都有和他人交流的愿望，而且是非常非常强烈的愿望；二要相信，虽然讨论很费时间，可是却可以大大地扩展孩子们的知识世界，他们创造性解决问题的能力会提高到令你吃惊的程度；三要相信，虽然孩子们的表达还很稚嫩，可是他们必将具备连你都无法比得上的思考能力；四要相信，只有让孩子们体验讨论，才能在课堂中提高他们的心理素质和交往能力。

作为一个配角，教师要学习的技能有很多，总结下来有以下六个学会：一要学会，如何让孩子们提出更多问题，如何让他们进行更多深入的探索和思考；二要学会，如何推动讨论积极地展开，如何保证学生小组始终围绕话题进行讨论，而不跑题；三要学会，如何消除孩子们的紧张情绪，让每个人都感到自己是讨论中的重要一员，要鼓励每个人都全身心地投入讨论；四要学会，在观点发生分歧时，如何进行调解；五要学会，如何确保每个人传递的信息都清楚地被其他孩子理解；五要学会，将所有谈话归拢到一起，确保每个人都看到自己朝着事先设定的目标前进；六要学会，教孩子们如何做出合理的评论，教他们应该何时发言、发言的长短，以及如何批判性地看待他人对自己的评论。

作为一个成功的配角，在课堂上，看上去你很轻松，可是为此，你却要花很多时间和精力在讨论前期的准备中。

首先，你要决定是否应该安排孩子们开展讨论。以下五种情况，你应尽量组织课堂讨论：1. 当教学目标是复习所学知识、形成观点、培养解决问题或合作沟通交往能力的时候，就该让学生开展讨论；2. 当一些重要的知识需要学生长期记忆，就该讨论讨论；3. 当一些学习内容需要启动孩子们的高阶思维，就非要讨论了；4. 当你想要激发其学习动机，或者帮助学生转变态度，你也应该采取讨论的方法；5. 当你估计到孩子们在某个环节上按捺不住想讨论的时候，为了满足他们的社会需求和心理需求，你就非得要开展讨论。

其次，你要确定讨论的类型。课堂讨论可分为穿插讨论和学术讨论两种。穿插讨论是在课堂教学中将讨论作为一种教学方式与其他教学方式穿插运用，如"实验—讨论法""读议讲练法"等属于这种类型；学术讨论也称为专题讨论、整堂课运用讨论法，就一个或几个专题展开讨论，以期对所学知识获得深入、系统的认识。

如何确定讨论的类型？一般说来，学习新知识的课多采用穿插讨论，而需要系统巩固的课多采用专题讨论。还要考虑学生的年龄特征，研究表明，小学高年级、初中生的思维能力发展迅速，但他们的抽象逻辑思维在很大程度上还属于经验型，需要感性经验的直接支持，因此课堂讨论宜采用穿插讨论。高中学生的抽象思维已由经验型上升为理论型，学生的思维批判性和思维独立性有明显增强，可适当安排专题讨论。

其三，你要确定讨论的基本形式。讨论的组织形式主要有小组分散式、班级集中式和课堂议论式三种。小组分散式即以小组为单位进行讨论，这种讨论方式的优点是每个学生都有发言的机会，这种方式比较适合讨论议题多、难度小的问题。班级集中式就是以班级为单位进行讨论，适合于教学内容中的重难点，或争议较大的问题。课堂议论式就是大家即席发表意见的一种讨论方式，这种讨论不必先拟定题目，是最自由和热烈的一种。

其四，你要确定是否为讨论准备好了相关的认知准备。要确保孩子们有话可说，事先就要让他们充分学习相关内容，并且要将讨论建立在充分的和独立思考的基础上。在阅读相关资料时，要引导他们就即将讨论的话题进行批判性地思考，这一点十分重要。如果时间允许，还可以要求学生在阅读和思考的基础上准备一个发言提纲、概要、发言稿或书面报告。

最后，你要确定自己是否已经准备好当配角了。如果因为害怕学生的自由讨论丧失自己在知识方面、管理方面的权威，而动不动就中断讨论，这还是自己在思想上并没有充分做好准备的表现。

总之，最美好的课堂场景就是在课堂里找不到老师，而实际上老师却无处不在。

一周总结

本周我们专题研究课堂讨论，聊天是讨论，商谈是讨论，辩论也是讨论。讨论不是吵架，"南塘13条"是用来教村里老人如何通过开会讨论问题的，看来开个好会也要从娃娃教起。要教孩子们分清什么需要讨论，什么不需要讨论。最后，教师一定要把自己放在配角的位置上。

周一，我们考察了喝早茶的人们和星巴克里的年轻人，他们在聊天或商谈，这就是讨论，讨论这种互动方式比问答更为自由。

周二，我们了解了辩论赛的优点和缺点，我主张将孩子们喜欢的辩论这种讨论方式做一些调整，使这种方式能确保孩子们获得完整的成长。讨论应该让孩子们逼近真理，而不是用立场替代观点。

周三，我们研究了讨论中最大的逻辑问题就是"跑题"，再自由的讨论也不能没有逻辑。然后我们考察了"南塘13条"，孩子们的课堂讨论可能也需要类似的13条。

周四，这部分内容非常非常重要，值得大家读两遍，因为这个部分的内容向大家阐释了什么是事实，什么是观点。讨论主要是发表观点的，而发表观点必须有事实作为依据，而且还得符合逻辑。

周五，我们研究了教师角色。在课堂讨论中，教师非常重要，因为甘当配角才变得重要。当好配角是要有点本事的，虽然在学生讨论的时候你可能躲在一边一言不发，可是你却是无处不在的。

第十二周　独立思考

周一　正确的思维往往反直觉

十多年前，我当校长的时候有过一个外号"另类校长"，主要是因为我常常会发表观点，而一些观点似乎与主流意见不太一致。至今，我还保留着大胆（勇敢）地说出自己真实想法的习惯。比如我会说，高中学生谈恋爱不该归德育部门管，因为谈恋爱不是道德问题；学校应该设三类厕所，我们为什么不能允许有些孩子既不上男厕所也不上女厕所？学生可以带手机上课，因为手机已经成为人的大脑的一部分了，或者说已经成功地替代了人脑的一部分功能了，为什么不让孩子们带上这部分大脑呢？我们应该废止眼保健操，因为眼保健操有利于视力健康从未得到过科学实验的证实。校长可以不用亲自上课，分工不同，就像服装企业的 CEO 不必亲自踩缝纫机一样。

我说到这里，估计很多人会跳出来说，你胡说八道！怎么可以这样啊！因为反对的人比听我讲完的人多，所以被称为另类的是我，而不是他们。

其实，当我听到一个与我的看法不一致的观点时，第一反应也是"什么！胡说八道！怎么可以这样啊！"这是老天在我们出生时在每个人头脑里预装的一个软件，我们会坚守自己已有的观点，然后拼命收罗各方面的证据来批评对方而为自己辩护。在我们深入思考之前，"直觉"就已经宣布别人的观点不对，然后"理性"苏醒过来加入证明自己正确、批驳对方的战队。

正确的思维方式应该是"反直觉"的，也就是说，人在面对外部世界忽然的变化时做出的直觉反应到底是否正确，要经过人的理性的拷问。如果理性能力不够，那么人的一生就只能听凭直觉去指挥，人就不容易获得成长。

那什么才是正确的思考方法呢？下面我给你介绍一下"六项思考帽"，让你先对思考方法做个基本的分类。

什么是六项思考帽？六项思考帽是英国学者爱德华·德·博诺博士开发的一种思维训练模式，或者说是一个全面思考问题的模型。它提供了"平行思维"的工具，避免将时间浪费在互相争执上。运用爱德华·德·博诺的六项思考帽，将会使混乱的思考变得更清晰，使团体中无意义的争论变成集思广益的创造，使每个人变得富有创造性。

爱德华·德·博诺说，每个人都有六项不同颜色的，代表不同思维方式的帽子，它们是：代表"信息"的白帽，充分搜集数据、信息和所有需要了解的情况；代表"价值"的黄帽，关注发现价值、好处和利益；代表"感觉"的红帽，让团队成员释放情绪和互相了解感受；代表"创造"的绿帽，专注于想点子，寻找解决办法；代表"困难"的黑帽，只专注缺陷，找到问题所在；代表"管理思维过程"的蓝帽，安排思考顺序，分配思考时间。

现在我们回到我所发表的言论，看看戴上一些帽子后你的反应。

如果你戴着黑色"困难"的帽子，你会觉得"允许高中生谈恋爱""让孩子们带手机上学"，那学校还怎么管理呢！岂不是乱套了？

如果你戴着黄色"价值"的帽子，你会觉得简直明天就该推行：人有恋爱自由，早就该把孩子们解放出来；使用手机又不妨碍别人，还能查阅资料，早就该解禁！

如果你戴着红色"感觉"的帽子呢？你会觉得：反正我就是不喜欢这个主意，就是不喜欢，别和我说，我不想听！

你看，如果让代表这六种完全不同的思维方式的人坐在一起讨论，谁能说服谁？或者一个人的头脑中有六个不同的声音同时在说话，而且还彼此对抗，那不就是在浪费生命吗？爱德华说，我们应该训练一种思考能力，所有人在同一时刻，只戴一顶思考帽，充分思考后，再换另一顶帽子。这是一种从争论式的"对抗性思维"，走向集思广益式的"平行思维"。

那具体应该怎么做？比如，关于是否允许高中生谈恋爱，我们可以试试"蓝白黄黑绿红蓝"的思考方法。

第一步：由蓝帽做主持，负责讨论的流程。

第二步：所有人戴上白帽，共同扮演白色思维方式的人，搜集国内外关于高中生恋爱的相关信息；

第三步：所有人戴上黄帽，共同扮演黄色思维方式的人，专注地思考，这么做有哪些可能的好处，哪怕好处很少；

第四步：所有人戴上黑帽，共同扮演黑色思维方式的人，列举这么做，会带来的哪些问题，和一旦这么做可能遇到的困难；尽量穷尽问题和困难。

第五步：所有人戴上绿帽，共同扮演绿帽思维方式的人，穷尽一切可能解决问题、克服困难的方法；

第六步：所有人戴上红帽，共同扮演红帽思维方式的人，可以情绪化，基于信息、价值、困难、创造，谈谈直觉，到底感觉是否赞同。

第七步：蓝帽总结讨论结果。

你会发现，按此流程讨论问题，其实花不了太多时间。即使最后没有达成共识，也会很快形成"没有结论"的共识。

平时，我们可以在自己的头脑里，让每一种思维方式都依次发言，比如，可不可以让孩子们带手机到学校？

第一，白帽先行。通常，我们应该从获取信息开始，这会使得其他的思考帽，有讨论的坚实基础。

第二，黄在黑前。先思考价值，再思考困难，有助于我们产生正向的动机，获得正能量。

第三，黑后有绿。黑帽让我们看到问题、困难、风险，但黑后有绿，鼓励思考者探索黑帽是否有解决方案。

这个世界是复杂的，所以才要配上一个复杂的头脑才能正确地认识世界。现在，配上六种颜色的帽子，让我们的头脑丰富起来，够用了吧！

周二　批判性思维起于能质疑

我国骗子不少，这一点也不奇怪，即使按照正常的人口比例来看，我国这么大的人口基数，骗子多些也属正常。现在互联网了，骗子骗到网上去了，于是就有了个专有名词"网络骗子"。

骗子骗什么呢？当然是骗钱财，这叫"网络商业骗子"，利用网络电子商务平台来行骗，如，网店售假、钓鱼网站、发假信息……现在还有什么"网络感情骗子"，利用交友平台、相亲节目、聊天工具来博取他人情怀，以达到自己的目的。

警方想了不少招数对付网络骗子，甚至网络警察队伍也在不断扩容。但是，受害者还是很多。最痛恨的是，骗子们将黑手伸向老年人。骗子弄出篇微信文章《36年高血压痛不欲生，吃了这种药，3个月彻底痊愈》，要让老年人不信，还真有点难。就像有人发篇文章《教你7招快速提高语言成绩》，会有多少爹妈迫不及待地点开看。或者，《惊天秘密！4年内从股市挣2500万，只靠这7招！》，这时恐怕受过高等教育的你也忍不住了吧！其实，我们这些做教师的在应对谣言、小恩小惠、成功秘诀方面并不比文化程度不高的老年人强。

我们和孩子们一样，都需要上一堂极其重要的课：批判性思维。

什么是"批判性思维"。有人一听到这个词就发怵，因为经历过"文革"年代的人都知道什么是大批判，而大批判又是如何的血雨腥风，其实这是对批判性思维的误解。华中科技大学校长李培根教授在2017年11月的一次题为

《批判性思维到底和我们有什么关系？》的演讲中说："有人建议，不要用批判性思维这个词，认为用审辩式思维比较好。我听到这个之后，第一反应觉得不奇怪。因为曾几何时，批判这个词是跟斗争紧密联系在一起的。那个年月的'批判'可能让上了年纪的一些人记忆犹新，且心有余悸。其实，批判性思维是一个正面的词，领袖们都善于批判性思维。我们既然信仰马克思主义，为什么担心批判性思维这个词？"

批判性思维（Critical Thinking）是一种思维的技能和思想的态度。或者说，我们要求学生独立思考，就是要让他们学会运用批判性思维的方法来思考问题。

世界上大多数国家和国际组织都将批判性思维列为学生的核心素养。早在1998年，联合国教科文组织就把"培养批判性和独立态度"视为教育、培训和从事研究的使命之一。美国教育委员会说：教育的最重要的目的，就是培养学生的批判性思维能力，也就是"熟练地和公正地评价证据的质量，检测错误、虚假、篡改、伪装和偏见的能力"。

下面我们来看批判性思维的四个方法，看看我们具备了批判性思维能力后还会不会上当？

第一，质疑话语背后的基本假设。

最近我的右眼飞蚊明显增加。妻子对我说"你要是早点把烟戒了，哪里会有飞蚊？"妻子的这句话有问题吗？我是一个批判性思维者，我受过的思维训练让我立刻意识到妻子这句话背后隐藏的基本假设，"吸烟与视力有关"。这个基本假设是对的吗？显然不对，飞蚊症与我的高度近视眼和年龄有关，而妻子之所以会扯上吸烟，是因为她一向对我吸烟的毛病耿耿于怀，她固执地相信我的一切其他问题的根源都是香烟引起的，吸烟简直成了"万恶之源"。所以发现并质疑这些基本假设，是批判性思维的基础。

第二，检查事实的准确性和逻辑一致性。

如果你到上海，接触到一个上海男人，感觉这个男人不够大气，于是你就发感叹，上海男人到底小气。接触了一个不够大气的上海男人，怎么就能推导出上海男人都很小气呢？你的逻辑有问题。

于是你改口了，说：不对，我纠正一下，是这个上海男人很小气。可是，你怎么就能凭着偶尔一次接触就能判定这个男人小气呢？你的逻辑还是有问题。

于是，你再次改口，说：今天，这个上海男人很小气。可是，今天这个男人对你很小气，能不能说明这个男人很小气呢？也许他对别人都很大方呢！还是逻辑不对。

所以，最后你最终决定这么说：今天我遇到一个上海男人对我很小气。这就对了。

第三，关注特殊背景和具体情况。

一个年轻小伙在公交车上没有给大爷让座，是因为小伙不懂礼貌吗？恐怕未必吧！也许今天失恋了很痛苦；也许家里遇到大事，心事重重；也许身体不适……

第四，寻找其他可能性。

电视访谈一个小孩子：如果飞机要坠毁了，只有一个降落伞，你怎么办？孩子说：我背着降落伞跳下去。所有观众哄堂大笑。大家都认为那个孩子是个童言无忌的怕死鬼。孩子在大家的笑声中急得哭出来了。他说：我是去找人来救大家。所以，你不一定都是对的。

下面我们小结一下，批判性思维是起于质疑的一种思维技能，是"熟练地和公正地评价证据的质量，检测错误、虚假、篡改、伪装和偏见的能力"。它能帮我们尽可能地获得最准确的认知，接近真相，从而避免上当受骗。

我们总是要求学生独立思考，是不是我们要教教孩子们批判性思维了。而当孩子们真的学会了这种技能，我们不怕他们挑战我们的"蛮不讲理"吗？

周三　不懂三段论容易不讲理

《乌合之众》是一本社会心理学名著，作者是法国人古斯塔夫·勒庞。从这本书中我读到的是，人是如何在群体中变得失去理性的。下面我摘录一些句子供大家欣赏：

"群体的某些特点，如，急躁、冲动、没有判断力，缺乏理性和夸大精神、批判感情的，大多能在野蛮人、妇女和儿童等低级进化形态的生命中看到。"

"群体永远在没有意识的范围内漫游，会时常听从一切暗示，显露出不为理性的影响所动的，生物所特有的激情，他们丧失了一切判断能力，只剩下极端轻信。"

"由于群体善于把自己的感情夸大，所以只有极端的感情才能打动她，想感动群体的演说家必须出言无状，指天誓日，而演说家常用于公众集会上的演说技巧则包括，穿凿附会，言过其实，反复游说，绝对不以说理方式证明任何事情，等等。"

"影响民众想象力的，是事件发生和引起注意的方式，而并不是事实本身，要我说，事件要想形成一种令人瞠目结舌的惊人形象，必须进行浓缩加工，懂得用什么方式去影响群众的想象力，也就掌握了统治他们的艺术。"

虽然《乌合之众》不是一部规范的社会心理学著作，但是在社会心理学领域占有那么崇高的地位，足见这本书的穿透性。

群体容易使人丧失思考力，可是有些人即使"孤独"，也一样缺乏逻辑。鲁迅先生在一篇文章《论辩的灵魂》中有这样一话：我是爱国的，所以我去砸日本车；既然我是爱国的，而你阻止我砸，所以你是卖国的；卖国是不对的，而你是卖国的，所以你的观点是不对的；你的观点是不对的，而我的观点和你不同，所以更加证明了我的观点是正确的。

你看这些句子多么熟悉啊，可那是鲁迅100年前的文章里的。可见一个世纪以来，如果不给国民进行必要的逻辑训练，国民的推理能力是不会自动长进的。

下面要介绍一种最基本的推理形式：三段论。

什么是三段论？简单来说，这是一种，"大前提，小前提，结论"式的推理，其基本逻辑是：如果一类对象的全部都是什么，那么，它的部分也必然是什么；如果一类对象的全部都不是什么，那么，它的部分也必然不是什么。

比如著名的"苏格拉底三段论"：大前提是所有的人都是要死的；小前提是苏格拉底是人；结论是所以苏格拉底是要死的。

很简单吧？确实简单。但为什么鲁迅这段文字里的三段论，听上去却是"胡言乱语"呢？因为一个逻辑严谨的三段论，有五项原则。我们来看这五项原则：

1. **一个三段论中，只能有三个不同的概念。**举个例子吧，"人是从猴子变来的；而你小时候不是猴子；所以你不是人。"这个三段论中，看上去有三个概念"人，猴子，你"，但因为前后两个"人"违反了"同一律"，所以是两个概念，所以加起来一共出现了四个概念"人类，猴子，你，人体"。

2. **中项两不周延。**什么叫中项？"所有人都是要死的，苏格拉底是人"，这里的"人"就是中项，用来联系大前提和小前提。那什么叫周延？"所有中国人"指全部，是周延的概念；"一部分中国人"，是不周延的概念。来看一个三段论："一部分中国人很不懂礼貌，上海人是一部分中国人，所以上海人不懂礼貌。""一部分中国人"是联系大前提、小前提的中项，但是不周延，所以犯了"中项两不周延"的逻辑错误。北京人是一部分中国人，但不一定是有钱的那一部分中国人。

3. **大项扩大，小项扩大。**"红薯是高产作物，红薯是杂粮，所以杂粮是高产作物"。这个句子一听就不对。哪里出问题了？这句话的小前提是红薯是"一种"杂粮。结论是"所有"杂粮是高产作物。小前提是"一种"，结论是"所有"，就是"小项扩大"。"骨干教师需要多读书，而我不要当什么骨干教师，所以我不需要多读书"。这也不对。哪里有问题？

这句话的大前提是骨干教师是"部分"需要读书的人。结论是我不在"全体"需要读书的人之中。大前提是"部分",结论是"全体",就是"大项扩大"。

4. 前提都为否,结论不必然。"郑杰不是校长,郑杰不是女人,所以……"你看,大前提、小前提都是否定句,是"所以"不出必然的结论的。

5. 前提有一否,结论必为否。比如,"人非草木,郑杰是人,所以郑杰非草木";"郑杰是无害的,此人不是无足的,所以,此人不是郑杰"。这两句话是对的。或者大前提,或者小前提是否定句,且只有一否,所以结论一定为否定句形式。

下面我们小结一下,学生们在课堂讨论中要讲讲道理的,讲道理的时候就要用到"因为……所以……",那就要用到三段论。三段论就是一种"大前提,小前提,结论"式的推理。要把这套方法,通过经常的训练根植在孩子们的头脑里。

否则,他们即使能独立思考,思考的结论也可能是错误的。

周四 大胆假设更要小心求证

教育行业内有个经常会被用到的一个短语:总结经验。时不时地还要开经验总结会,推广某某学校、某某教师的经验,领导还要发红头文件号召大家学习某某的经验。不过,我这里要跟大家说的是,人的经验是不可靠的。

比如说,婴儿都有一条经验:哭!只要一哭,什么都有了,要吃有吃,要玩有玩。如果婴儿们可以开个经验总结会的话,他们一定会把这条经验拿出来供全世界婴儿分享。可是,终于有一天你长大了,你的成绩很差考不上大学,你拿着成绩单号啕大哭,可是没有人同情你,只会笑话你。上班了,你的绩效工资不高、职称评不上、班级纪律很差被领导批评,你照着婴儿时的经验——哭,还有谁会理会呢?在大家眼里你显得很可笑。

哭可以获得好处,这是一条很好的经验,可这不是一条规律。在企业界有一条著名的定律:"库博学习圈"。库博认为,一个完整的学习,是"行动→经验→规律→行动"的四步大循环，如果不能从经验升华出规律，就缺一环，成了"行动→经验→行动"的"经验主义"小循环，那就像成年人为了得到资源而采取哭的办法那样显得很可笑。

某天你把那个差生狠狠地当众骂了一通，结果他的考试成绩进步；后来又一名差生，你也把他骂一通，结果也进步了。于是"骂学生"，就变成你的"经验"了，你用这条经验去教训别的学生，这就是经验主义。

经验怎么才能变成规律？经验上升为规律，那需要靠验证，需要做科学实验来验证。就像你要证明"骂学生"是大概率事件，还是偶然事件？经过反复验证都证明是正确的，那就是科学规律了，然后拿着科学规律来指导行动，就靠谱多了。

英国哲学家伯特兰·罗素讲了个故事，用来讽刺归纳主义者：农场里有群火鸡，农场主每天中午十一点来喂食。火鸡中有位科学家观察了近一年无例外后宣布发现了宇宙一个伟大定律："每天上午十一点，会有食物降临。"感恩节早晨，它向火鸡们公布了这个定律，但这天上午十一点食物没有降临，农场主将它们捉去杀掉，把它们变成了食物。

其实罗素真正要讽刺的是通过有限的观察，得出自以为正确的规律性结论。

我在这里并没有否定由行动归纳出的那些经验，我只是强调经验需要检验。通过归纳得出的结论，永远是"半成品"，不是"定律"，而是"猜想"。比如，著名的"哥德巴赫猜想"。哥德巴赫从无数的实例中"归纳"出一个猜想：任一大于2的偶数都可写成两个质数之和。将近300年后的今天，据说计算机已经验证了4×10^{30}以内的所有偶数，都符合猜想，但它还只是个猜想。

总之，归纳法是一种从特殊推出一般的方法。归纳法从现象提炼出猜想，从猜想到科学规律，需要验证。胡适先生的"大胆假设，小心求证"，是近几十年来在海内外均产生较大影响的治学方法。因此，我们在教孩子们独立思考时，就要鼓励他们大胆假设，形成归纳的结论，那就是"经验"。可是一定不要忘记教孩子们小心求证。

而我们这些成年人，在发布自己个人经验时也要非常郑重其事地说：这只是我个人的经验，未经验证。而我们参加经验推广会，也要带着质疑去听，别人无比宝贵的经验，也许是你的精神垃圾。

周五　精确提问促进同伴思考

爱因斯坦有句名言："提出问题往往比解决问题更重要。"

我理解这句话有以下几层意思：1. 提出问题比解决问题更为主动，总是先有问题，再解决问题的；2. 提出问题需要勇气，尤其是提出那些可能让很多人觉得很惊讶的问题；3. 提出问题需要先做足了功课，在观察、思考的基础上才能提得出来；4. 提出问题需要借助想象力，把知识和现象联系起来，因而也需要较大的知识储备。

我经常被一线的教师和领导问到关于如何设立科研课题的问题，到底应该设立什么样的研究主题为好呢？我最怕回答这类问题，因为设立科研课题的前提就是提得出问题，而提出问题来，课题任务的一半也就完成了。"含金量"那么高的工作，岂是随口就说得出来的呢！

但是，我今天要谈的话题是关于如何通过同伴之间的相互提问来促进对方思考。在课堂对话中，要提高讨论的思维品质，相互提问很重要。课堂里，同伴之间的对话，也可以理解为一问一答，再一问一答，不断往复的过程。只有精确的提问，才能更好地促使对方使用逻辑，以提高对话的效率。

下面我来介绍一下同伴对话中提问的种类，一共是七类，这七类一类比一类更递进和深入。

第一类：继续/中止性问题。这类问题是提醒对方不要偏离主题，要将时间花在最有价值的方面。可以教孩子们这样问："请问，这是不是我们现在要讨论的问题？""谁关心这个问题？""讨论的目的是什么？""为什么要说这些呢？""今天的主题是什么呢？""讨论的重点是什么？"

第二类：澄清性问题。在自己没有听明白时，或者可能对方表述不清时提这类问题。可以教孩子们这样问："××是指什么？""你是指……还是……"
"时间、地点、什么范围？""能举个例子吗？""你是不是在说……"

第三类：**假设性问题**。这是在问对方做出这结论的前提假设是什么。可以教孩子们这样问："前提假设什么？""你把什么当成必然的了？""这是否存在？""是不是唯一的？""这是好事，还是坏事？"

第四类：**质疑性问题**。这类问题是在问"你怎么知道你是对的？"可以教孩子们这样问："你怎么知道的？""你从哪里听说的？""此人的可信度如何？"
"是否有数据支持？""数据是否可靠？""有哪些可选项？""在什么范围内选？"
"谁来做？"

第五类：**缘由性问题**。这类问题是在问："是什么导致了这个结果？"可以教孩子们这样问："什么引起的？""为什么会发生？""触发事件是什么？""根本原因是什么？""驱动因素是什么？""抑制因素是什么？""它是怎样起作用的？""当——出现时会发生什么？""这是事情的起因还仅仅是个相关的因素？"

第六类：**影响性问题**。这类问题其实是在关心由此带来的后果或影响。可以教孩子们这样问："结论是什么？""成果是什么？""所以呢？""哪种是最好的情形？最坏的情形？""最可能是什么？""有哪些意外后果？""积极的？消极的？"

第七类：**行动性问题**。这类问题是在问：应该采取什么行动？可以教孩子们这样问："我们应该做什么？""怎样应对？""什么时间完成？""这是不是意味着解决了根源问题？""是否全面？""是否有外部支持？"

鼓励孩子们相互提问其实就在帮助你检查思维的质量。你想象一下，孩子们经常会被同伴有意识地问到这些问题，那么他们的独立思考能力该有多强！

一周总结

本周我们专题学习了什么是独立思考。如何才能克服人云亦云的思维习惯？我们学习了，平行思维，研究了批判性思维，研究了逻辑中的演绎法和归纳法，研究了七种帮助孩子们养成良好思维品质的提问。

周一，我们学习了六项思考帽，这是英国学者爱德华·德·博诺博士开发的一种思维训练模式，它提供了"平行思维"的工具。运用爱德华·德·博诺的六项思考帽，将会使混乱的思考变得更清晰，使团体中无意义的争论变成集思广益的创造，使每个人变得富有创造性。

周二，我们澄清了对批判性思维的不正确的理解。世界上大多数国家和国际组织都将批判性思维列为学生的核心素养。批判性思维就是"熟练地和公正地评价证据的质量，检测错误、虚假、篡改、伪装和偏见的能力"。

周三，我给大家介绍了《乌合之众》一书，说明在群体中人是多么容易丧失思考能力。而思考问题的逻辑法则首先就是三段论，如果不懂三段论就不能被称为会思考。

周四，我们研究了归纳法，虽然通过运用归纳法，我们可以获得很多有益的经验，但是经验要升华为规律，则需要验证。如果经验未加验证，都不是真知识。

周五，我们学习了七种精确提问的方法，通过运用这些方法，能使同伴的思维更符合逻辑，从而提高了双方对话的品质。

第十三周　课堂控制

周一　为何一放就乱一收就死

很少看到在公开课上，教师竟然不组织孩子们做课堂讨论的，而且，在公开课上看到的讨论场景，普遍都是收放自如的。可是，这样的场景在"家常课"上却难得一见。一位参与合作学习实验的教师坦言："真不敢让他们讨论，一旦动起来以后就安静不下来，经常搞得我筋疲力尽，你看有什么好办法呢?"

我想，要解决这个问题，先得分析原因。

首先，静不下来与一些孩子的性格有关。人有很大的差异性，一些孩子喜欢安静学习，即便你再怎么动员，他们还是安安静静的。还有些孩子喜欢在热闹中学习，而恰好是这些学生在课堂活动中特别的兴奋，他们往往动静大一些，好像噪音都是他们制造的。好动还是好静，这与孩子们的性格有关。有些人外向而有些人内向，外向性格的人容易兴奋，他们倾向于与人交往，乐于自我表现，乐于体验新的感受，他们追求刺激，只要参加活动，尤其是带有一定刺激性的活动，他们就会兴高采烈。而内向性格的人则倾向于自我的内心体验，他们喜欢宁静而祥和的环境氛围，他们不喜欢参与喧闹的活动，这样会觉得压力很大。

　　总体来说，大多数孩子都会偏向于某一种性格，而且特征比较显著，但是性格并不是一成不变的，会有相当一部分孩子到了青春期以后由外向型转为内向型。也就是说，到了初中，就不能再像小学的课堂那样生动活泼，而逐渐地向秩序井然、结构清晰的课转变。

　　存在着一个大班级授课条件下无法解决的难点，就是我们不可能在一堂课上同时满足外向型的和内向型的孩子们的需要。当你的课非常安静，那么要不了多久，外向型的孩子就坐不住了，而当你的课热热闹闹的，内向型的孩子觉得思维被干扰。这就是课堂里的众口难调了。

　　外向型和内向型的孩子哪一类更可能制造麻烦呢？答案是都会，外向型的孩子会因为课堂太安静而苦恼，他们的情绪会突然爆发，甚至做出些捣蛋和挑衅的举动来。内向型的孩子会因为课堂过于喧哗而烦心，也会突然间大发脾气。所以，能让这两类孩子都能学好，教师就要掌握动静结合的技巧。具体什么时候动，什么时候静，这没有什么定规，得要凭感觉了。一个经验丰富的老师往往就在不经意间，不落痕迹地，轻而易举地让两类性格的孩子都满意。

　　其次，静不下来和孩子们的年龄有关。年龄越小越是容易兴奋，这是人的天性，孩子们一旦动起来就很难再安静下来，这再正常不过了。而如果我们压抑他们，总不让他们活动，或者活动得太少，那么一旦活动起来就容易失去分寸。有的老师说，我的课时好紧张，哪有时间给孩子们活动？因为不给他们活动，课堂可能一直很安静，而他们却渴望活动，于是他们就坐不住了，你苦心经营的课堂纪律就容易受到挑战。

　　第三，是孩子们感觉教师的课太没意思了，不好玩。其实孩子们是自觉的和能够自控的，只是在他们不喜欢的事情上会表现为不自觉和不自控。比如说，玩游戏，他们喜欢，你不必管他们，他们很自觉，注意力高度集中，很能排除干扰，一心投入到游戏中。可是他们在学科学习方面为什么不自觉也不自控呢？因为他们不喜欢呀！为什么不喜欢呢？因为学科学习的内容可能老旧了，而且远离他们的生活实际，更重要的是，学科学习的方式也不招他们喜欢，如果教师总是一言堂满堂灌，课堂气氛死板，也难怪孩子们会坐不住。你希望孩子们能将注意力保持在他们不喜欢的学习内容和学习方式上吗？那你就太苛求他们了。

有的老师说，现在的孩子比以前我们这一代更不自觉。对于这一点，我很认同。但是这不代表以前的孩子热爱学习，只是以前的孩子比现在的孩子更有耐受力，他们更会"装模作样"以求得平安。他们生活在一个比今天更封闭更传统的环境里，那些年代里，家里就是家长制，学校里就是师道尊严，全社会把学校和师长看得很高。人是受环境影响的，现在这个时代环境变好了，更包容了，更主张个性发展了，学校、教师、家长都不再是权威了，所以孩子才敢把自己不喜欢学习表现在你面前给你看到。我认为这是一个大进步，真实的表露一定是比装腔作势要更进步些的。

我建议你无比喜悦地接纳这些不好管的孩子，导致他们今天这样子的不是因为你，但是你一定要随他们而改变。如果你不发生改变，却还在设法让学生们自觉学习那些乏味的知识，而且还用毫无吸引力的传统教学方式组织他们学习，那么必然的结果就是师生间的对抗了。而对抗的结局一定是两败俱伤。

第四，教师越是不放手，孩子们越是无法无天。学生的自我控制能力不是被逼出来的，而是被尊重出来的。如果教师把所有的责任都担起来，孩子们只是被动的"客体"，他们永远也学不会自我控制。你想，学生进入课堂，对今天这堂课要学什么，为什么要学这个，以及怎么学，学到什么程度，对这一切都没有发言权，他们怎么可能自觉呢？

学生有能力对自己的学习以及行为进行自我规范，但前提是他们必须获得足够的尊重。虽然年幼学生比年龄大的学生需要更多的组织、支持和指导，但这一切的目标还是在于帮助他们变得更独立和更自主。

第五，如果孩子们不具备自我控制的技能，他们就无法保持安静。如果教师只是下指令，教训他们要自我控制，可是却不教他们自我控制的方法，孩子们依然无法成为我们所希望的样子。我们要教他们学会如何识别和控制自己的情绪，如何设定自己的目标，如何找到适合自己的学习方式，如何让自己保持注意力，如何有效分配自己的时间和精力，如何对自己的行为进行监控，如何奖励和惩罚自己。你看，我这份清单开得够长了吧，要是我们什么都没有教，难道等他们自悟？

下面我们小结一下，课堂里孩子们收放自如，那该多好？可是这样的场景在真实的课堂里却不多见，主要问题在于外向性格，年龄小，课不好玩，教师不放手，不具备自控技能，这些因素交织在一起，导致我们的课一放就乱，一收就死。

周二　注意力经济时代的妙方

公开课出彩的老师，平时教学不一定很好，这是一个有目共睹的事实。因为公开课上，孩子们的注意力都很集中，大家都很给老师面子，学习效益当然就高些。而家常课上，教师最头疼的就是学生的注意力水平不高，而且随着课的进展，会越来越低。注意力下降的必然结果就是课堂问题行为的增加，所以高明的教师总是能调动学生的注意力，使孩子们的注意力始终指向需要他们到达的地方。

所谓注意力，从心理学上看，就是指人们关注一个主题、一个事件、一种行为和多种信息的持久程度。一个人对某事很专注，意思是说他的注意力投向了那件事。一个人不可能对两个事物同时保持专注，也就是说，如果注意力不在课堂学习上，那一定会在别的什么地方。因此，注意力是一种稀缺资源，教师实际上在与更吸引学生注意力的事物竞争。

因为注意力的稀缺性，有人把注意力比作继黄金、白银、纸币之后的另外一种货币。也因此产生了一个新名词："注意力经济（attention economy）"。注意力经济是指最大限度地吸引用户或消费者的注意力，通过培养潜在的消费群体，以期获得最大的未来商业利益的经济模式。在这种经济状态中，最重要的资源既不是传统意义上的货币资本，也不是信息本身，而是大众的注意力。而要吸引大众的注意力，重要的手段之一，就是视觉上的争夺，也正由此，注意力经济也称为"眼球经济"。在后信息社会，注意力资源将越来越稀缺。注意力经济时代，产生了一批网红和大 V，他们凭什么挣钱？凭的就是抓住你的注意力。

那么教师应该怎么做，才能控制学生的注意力？

1. **事先要预告**。成功的教师会在课堂活动之前提示学生要注意什么，告诉学生应将注意力投向哪里？投向那里的话会取得什么样的成效或达到什么样的结果。成功的教师好像背后长着眼睛，他们总是提前预知课堂里即将发生什么事，并恰到好处地对可能出现的意外做出反应。他们的课堂里不是没有问题，而是善于把大部分问题解决在了萌芽状态。

2. **要抓大放小**。教师在控制学生注意力时，一定要"抓大放小"，即忽略那些细小的、无关紧要的和转瞬即逝的不良行为。教师不应该对每个小问题都进行干涉，因为这种干涉本身会对课堂进程和课堂秩序产生干扰作用。所以，一般建议对一些微不足道的不良行为，最好是推迟干预，或者索性忽略这些问题。比如，一个孩子铅笔盒掉在地上，或者同桌的两个学生发生一些小小的争执，这时教师完全不必停下课来进行干预，学生自己就会处理好这些问题。

为什么对小问题采取忽略的方法最为有效？那是因为选择忽略的策略可以保证课堂教学的连续性，而且避免了让发生问题的学生成为全班关注点。忽略小问题，是平息小问题的重要策略。这正如人与人之间的交往，当对方情绪发生波动的时候，不必太在意。等情绪平稳以后做沟通，效果更好。

但是，对那些持续发生的不良行为则要进行制止和干预，因为如果不良行为重复发生或变本加厉，则容易蔓延和升级，并有可能造成更大的混乱，这时教师就不能听之任了。但是，如果这种行为没有严重到需要调查的程度，教师应该尽可能迅速地处理掉，不要打扰课堂活动的正常进行。

3. **实时干预**。帮助学生集中注意力最常用的方法是眼光接触。学生注意力偏移到别的地方，教师只需用眼睛扫视一下，一般就可以使他们上课专心起来，所以教师要像京剧演员一样多练习眼神。如果眼光接触无效，那就用第二招"身体靠近"。一般情况下，教师可以通过走近注意力转移的学生，就能制止，而不必多说什么的。如果身体靠近也无效，那就要用第三招"触摸"了。

教师可以轻轻地拍一下注意力不集中的学生，甚至不必停下课来拍。手掌可以在学生的肩膀上停留一小会儿。要是拍了也没有用，那就拿出第四招"要求回答"，你可以宣布，下面开始提问了，即使不请那名注意力有问题的学生站起来回答问题，也能将他的注意力牵回来。要是他一而再再而三地发生同样问题，那就要点名请他起来回答问题，无论回答是否正确，都要加问一句："你知道我为什么叫你起来回答问题吗?"

一个成功的教师是能成功控制课堂的教师，特别是在大班级授课的条件下更是如此。教师可能要向网红和大 V 们学习，学习他们如此成功地抓住了人们的注意力。

周三　班级管理中的契约意识

多项研究都表明，各个年龄层次的孩子无不将公正置于"最喜欢的教师"的品质的首位，或者在名列前茅的位置上。人天然地对公平不公平非常地敏感，孩子从小就会大声地向成人抗议"不公平!"

对于孩子而言，公正就是教师和全班学生相处的时候，采用统一的行为标准与办事惯例。任何偏向于某些特定学生的行为，无论格外施恩或者格外施暴，都会让学生认为这是不公正的行为。而当人们感觉不公平，那"不平则鸣"，反社会行为便增加了，破坏课堂纪律的行为也会暴增。

什么样的教师是公正的? 显然按统一的"行为标准与办事惯例"行事的，才是公正的。我们把"行为标准与办事惯例"写下来就是班级规章制度。有一位年轻班主任在一次班主任工作研讨会上向我提出了一个很好的问题："我们每年都制定规章制度，可是效果不明显，孩子们总是不能坚持，你看该怎么办?"

面对这样的问题，我一般如此作答：可能你们班的规章制度是自上而下制定出来的，而不是由学生们达成共识的。我们应该把规章制度理解为班级共同体的公约，而不是教师强加给学生的某些指令，因为指令总是让人心生抵触。

有的老师使用"监督卡",在讲台上放着写有若干名问题学生名字的卡片,每堂课后,由任课教师在卡上签名,只要集满一定数量的签名,就取消对这名学生的监督。这种方法总的来讲还是挺管用的,那是因为一些问题学生他们对自己的行为缺乏约束力,而监督卡的方式其实就是利用外部监控的发生来矫正学生的不良行为。但是,这种方式的问题在于,一旦停止监控,问题行为会反弹。这主要是因为外部监控往往是短期有效而长期无效的,学生毕竟还是被动的接收者和受控方,他们并没有作为主体参与进来,于是他们很难真正地为自己的行为承担起责任来。我认为应该让班级管理更为民主,相信学生会对班级的重要问题达成共识的,在学生的自主管理方面我们绝不能低估孩子们的能力。

在这里,我要引入班级治理的"契约意识"。作为一个共同体,师生之所以愿意共同遵守一些行为准则,其基础就是所达成的契约。也只有契约才能让所有人受益。这是因为订立契约是自愿的,而为了使更多人自愿,必须保证每个人都是平等的。其实,学生们之所以不能很好地遵守规章制度,很大程度上是因为他们在规章制度面前只能被动地接受,他们被制度强制,所以会倾向于对抗。

除了让全班参与协商制定规章制度,以体现规章制度的契约性质,我们还可以尝试与一些问题学生签订合同的方式,以帮助他们建立自我监控的机制。

与问题学生签订合同,就要让学生与教师成为对话的两个主体,充分尊重学生意见。我们一般建议合同上所列的每一项规范都是学生愿意遵守的,也是他们自认为有能力做到的。而且,合同还规定在学生表现出履行承诺的行为之后,应予以的奖赏,而不能履行承诺后应承担的责任。

更重要的是,合同双方都有权利,而且还都要履行义务。比如,合同条款中写上教师的责任,教师应该为学生改善行为而应该尽的义务和努力,不能履行这些义务的话也要承担相应的责任。这就使学生与教师处在平等的位置上,使学生更愿意为一个使他心悦诚服的合约而努力。

为使合同产生更大约束力,合同文本可以是公开的,而且让家长和一些重要人士参与进来，这些重要人士可以是学生崇敬的偶像，也可以是完全中立的第三方。

不过使用合同的方式，要考虑到学生纠正长期不良习惯的难处，可以允许他们中途更改合同。因为其实每一次更新合同内容，孩子们面对合同文本时就会增加一份责任感。毕竟，每一次更改合同都会牵涉很多人，当我们越是与学生认真地讨论合同文本，他们的决心也就可能越大。

下面，我把一份合格的合同应当满足的条件罗列一下，供大家参考：

1. 行为规范的要求必须是学生力所能及的。
2. 取得教师、学生、家长、第三方等各方共识，并全体签字。
3. 奖励必须是符合孩子心意的，现实可行的。
4. 短期内可以实施的，内容也可以更新的，以使学生能清晰地了解自己的进步，并得到激励。
5. 尽可能请家长和社区代表参与。
6. 所有人员对这一合同的解释都必须统一口径。

好了，下面我们小结一下，学生之所以不能遵守规章制度，往往是因为规章制度的条文太苛刻，孩子们很难做到。而且，这些条文似乎与他们没有关系，因为他们不参与到条文的制定过程中，他们没有能成为他们行为的主体。所以，要把规章制度当成是与学生签订的合约。

最后，我引用罗尔斯的"假定契约"理论来做结尾，帮助大家更深刻地理解什么是公正。罗尔斯认为社会依靠众人制定的契约运转。当人们制定社会契约时，都应该设想自己站在"无知之幕"背后。什么叫"无知之幕"呢？这是一种假设性的存在，"无知之幕"使我们不知道自己是谁、自己的种族、阶级、性别、地位是什么。在这种情况下，人们达成的契约就是正义的契约。

周四　混沌理论与佛系管理法

近两年，"佛系"成为一个网络流行语，意味着一种怎么都行、不大走心、看淡一切的活法和生活方式。这个词最早来源于 2014 年日本的某杂志，该杂志介绍了"佛系男子"。佛系作为一种文化现象，有看破红尘、按自己生活方式生活的一种生活状态和人生态度。这个词衍生出"佛系青年""佛系男子""佛系女子""佛系子女""佛系父母""佛系追星""佛系生活""佛系乘客""佛系学生""佛系购物""佛系恋爱""佛系饮食"等一系列的词语。今天我们再来衍生一下，谈谈"佛系课堂管理"。

"佛系"的人一般都不太偏执，比如说"佛系减肥"，意思是说我们要减肥但不要执着于减肥，越是执着，则对食物的欲望越强烈，想吃东西的愿望越是顽固，而如果放下，顺其自然，在不知不觉中，减肥也就成功了。那么佛系课堂管理呢？就是要破除一些偏执的东西，这个东西叫作"秩序"。

学校和教师对秩序有一种几乎偏执的喜好。有人将这种偏好称为"拉普拉斯式的确定性情结"，即一切都能掌控，而且应该被掌控；一切都能被精确计算，而且必须被精确计算；一切都应该是一丝不乱、鸦雀无声、整齐划一的，否则就是有问题的。拉普拉斯是法国科学家，1814 年拉普拉斯提出科学假设，假定如果有一个智能生物能确定从最大天体到最轻原子的运动的现时状态，就能按照力学规律推算出整个宇宙的过去状态和未来状态。后人把他所假定的智能生物称为"拉普拉斯妖"。

我们一般都将"混沌"视为秩序的对立面，我们不能接受混乱的课堂，而这种观念忽视了一个不易为人察觉的真相：课堂是一个复杂系统的简单、畸形的"整齐"秩序。如后现代教育理论家多尔所说，课堂所形成的应该是一种混沌和秩序彼此联系成为一体从而形成更为复杂的、综合的、有时甚至是"奇特"的新秩序的过程。如果我们不至于太自命不凡的话，就应该允许课堂中混沌的存在，下面我们来看看物理学中"熵"和"耗散结构"这两大理论是怎么说的。

先来说说"熵"。

所谓熵定律就是热力学第二定律。学过中学物理的都知道热力学第一定律：能量守恒定律，能量是不灭的，只能从一种形式转变为另一种形式。而热力学第二定律表明，能量只能不可逆转地沿着一个方向转化，即从可利用的状态转到不可利用的状态，从有效的状态转到无效的状态。根据熵增加原理，自然界的一切自发过程，总是朝着熵增加的方向进行，而熵是描述系统无序程度的物理量，熵越大，无序程度越高。所以，熵的增加就意味着系统无序程度的增加，如，燃料的燃烧、气体的扩散、一切生命体的产生到消亡，都经历了一个从有序到无序的发展过程。

现在再来看看我们的课堂，在课堂里也有熵的存在。有班主任经验的老师都会有体会，接班后，班级在一开始总是相对容易管理的，越到后来越不好管，恨不得早点脱手给别的老师带。这是为什么呢？按照熵增理论，教师利用手中的权力进行"严格管理"，表面上看一切都顺风顺水，可却在学生心中埋下了逆反的种子，这是一种熵。使用热力学的词汇，每一种"刻意制造有序度"的行为都增加了熵，也就同时降低了总的有序度，这种熵轻易是不能逆转的，在课堂表面的有序下暗自涌动，一旦积累到一定的程度，或者遇到一个导火线事件时，所谓的井然有序、整齐划一便在瞬间崩溃。而且这种崩溃一旦发生，便不能自行改变。于是，就不得不换老师了。

因此，教师不能抱着与学生争输赢的心态来带班的，更不能为赢得一次小小的"战斗"而沾沾自喜，报应在后头呢！

再来看看"耗散结构"。

耗散结构是生命系统的组织形式，持续地将自己保持在一个远离平衡的状态，让不平衡作为积极因素发挥作用。普利高津认为基本结构的转化性变化并不会发生在平衡或接近平衡的系统中。一个平衡或接近平衡的系统是稳定的封闭的系统；实际上从能量—物质交换的角度而言，它是耗尽了的系统。这一系统的稳定性正是它死亡的前兆。我们看看耗散结构原理其实是要告诉我们的两句话，第一句话，生命系统的未来是与它的过去息息相关的，它始终处在一种沸腾、开放的演化状态之中；第二句话，一旦生命系统达到平衡、稳定和封闭状态，那就是"死寂"了。

"耗散结构"理论给我们带来的启发有很多，我看至少有两条十分重要：

1. 课堂管理并不是要将课堂纪律控制到理想状态，当什么都整整齐齐、一尘不染、鸦雀无声，那就是死寂。严厉的控制、繁复的规则，制造的是一片"死寂"，是一种低级的有序。因此课堂里需要一定的混沌状态。

2. 经过一段混乱时期之后，学生会自己主动要求建立规则来组织他们的活动。当教师能容忍一定程度的混乱，并对学生加以适当引导，秩序是可以自动恢复的。美国后现代哲学家考夫曼认为当稳定和混乱动态结合时，会真正创造出一切奇迹，如秩序、生命、社会公正。

最后我们总结一下，什么是"佛系课堂管理"：教师应该克服"完美主义者倾向"，不要染上对秩序的强迫症，提高自己对混乱的容忍阈限，尝试让学生体会一下混乱，并帮助他们自己解决问题，这有助于达到一种更高层次上的有序，从而使孩子们获得他律走向自律的机会。

周五　控制自己才能控制课堂

从 2018 年 2 月起，我把自己关在家里一个半月，每天写 5000 字，以完成拖拉了一年半的书稿。这一个半月是很难熬的，因为外部干扰和诱惑都不少。首先是干扰，传统佳节春节就在这一个半月里，亲戚朋友迎来送往，自然不在话下。还有诱惑，好吃的好看的好玩的，每天有数不清的念头在呼唤自己，该歇歇了，停停吧，喘口气吧！可是，我完全不为所动，坚定地完成预定目标。有一周时间，我的眼疾发作，右眼基本看不清电脑上的文字，我索性把右眼遮住，只睁着左眼完成每天的功课。就这么写到今天，任务已完成大半了。

在这一个半月里，我在与那些干扰和诱惑"作战"，如果诱惑战胜了自控，头脑里的一个声音就会说：及时行乐吧！如果自控战胜了诱惑，头脑里的一个声音在告诉自己：把快乐留到明天吧。

今天我要讲一个很重要的话题，就是自我控制力。这是一种情绪能力，一种抵御外界的干扰和诱惑，坚定实现理性目标的能力。这种能力又叫作自律能力，是一种非常宝贵的能力。干扰和诱惑，总是充满动物般的野性，汹涌而来，势不可挡。大部分人在巨大的干扰和诱惑面前，总是容易屈服。因此，一个自我控制水平高的人，一个自律的人，总是如在惨烈的战斗中获胜的英雄，因为常常听到胜利的号角，所以常常有更高的尊严。同时，因为他们的自尊感和定力，让他们的气场很大，足以控制复杂局面。我们发现，一个能够掌控自己的人，也就能更好地掌控局面。当然，自控力强的老师也就能很好地控制课堂秩序。

自控力强的老师在几乎所有的情况下都那么淡定，那么轻松自如，那么自信。为什么稳定的情绪能对课堂产生控制力？那是因为课堂问题主要就是孩子们的情绪失控导致的，他们的情绪是怎么失控的？也许正是教师的火暴脾气，或者偏激的态度激怒了学生。那么，教师通过发怒来平息纪律问题可行吗？也不可行，因为任何失控的情绪都不可能安定任何失控的情绪，相反只会让情况变得更糟。孩子们的"理智脑"还没有长好，他们还是受着"情绪"的控制，因此，教师要成为学生的"外部理智脑"，成为课堂里的定海神针，无论课堂上发生了怎样的危机，教师的脸上都要保持一副心平气和的表情，这应该成为教师一种基本的职业素养。

教师身上最值得夸耀的职业素养就是耐心，而有没有耐心一方面与自我控制力有关，而且还取决于教师对孩子们的期望是否切合实际。如果教师随心所欲地掌握行为标准，丝毫不考虑孩子们的能力水平和以往的学习经验，那么势必会对学生百般挑剔，看什么都不顺眼，也就容易情绪失控了。一个有耐心的教师是会给孩子们留出成长时间的，这叫"静待花开"。孩子们由此感受到自己在教师心目中特别重要，良好的师生情谊才能建立起来。

除了耐心，教师还要在孩子们面前展露自己的幽默感。在孩子们的心目中，一个有幽默感的老师特别有魅力，这在针对各个年龄层次的学生的调查中得到证实。教师能够和全班学生开玩笑，可以淡化师生之间的隔阂，而将所有孩子结成自己的盟友，而不是敌人。可是，幽默感来自哪里？还是来自于教师的自我控制力。幽默感一定与自信、淡定、轻松自如高度相关的。

既然自我控制力那么重要，我们应该怎么提高呢？我想说两点建议：

第一，要有大目标。我之所以能成功地对抗干扰和诱惑，一屁股枯坐在电脑前一个半月，是因为我树立了一个大目标，我要通过自己的努力来使千千万万个课堂的生态发生积极的变化。正是这个大目标让我耐住了寂寞。同样，老师们也要有大目标，小不忍则乱大谋！

第二，训练自我控制力。自我控制力是可以训练的，训练的最有效的方法是"延迟满足"。斯坦福大学有个著名的"棉花糖"实验。实验者让孩子独自在房间里面对一块棉花糖，并告诉孩子，如果忍不住了可以吃掉它，但如果你15分钟内没有吃掉它，就会得到两块棉花糖作为奖励。这个实验中，三分之一的孩子没有吃棉花糖。然后斯坦福跟踪研究这些孩子的成长。他们发现，没吃棉花糖的孩子，适应性强、具有冒险精神、受人欢迎、自信、独立，甚至成绩都比吃棉花糖的孩子高20分。而吃掉棉花糖的孩子，孤僻、易固执、易受挫、有优柔寡断的倾向、成绩差，甚至其中有不少被毒品、酗酒、肥胖等问题困扰。可见，影响人一生的，是延迟满足的能力。

怎么训练"延迟满足"？时时处处都可以练习。比如，平时吃东西，一桌好菜，从最难吃的开始吃吧！平时完成工作，从最枯燥乏味的开始干起吧！

以上我讲了那么多关于自我控制力的内容，关于自我控制与课堂控制的关系，如何提高控制力等，听上去是不是很难？但是大家想想，这些训练总比日复一日地和糟糕的课堂问题斗争容易吧！总比与问题的孩子们斗智斗勇容易些吧！

教师在职业方面的最佳投资就是自己的素养，而诸多素养中最有用的一种就是自控力。文艺复兴时期法国作家蒙田曾说过：真正的自由，是在所有时候都能控制自己。这句话让我们共勉吧！

一周总结

本周我们要解决的一个特别棘手的问题，那就是课堂控制。我们全部的学习都是围绕着课堂内的关系的，当然就无法绕过课堂控制这个话题。不是教师控制学生，而是教师先控制自己，才能使课堂长出自控力来。

周一，我们讨论了一个老大难问题"为何一放就乱一收就死"，这个问题甚至在国家治理中都会出现。分析下来可能与以下五个因素有关：一些孩子的外向性格；一些孩子年龄小；有些课不好玩；一些教师不愿意放手；孩子们不具备自控技能。这些因素交织在一起，导致我们的课一放就乱一收就死。任何问题，只要我们找到了根源，解决起来总会方便些。

周二，我们讨论如何吸引学生的注意力，因为课堂失控总是从注意力涣散开始的。而其实学生的注意力从来也不会涣散，只是没有专注在你所期望的方向。所以，我们要向"注意力经济"中的成功者"网红"学习，以增强课堂的吸引力。

周三，我们讨论班级里的规章制度问题，如果规章制度来自全班学生的约定，而不是教师自上而下的规定，那就更公正。只有符合契约精神的制度才是公正的，孩子们也才更愿意遵守。

周四，我们引入了物理学中的前沿理论"混沌理论"，尤其简要介绍了"熵增"和"耗散结构"这两大理论，希望给大家带来课堂管理方面的启发。我想给我们的启发应该是：教师不应该自以为是地认为只有靠自己强有力的控制，就能使一切完美起来。我们应该提高自己对混乱的容忍阈限，尝试让学生自己去体会一下混乱，教师才可能与他们成为一个共同体，来共同努力建立真正有弹性的活的秩序。

周五，我们学习自我控制，因为教师自己失去控制可能是课堂失控的一个重要原因。而靠失控是无法解决失控问题的。教师的自我控制实际上成为教师职业的标配。

第十四周　思想工作

周一　一把钥匙只能开一把锁

　　20 世纪 90 年代，我曾经担任过五年中学政教处主任工作，因为在这个岗位上小有成绩，后来才被提拔当校长。现在回想起来，我不知道我的领导是怎么衡量我的工作业绩的。

　　政教处是一个名不副实的部门，"政教"应该是一个简称，我估计是"政治思想教育"的简称。什么是"政治思想"，我想应该是那些先进的思想吧，比如马克思主义思想，三个"代表"，社会主义核心价值观，这些都是先进的思想。可是，人的思想不是与生俱来的，先进思想的形成必须靠后天的学习培养，因此，我们党历来重视政治思想教育，而教育的重要方法就是"灌输"。政治思想必须灌输给人民群众，这一提法最早是列宁说的，他在《怎么办》一文中指出，"工人本来也不可能有社会民主主义的意识"，他强调，先进的理论不可能从自发的群众实践中产生，"这种意识只能从外面灌输进去"，工人阶级的先锋队组织必须注重从外面向工人阶级灌输马克思主义。

　　如果我上面的推断是正确的话，"政教处"这个部门应该是一个专门向学生灌输先进思想的部门。可是事实上，作为这个部门的负责人，五年里我没有给学生灌输过什么先进的思想，我的工作主要是处理和解决学生的问题行为，那些班主任管不了的学生就交给政教处管。怎么管呢？无非两件事，一是讲道理（训话），二是处分。先讲道理，要是讲不通那就处分。

当时把讲道理叫作"政治思想工作"，潜在的含义是，落后思想是"万恶之源"，学生行为有问题，一定是政治思想有问题。这个想法部分是对的，现在我们解决学生行为问题，要用到很多"认知"方法，与当初的政治思想工作有异曲同工之处。当初提出增强政治思想工作的有效性，一定要一把钥匙开一把锁，现在依然有效。

我认为，"一把钥匙开一把锁"符合理性。什么是理性？按照规范的说法就是"人在正常思维状态下时，有自信与勇气地遇事不慌，且能够全面了解和总结并尽快地分析后，恰当地使用多种方案中的一种方案去操作或处理，达到事件需要的效果。"这段话最核心的意思是，理性是一种基于正常的思维结果的行为，这种行为注重结果的有效性，反之就是不理性的和非理性的。

首先，理性与不理性相对。不理性就是感性，就是跟着感觉走。所以理性就是处理问题按照规律办事；考虑问题、处理事情不冲动；不要凭拍脑袋靠感觉做事情。

其次，理性与非理性相对。理性与求真是一致的，理性一定不是无理取闹，理性也不会盲目崇拜；理性的人总是通过论点与具有说服力的论据发现真理；理性总要通过符合逻辑的推理获得结论。

一个成熟的人，理性是在感性之上的，他能用理性统帅和驾驭感性。我想"一把钥匙开一把锁"就属于这样的一种理性的态度，在遇到学生行为问题时，会很冷静地对这些行为从多个方面进行深入的了解，然后再做出总结，并寻找到最优的策略。

马克思主义就是贯穿着"理性精神"的一种主义，马克思主义将追求真理和实现价值统一起来，即追求真理，实事求是，独立思考，善于反思，崇尚怀疑和批判，积极进取，不断变革，坚信科学能引领人类实现自我超越和自我发展，从必然王国走向自由王国。

本周我们学习如何有效地对学生做思想工作，也就是运用认知方法，来改善学生的行为，这一切都要从理性开始。

教师经常会被学生各种各样的五花八门的行为问题所困扰，学生挑衅老师、惹老师生气、骂人、打架，而且一犯再犯屡教不改，让教师们头疼不已，导致教师的工作生活质量一降再降。一个理性的教师，当面对学生严重的行为问题时，第一反应不是生气发脾气，而是会努力找出这些学生发生这样表现的原因，在找原因的过程中形成成功解决的最优方案。理性的教师一定清楚，学生表面的问题行为其实只是症状，症状背后必有原因。只是消除症状未必能有效解决问题。就如一个医生，病人发烧只是症状，找到导致发烧的根源才能手到病除。

学生的一些行为是不良的习惯性行为，比如说脏话或推推搡搡，虽然伤及他人，可是却是无意识行为。因此教师要做的不是什么思想教育，而是帮助他改掉坏习惯。

学生的有些行为是个人低价值行为，虽然不伤害他人，可是会伤害自己，比如抽烟，看黄色读物或视频，玩游戏上瘾，对这些行为，教师一定要先抱有同情的态度，而不宜过于严厉地处理。

学生的有些行为明显伤害他人或公共秩序，那就要好好地查明真实的原因。查明原因要先做观察，观察这是老问题还是最近才出现的新问题？是经常发生的还是偶尔发生的？是受了什么委屈后发生的还是无缘无故发生的？

观察之后，就要与当事人（学生）进行对话，找合适的时间跟学生谈一谈他的行为问题，向他传达你已观察到的信息，表达你对这些行为的关注，并要求学生做出解释。学生一般不能深刻而全面解释他们之所以这样做的理由，教师也不应该期望他们能说出这些理由。相反，教师可以从面对面的对话中得到一些蛛丝马迹，这些零碎的信息对你即将采取的思想教育是有帮助的。

总之，有效的思想工作的前提是充分理解学生问题行为背后的逻辑，这才是理性的态度。

周二　缺乏兴趣导致问题行为

大家知道，在香港实行"港人治港"，即在 1997 年中国政府恢复对香港行使主权，设立香港特别行政区后，由在香港的中国人来治理香港。"港人治港"是邓小平按照"一国两制"的构想提出的方针，于 1984 年 6 月 22 日、23 日邓小平在分别会见香港工商界访京团和香港知名人士钟士元等人时正式提出，同年 12 月中英正式签署的联合声明中予以确认。此后，经邓小平不断说明和补充，形成了一套较为系统的理论。如果把"港人治港"换到学生管理中来的话，就是由学生来管理学生自己的事务，我们把这样的管理称为学生"自主管理"。

我现在问大家，学校或者班级为了保证良好的教学秩序，让一部分学生干部进行日常的行为规范检查，算不算自主管理？在我看来，这可能不是自主管理。假如这些干部不是学生们自己选举的而是由教师指定，而且他们检查评比所依据的标准和规范也不是由学生们达成的公约，在干部们进行管理时还要常常听命于教师或学校领导，那么这就不是自主管理。这些管学生的学生只是教师或学校用于控制其他学生的工具。以前殖民主义者占领了一块地方，让当地人替他们管当地人，我们称这种人叫作"走狗"。难怪一些学校或班级的学生干部不受其他学生欢迎，"学奸"怎么不被人唾弃？

今天我们不讨论自主管理问题，我们来讨论一个现象，就是中小学校普遍特别重视学生的行为，采取各种各样的办法来抓行为规范，甚至用了一些不符合道德伦理的方法。但是，学生的行为问题依然层出不穷，可能与我们不太注重研究学生行为背后隐藏的原因有关。我们不能只注意到了学生做了些什么，以及这些不良行为所造成的后果，而不注意孩子们的头脑里的思想发生了哪些变化。

那么，课堂中问题行为增多，背后有哪些原因呢？最大的一个问题就是缺乏学习的兴趣。

认知心理学家格外关心兴趣问题，他们普遍认为，人在兴趣非常强烈的情况下更有学习热情，也更投入在学习中，而无暇分心于其他与学习无关的行为。再问下去，学生怎么会对学习某些学科或某些内容时缺乏兴趣的呢？主要问题在于他们认为学习的东西与他们没关系，他们觉得那些东西没用。可为什么教师精心准备的东西会让孩子们感觉无用或无意义呢？这个问题就该轮到教师做反思了。毫不夸张地说，从某个角度上看，课堂里孩子们的问题行为是教师一手造成的。

兴趣在教育中的价值怎么说都不为过。赫尔巴特说："不能激发兴趣的教学无疑是空洞乏味的。任何人都不要说，他是全心全意在执教，因为这是一种空谈。"杜威在《我的教育信条》中说："兴趣是教学的起点和决定课程进度的真正中心，并且方法的问题最后可以归结为儿童的能力和兴趣发展的顺序问题。"好了，就此打住，为什么要发展学生兴趣，就说到这里。

那如何激发兴趣？我想谈四点：

1. 关于学习内容。学习内容要与学生的生活相关，要有趣和有用。如果学习内容枯燥乏味，学生觉得"无用"，那就得靠第二点来补救了。

2. 如果学习内容本身无味又无用，那就只能靠教师本人对知识的热情来弥补了，教师在课堂上创造精神饱满和乐观愉快的语调很管用。可如果教师本人也索然无味，那就靠第三点来补救了。

3. 如果教师本人也不太有热情，那就搞点竞争性活动来刺激刺激，整个课堂的紧张感有利于兴趣的提升。可是如果竞争性活动也搞不起来。那就靠第四点。

4. 利用奖励和惩罚激发一下，可奖惩也没有用，那就等着课堂出乱子吧！

下面我们小结一下，学生在课堂中的问题行为本身可能不是问题，背后的原因才是问题。而首要问题在于没有兴趣。所以，要想获得课堂里与学生之间良好的互动关系，得要先让孩子们喜欢学习你教的东西。

周三　告诉每个孩子你很优秀

有个校长朋友问我，他们学校三年级一个孩子的家长是上海市政协委员，因为孩子有一次作业自修课时讲废话，被班干部"掌嘴"，而班干部这么做是班主任授意的。家长得知这一情况后情绪激动，坚决要求校方把这位班主任换下来。我的那位校长朋友很尴尬，班主任知道自己错了，还上门道歉过了，态度极其端正，为什么这位家长就这么不依不饶？不就是个政协委员嘛！也不用这么得理不饶人的。

我对这位校长朋友说，这名家长是理性的。因为既然告了这位班主任，就已经与班主任结了梁子，之前家长一定做好鱼死网破的准备，不达目的是不会罢休的。如果校方不换教师，估计家长会给孩子换学校。果然学校最终顶住了压力没有换班主任，家长就果断地提出转学申请。我对校长说，放行吧！

为什么我说这位家长是理性的呢？那是因为一旦家长向教师亮出了底牌，便受"成见效应"的影响，他们之间的关系只会越来越糟糕，这显然对孩子的成长是不利的。校长说，可是班主任已经很诚恳地道歉了呀！我说有些东西是在潜意识里的。如果我们对某个人在某一种境况下的行为留下好印象，往往会友善地理解他们在其他环境中所做的努力，虽然这两种环境并不相似。与之相反的是，如果我们对某人已然形成了糟糕的印象，那么我们往往会倾向于消极地理解他人的行为。正如我们这个民族深受日本侵略者之苦，所以我们对日本人的行为，所做的负面评价就会比别的国家和民族多些。

一个孩子一旦被教师认定为"捣蛋鬼"，这就意味着即使他是无辜的，也常常会被教师严格地审视或严厉地批评。班级只要一旦有不良事件发生，第一反应就会怀疑到他。于是，这些孩子会明显地感觉到教师总是"挑我的毛病"，内心当然就会愤愤不平，有时即使教师明明在公正地处理问题，也会被孩子认为是恶意的。师生双方都会把对方往坏处想，这样一来，一个恶性循环就开始了，彼此之间的关系只会持续恶化，很难修复了。我想，两个国家之间的关系恐怕也是如此的。

所以，当孩子出现课堂问题行为，我们想想，是不是"成见效应"引起的？

当教师认为某位学生是无药可救的，那么，这个孩子就会认为，反正我在教师心目中是这样的形象，那我就继续无药可救吧！心理学中将这样的现象称为"自我实现预言"。教师对学生的错误认识会使学生身上真的出现了预言中的问题，而事实上我们的预言才是糟糕现实的始作俑者。同样道理，孩子预言某位教师总是跟自己过不去，他很可能会因此对这位教师表现得极度不友好，结果果然这位教师开始与他过不去了。

我们很熟悉这样的场景，妈妈带着孩子逛商场，见到自己的小姊妹，就让孩子叫阿姨好，孩子见到陌生人往妈妈身后躲，妈妈觉得在小姊妹面前好没有面子，就对对方说"我的孩子就是这样不上台面"。好了，你这句话一出来，孩子从此就认为自己就是一个"不上台面"的人，而其实孩子之所以没有叫阿姨好只是因为不认识这个阿姨，与上不上台面没有关系。

以上给大家介绍了"成见效应"和"自我实现预言"，是希望教师在判断一个孩子问题行为的性质的时候，应当依据行为本身的情节，而不是自己的预测。平时尽量不要听别的老师对某位学生的看法，而要用自己的眼睛去观察，否则容易被误导。

孩子的自我认识与他的自尊心高度相关。如果仅仅因为教师的错误预测，而使孩子自认为自己很失败，导致他们的自尊感下降，自暴自弃的孩子问题会更多。

所以，我们不要轻易地用一些负面的形容词来给学生定性，什么"笨"呀、"自私"呀、"不诚实"呀等，都容易导致孩子的自我实现预言。

教师要尽一切力量帮助孩子们建立积极乐观的自我意识，多给孩子们创造机会，多赞美和鼓励，告诉他们，你们每个人都是最棒的，而且他们真的是最棒的。

周四 为什么比较会构成伤害

2008 年 12 月 10 日，来自四川、甘肃两省地震灾区的 100 名乡村教师齐聚北京，参加由中国红十字基金会举办的第二期乡村教师培训班。在这个培训班上，他们见到了资助基金的发起人崔永元。2007 年 10 月，崔永元联手中国红十字基金会共同发起成立了"崔永元公益基金"，主要用于资助中西部地区基础教育发展以及非物质文化遗产的保护。其中实施的"乡村教师培训计划"旨在通过奖励性质的教师素质培训、考察和参观学习等活动，褒奖贫困地区的乡村教师，褒奖他们为当地教育事业做出的贡献，并帮助他们开阔视野，更新观念，提升能力。

我非常赞成社会各界都能支持和资助贫困地区教师的专业成长。但是也要防止一部分"三观不正"的乡村教师，出来学习一趟，不仅没有进步，回家乡后反而产生了消极情绪。我说的这一现象其实并不在少数。在我们对教师的培训活动中，经常要组织教师外出学习，尤其是组织一些欠发达地区的教师到东部沿海城市考察学习。我总会听到有的教师在活动结束后，不仅没有反思自己的工作，从差距中汲取奋起直追的目标和力量，反而开始抱怨。毕竟，乡村与北京、上海这样的特大型城市，在教育环境方面的差距太大，"比较"反而构成了"伤害"。我所谓的"三观正"不仅指他们的思想作风端正，而且更重要的是他们的人格特征，他们应该是"自控型"人格的教师。

认知心理学家调查研究过的一个非常重要的领域就是"控制源"问题。这项研究针对"人究竟如何看待控制自己生活的决定因素，是在自身内部，还是在自身之外"。内控型的人，其控制源来自自己的内心，这样的人往往就会认为发生在自己身上的事情，无论好事还是坏事，都是自己的行为造成的。例如，"我考试不及格，是因为我在学习上花的功夫不够""之所以评不上高级职称，是因为我平时不注重研究教育问题，导致写不出优秀论文来"。与内控型相反的是外控型，外控型的人，其控制源是在自身以外，他们往往就会认定一切都是外界力量造成的后果，比如，"我考得很差，因为我们的老师太没水平""我们教育水平不如北京，是因为北京条件比我们好，教师收入比我们的高，生源比我们优质，家长比我们配合，领导比我们英明"。

与控制源理论密切相关的理论称归因理论，这一理论专门研究人是如何归纳某些事件的起因的。我们从学生的问题行为的角度来看，控制源和归因理论共同的内涵在于，如果一个人感到自己可以控制某些事件，那么自己就应该对这些事件负有责任，因此，就要努力成为一个"不制造事件"的破坏者和"捣蛋鬼"。相反，如果你认为这一切都不是你能控制的，所以你是没有任何责任的，那么你就很难进步。

在控制源理论和归因理论的框架内，所谓的思想工作，就是要使学生认识到自己是能控制自己的，命运掌握在自己的手中，出现问题要多在自己身上找原因，这样的思想工作才能从根子上消除问题行为。简而言之就是要引导孩子们建立正确的归因。具体做法是，在学生问题行为发生后，能心平气和地与学生交谈，给学生发表自己观点的机会，而不是一味指责，更有可能使他们感到对自己行为所应承担的责任。如果我们能非常耐心地帮助孩子们客观公正地分析和判断某一事件的真正起因，分析和判断究竟谁对此负有责任，谁的责任更大些，谁的更小些，谁没有责任，而不是胡乱批评一通发泄自己的情绪，那么孩子们的"三观"会更正一些的。

当教师越是不能保持与学生平等对话，越是颐指气使，威胁恐吓，以高压态势先入为主地对付学生，那么学生就会倾向于为自己的行为辩护，甚至会激烈地抗辩。

"三观正确"与教师的教育方式高度相关，认知疗法专家提醒我们，应当防止孩子出现下列情况：

1. **过度类化**。仅依据少量的事件就急于推出结论，比如，语文中的文言文一次测试不合格，就判断这个孩子语文不行。

2. **选择性抽象化**。全神贯注于次要细节，而忽略了真正重要的方面。比如，被教师批评一次，就认为这个教师不喜欢自己，而全然不顾教师其实长期以来一直在鼓励自己。

3. **放大和缩小**。评价自己表现的时候，小事化大、大事化小。比如，一次考试成绩不佳，就认为以往的好成绩都是侥幸而至。

4. **个人化**。错误地评价个人力所不能及的事。比如，坚信自己的表现差强人意，是个人能力不足的问题，而不是由于缺乏必需的设备和家人的支持。

5. **任意推断**。在证据不足的情况下仓促推出结论。比如，如果上课举手请求帮助的时候，教师没有做出反应，就下结论说教师不关心自己，而实际上教师当时正忙着帮助其他孩子，无法分身。

学生在认知方式上存在着误区，导致他们对教师、学校、自身的看法势必会发生扭曲，而认识上的扭曲不仅会使人情绪低落，导致他们失去了学习的动力和兴趣，甚至会抗击学校和班级的管理体系，问题行为当然就不会少。因此消除孩子们的认知误区，是思想工作的重要内容，而这又得从教师的自我教育开始的。

不过可能有些人的认知方式是很难改变的，比如说，一些人重感受，他们的头脑倾向于以感受为核心，而不是以问题为核心，于是他们在面对挑战的时候，专注于如何缓解由挑战所带来的感受，而不是去迎接挑战，这些人会习惯性地退缩不前，为自己设置很低的奋斗目标，或者索性让自己变得迟钝。

你是这样的人吗？与他人做比较，发现别人的优势，这会伤害到你吗？

周五　不要做马列主义老太太

著名女作家谌容的小说《人到中年》在 20 世纪 80 年代很火，还被拍成同名电影，由著名导演谢晋执导。小说和电影中的人物和故事我都忘记得差不多了，可有个被称为"马列主义老太太"的却让人印象深刻，因为太传神了。那个角色的身份是早年就参加革命的一个老太太，她对别人满口马列主义，而其实是一个自私自利的人。后来"马列主义老太太"就成为满口马列主义，满脑子个人主义的一类人的代称。再后来索性所有从事政治思想工作的妇女同志都被称为马列主义老太太。教师中的那些满嘴大道理的，不真实，很虚伪，特别不招孩子们喜欢的人，马列主义老太太的帽子扣在他们头上刚刚好。

本周我们专题讨论教师应该如何通过认知的方法对学生进行思想教育，可是不能因为为给学生讲道理，却沦为了马列主义老太太。一个让学生敬仰的讲道理的老师，应该符合这样五条要求，让我来给他们描一描形象。

第一条，也是最重要的一条，就是对自己讲的道理充满自信。

孩子们往往很"鬼"，你一接班，他们就开始对你进行"限度测试"，估量一下你的底线在哪里。如果教师看上去犹豫不决、底气不足，那在接下来的日子里，很有可能要被学生作弄了。而如果你镇定自若、胸有成竹的样子，局面就不一样了。即使你的耐心还不够强大，可至少在表面上一定要做出很自信的样子来，一个自信的人的一言一行往往不疾不徐；他的目光能与全班学生对视；始终保持微笑；不会威胁学生；不会那么容易受刺激一惊一乍的，不会有神经质的反应。

一定要克服紧张焦虑，有时候开公开课或出席某些重大活动，你能表现出自信，那在学生心中你就是神一样的人物了。如果你能有效把控自己的情绪，在学生面前总是那么的自信、淡定和优雅，你一定会赢得孩子们的尊敬的，你的影响力会与日俱增。这时你"说一句顶一万句了"，做学生思想工作就有了底气。

第二条，把每个要求都说清楚。

"重要的事说三遍"，可在给学生做教育和引导的时候，我们应该养成"只说一遍"的习惯，这一遍说得简明扼要、滴水不漏，应把规矩、步骤的数目控制到最少，说得太多等于没说，因为孩子们总会忘记一大半的。说完这一遍以后绝不要忘记询问大家："都听明白了?"同时用眼神扫视全班，示意有任何问题都可以提出来，最后宣布结束。

当孩子们很迷惑的时候，特别容易出状况。所以，教师就要提前将混乱的可能性用无比清晰的语言消灭掉。

第三条，一致性和一贯性做得好。

所谓的"一致性"是指绝不"厚此薄彼"。教师提出的要求，对每个人都是一样的，无论是优秀学生还是普通学生都要遵守这些要求。一致性还包括对自己，也要同样执行这些要求。

所谓的"一贯性"是指绝不"朝令夕改"。教师对学生所提的要求在一段时间内保持前后的一致性，必须让孩子们知道，教师制定的行为标准绝不会根据某些反常事件或始料不及的变化而改变。

不要轻易威吓学生，万不得已说出来了，也一定要确保这种威胁切合实际、切实可行。漫无边际地威胁，孩子们也知道它永远无法付诸实施，这样的威胁只会贬低教师的形象。还有，不关孩子痛痒、过于软弱的威胁永远不要提出来。

总之，对待同一个孩子、同一个班级的态度，波动不能过大。

第四条，对所发生的问题要果断处理。

如果估计到某些行为可能引发不良后果，趁事端刚露端倪、还来不及发展为严重问题之前，就要果断干预和制止。或者，事件已经发生，就要当机立断毫不拖泥带水地按规定的标准及时处理。

这对教师的警觉能力提出了较高的要求，教师对课堂中可能发生的一切都要有足够的洞察力。

第五条，要走入孩子们的内心。

教师对学生讲道理，就要了解每个孩子，熟悉他们的生活背景、能力水平、个性人格，熟悉他们的个人经历以及和同班同学之间的关系。一个孩子骂了另外一个孩子粗话，也许这是有预谋的，也许只是口头语；一个课堂讨论的话题让一个孩子兴奋不已，而另一个孩子可能觉得兴味索然；一句话可以让一个孩子开怀大笑，但也能深深刺伤另一个孩子的心。

怎么才能了解每个孩子？不是靠查看他们的档案资料那么简单，而是要在课间与他们泡在一起，与他们沟通感情，了解孩子是全方位的。

如果我们走入孩子们的内心世界，尝试着以他们的方式看待一切，我们的思想教育一定更有效。

你是马列主义老太太吗？

一周总结

本周我们学习如何与学生讲道理。我们在认知心理学的框架下探讨了以理性思维查找学生问题行为背后的深层次因素，我们了解到缺乏学习动力和学习兴趣是导致行为问题的主因，此外成见效应会导致师生关系的恶性循环，我们还学习了控制源理论和归因理论。最后我们探讨了成为一个合格的讲道理的教师需要做哪些事。

周一，我们从什么是理性说起，我们知道一个理性的人总是能透过表象和症状看到学生行为背后的那些真正重要的原因，这正所谓"一把钥匙开一把锁"。

周二，我们探究了导致课堂行为问题的最主要的原因，孩子们对学习没有兴趣，或者他们的兴趣不在课堂上，而课堂兴趣的关键在于让孩子们觉得"有用"。

周三，我们学习了什么是"成见效应"，了解了什么是"自我实现预言"。教师对学生的错误认识会使学生身上真的出现预言中的问题，而事实上我们的错误预言才是始作俑者。教师要尽一切力量帮助孩子们建立积极乐观的自我意识，多给孩子们创造机会，多赞美和鼓励，告诉他们，你们每个人都是最棒的，而且他们真的是最棒的。

周四，我们学习了认知理论中的两个密切联系的概念"控制源"和"归因"，学生在认知方式上存在着误区，导致他们对教师、学校、自身的看法势必发生扭曲。这些问题不仅使人情绪低落，导致孩子们失去了学习的动力和兴趣，甚至引发严重的问题行为。因此消除孩子们的认知误区，是思想工作的重要内容，而这又得从教师的自我教育开始的。

　　周五，我们讨论了"讲道理"的老师的形象和特征：对自己讲的道理充满自信；把每个要求都说清楚；一致性和一贯性做得好；面对问题时要果断处理；走入孩子们的内心世界。尝试着以孩子们的方式看待一切，我们的思想教育一定更有效。

　　下周我们专题研究学生的行为规范问题。

第十五周　行为规范

周一　关注什么就在强化什么

我从 18 岁开始抽烟，每天几乎烟不离手，虽欲罢而不能。2013 年因为身体状况不佳，我再一次决定戒烟，为避免重蹈覆辙，这次戒烟代价很是昂贵。我带上我的老父亲，到了风景优美空气清新的九寨沟，扔了手机断了通讯，在那里我们住了一周，在这一周里，我给自己"断粮"。戒烟为什么要带上老父亲？因为我父亲是慢性支气管炎患者，作为孝子，平时我不便在他面前抽烟，现在住一起，只能克制。为什么要到九寨沟？因为那地方空气太好了，可以给我"洗洗肺"了，顺便把我 30 年的烟肺洗干净了，而且远离熟人也就没有人递烟给我了。

即使在这样的"人间仙境"，戒烟的过程也仍然非常痛苦。每当烟瘾上来，我心里想着"不抽、不抽、坚决不抽"，结果抽烟的念头就更强了。虽然烟后来算是戒除了，可是精神也受到了"摧残"。就此我也加深了对一条心理学原理的认识：当我们关注什么就会强化什么。因为，每次我执着于克制烟瘾，抽烟的念头就更重。当我们试图克制某种念头，这个念头反而会像着了魔一般在心田里深深地根植下去，这样的例子不仅限于戒烟。再比如说，你看中了某件商品，可是价格偏高没下手。以后当你每提醒自己一次"太贵了、太贵了时"，你"中毒"会更深。

关注什么就强化什么，不仅与念头有关，还与行为有关。人的某种行为一旦获得外部的格外关注，那么这一行为往往会一再出现，而那些没有获得反应的行为通常会销声匿迹。也就是说，在课堂里，如果每见到"坏"事我们就加以关注（比如大发雷霆），而面对多数"好"事的时候偏又视若无睹的话，那么孩子们的行为问题只会更多。

这么说好像类似人的"反直觉"，因为人们总认为要对孩子的不良行为保持警觉，以帮助他们远离不良行为，可事实却是，无意中我们会因为关注不良行为而使孩子们的不良行为得以强化。那么，现在我们把关注点换一换，对不良行为尽可能不闻不问，而对良好行为就必须加以奖励。这样会不会更好些？

行为心理学家认为，教师对学生行为方面的教育主要考虑三个变量：孩子的行为、行为的后果以及该行为产生的环境因素。教师对这三种可变因素进行详细研究之后，便能找到应对之策。

第一个变量，孩子的行为。

我们把孩子的行为分为不良行为和良好行为。我们可以准备两张表格分别记录这两种行为。

一是记录不良行为的表格，当你开始记录时，总会觉得这张表不够用，一节课中，孩子们的行为真是很成问题，他们简直像一群"野蛮人"，比如"大吵大叫着进入教室""总是迟到""没精打采的样子""打打闹闹""老走神""说脏话"……开完这份清单后，你在每一项不良行为后面写上你的反应，批评？提醒？训斥？惩罚？你要详细记录你的反应，比如用言辞犀利地训斥学生，给孩子的表现扣分，在作业上打叉，把孩子的座位调到前排，把孩子哄出教室或是赶他去政教处报到，罚写作业，剥夺孩子的部分权利，强制安静，突然中止令孩子们喜爱的活动等，都要记录下来。

二是记录良好行为的表格，在这份表格上只记录孩子们合乎规范的行为，你会发现这样的行为也不少。比如"按我的指令打开书本""朗读的声音响亮"

"孩子们相互间很友爱""他们在某些时段里注意力特别集中""他们为某位同学的精彩发言鼓掌了"……清单开好后，请你也写上当这些良好的行为发生时，你的反应是什么？你会发现，你做出的反应比不良行为发生时的反应少多了，而且几乎可能是一片空白。

接着我们就应该反思一下，为什么孩子们的良好行为总是"稍纵即逝"，为什么良好的行为总是来得快去得也快？这可能与我们习惯性地忽略良好行为有关。也就是说，你忽略了课堂上真正应该关注的行为，却强化了那些你不愿意看到却重复发生的行为。

第二个变量，行为的后果。

一些良好行为可能会对后续的学习产生积极的影响，需要格外关注并予以强化。一些不良行为如果不至于导致很严重的后果，可以直接忽略。课堂上，教师要关注到每个孩子的每个行为表现，这是没有必要的，也是做不到的。从课堂效益角度看，我们应该把有限的关注放在最需要强化的方面。除非这个班在一段时间内需要格外的行为矫正。

第三个变量，行为产生的环境。

一些不良行为的产生是"情有可原"的，比如教师组织孩子们讨论，这个话题激发了学生的思维，大家按捺不住讨论起来，结果噪音太大，这种情况下，一个老练的教师可能什么也不做，只静静地等待孩子们的热火劲过去。有时候不仅不必干预，甚至教师还参与进去，与他们一起热火朝天地讨论。

教师是环境的一部分，一些缺乏经验却又自以为是的教师，他们往往对课堂里的风吹草动反应过度，结果教师的过激行为激发了学生们的群情激愤，那就不能怪学生了，这时批评学生也是不公正的。还有一些教师很懦弱，不敢管，迁就学生，那问题就更大了。懦弱实际上是在邀请孩子们"捣蛋"，教师的迁就正是一份公开的邀请函。

下面我们小结一下，"事与愿违"这个词用在学生的行为管理中再恰当不过了。我们希望用严厉的手段对付学生的不良行为，然而孩子们却把你的严厉手段当成是"奖励"，他们一次又一次地看到你"歇斯底里"的样子，心中满是得意。

周二　实施奖惩都要拿捏分寸

昨天我们讲到教师应该更多地将关注点放在学生的良好行为上，但是还要考虑另外两个变量，一是行为的后果，二是行为发生的环境。举个例子，某个学生最近表现特别好，每次你上完课主动上台擦黑板，该不该表扬呢？首先要分析一下这名学生这一良好行为的后果，你发现这个班的环境卫生很差，班主任没有落实卫生包干，擦黑板之类的事没有人做，因此，你可以表扬这名同学，可是也不能过头，因为解决环境包干才是重点，也许你大张旗鼓地表扬反而使其他孩子认为自己都没有搞卫生的责任了。另外，你要琢磨一下为什么这名学生最近这么积极地为大家做好事？因为在你的印象中之前他不是这样的。通过了解你知道最近正在对他进行"加入共青团组织"的审核，能表现不好吗？当你知道了良好行为发生的背景，也许你就不应该再表扬了。

今天我们要从行为心理学的角度谈谈奖励（表扬是其中的一种温和的方式）。

什么是奖励？通俗地讲，奖励就是把人们喜欢的事物给对方，使其愉悦；惩罚就是把人们不喜欢的事物给对方，使其不快。对某一样事物的渴望越强烈，它所蕴含的奖励的力度就越大。反之，对某一样事物的反感越强烈，它所包含的惩罚的力度就越大。

奖惩之所以被我们使用，是因为根据条件反射原理，孩子们的某些行为获得了奖励，这些行为就容易固定成型，而遭到惩罚的行为往往会就此消失。从理论上说，奖励的强度越高，这种行为就越有可能成型；而惩罚的力度越大，这种行为就越有可能消亡。

你看，这不是很简单嘛！奖励和惩罚，谁不会用呢？可事实却不是那么简单的。关于奖励，我们在第九周《奖励可能破坏学习动机》一文中讨论过，今天我们要进一步讨论。

奖励有其复杂性，比如，同一个奖励物，第一次使用时很有效，人们甚至非常渴望得到，可是，第二次、第三次，就不那么管用了。惩罚也是如此，道高一尺魔高一丈，正可以描述惩罚效果的递减原理。还有，那些被表扬过的孩子尝到了快乐，他们太巴望着再一次被表扬，结果反而把事情弄得一团糟，那么表扬就适得其反了。或者，一个孩子被批评之后，失去了自信，他们的后续行为将更差劲。

因为奖励和惩罚都不是简单的手段，所以我们要考察具体的对象、需要强化或纠正的行为、时机、实施奖励惩罚的人，这些因素都影响到结果的有效性。因此，用科学的方式来表述，应该是"适当"地使用奖励和惩罚。而什么才是适当的，那得具体情况具体分析了。

说到具体哪些方法可以用作奖励，我不想太限制你的想象力，你只要记住，让人愉快的事物都可以作为奖励物。这就是说，某些事物对某些孩子是奖励，可对另外一些孩子却可能是惩罚。比如说，你对尖子生说，这堂课你不必听了，去图书馆看书，你说这是奖励还是惩罚？当然是奖励。可是，对一个学习困难的学生，你让他隔离，在一个如此安静的地方读书，这就是一种惩罚了。所以，奖励和惩罚都不能只站在自己的角度上去看待，而应该站在学生个体的角度上看，个体与个体之间还是有一定的差异性的。

如果说按照大部分人的喜好来定的话，有些很平常的奖励手段倒是很见效，一个友爱的动作，一个欣赏的眼神，这些生命中再平常不过的肢体语言，都可以激励人。而惩罚孩子的手段，也不过是不让孩子们的愿望得到满足，这些都很家常的，并没什么特别的手段。

有的老师说，有一些孩子软硬不吃，奖励和惩罚的效果都不显著。在我的培训活动中，有的老师问我，有没有一些奖惩手段，能立竿见影呢？我回答，很遗憾不存在这样灵光的手段。

常用的手段主要就是物质的和精神的两类。其实也就是一种，那就是物质的。比如发奖状是属于物质的奖励，罚抄书是物质的惩罚。大多数人认为教师赞许的眼神属于精神的奖励，责备的眼神属于精神的惩罚。其实，这些眼神本质上也是物质的，因为物质奖惩明白无误地表明了奖惩所带来的好处或坏处，而精神性的奖惩则表示好处或坏处的兑现是不确定的。比如一个鼓励的眼神，其实是一个承诺，暗示学生只要继续某种行为，将来就可以得到物质奖励，也许是更大的物质奖励，比如考上名牌大学，或者拥有令人羡慕的高收入的工作等。研究表明，精神性的奖励才是促进学生良好行为和控制课堂秩序的法宝，其效果要优于物质性的奖励。惩罚也是如此，那些立马兑现的惩罚未必有很好的效果。这就表示那些不确定的奖惩可能会产生更大的作用。

我认为，鉴于奖惩的复杂性，我们与其花时间讨论奖惩的具体方法，还不如研究一下奖惩的基本原则。如果信守这些原则，奖惩的有效性会高一些，反之无论你有多少种天花乱坠的奖惩手段，也都只是"花架子"了。

原则 1：奖惩不能使用多重标准，否则会失效。教师对学生的奖惩要建立在事实的基础上，不能由着自己的喜好随意实施。为保证奖惩标准的一致性，教师应事先公布标准，并且接受来自学生方面的申诉。

原则 2：标准更不易频繁。要持之以恒地坚持所宣布的标准，否则就是无标准，而无标准的奖惩会使学生对奖惩失去心理预期，也就无法引导学生的行为。

原则 3：奖惩的效力取决于奖惩者个人的名望。即使所有奖惩都依据标准，而且标准不变，但是教师本人不能使学生钦佩，那么奖惩依然可能无效，尤其是采用非物质奖惩时，更是如此。

下面我们小结一下，奖惩的手段可以是无穷的，凡让人愉悦的都是奖励，让人不快的都是惩罚。具体的奖惩手段不一而足，因为奖惩是很复杂的工作，于是遵守奖惩的原则十分重要，实事求是、持之以恒和教师个人的威信，这三条原则要切记。

周三　那些杀人不见血的手段

有位青年班主任满脸迷惑地问我："在学期结束的颁奖活动中，一个女孩子当众哭了，问她为什么要哭，她说她没有得到奖。其实大多数孩子都没有得到奖，她没有得到奖这很正常，现在的孩子为什么那么脆弱？"

我认为我们不能将因没有获奖而哭泣称为脆弱，人在沮丧、失望的时候抹眼泪有什么好奇怪的呢！这正好说明那名女孩子非常在乎获奖，而没有拿到奖实际上对她来说是被惩罚了，所以与其说她是失落而哭，还不如说是被惩罚而哭。就像运动员参加比赛，志在必得的金牌因为一个失误或者裁判的误判而搞丢了，简直要死的心都有，怎么能说他们脆弱？那是英雄的泪啊！

我们今天讨论惩罚学生的问题，其实教师惩罚学生的手段多了去了。比如不给孩子任何反馈和关注，不给予任何表扬和鼓励，无论这个孩子有多么努力，教师都无动于衷，这就是在惩罚。女孩没有获奖为什么可能等同于受了惩罚？现在的家庭特别重视孩子在学校里的表现，尤其是小学生，如果没有受到学校和班级的奖励，可能会引发家长的焦虑，这种焦虑会传导到孩子身上，不就是一种惩罚吗？有时候，不关注孩子，不给他们任何反馈，这本身已经是严厉的惩罚了，不到万不得已，你是不必再将惩罚"升级"了。因为更严厉的惩罚并不比"无动于衷"更为有效。

有位班主任跟我说了一个案例，让我非常愤怒。她说："我任教的班上有个孩子，特别乖巧，按时交作业，从不迟到，从不违反纪律，无论下什么指令，她都按要求不折不扣地执行。可是，她却从不主动参与集体活动，课间休息，别的孩子说说笑笑、打打闹闹，她却孤单地端坐在座位上，怎么看都不像这个年龄的孩子。有一次我忍不住问她，你为啥不出去玩耍呢？活泼一点多好呀！她小心翼翼地回答说，我可不敢，万一碰到班主任那就完了。他会用手机拍下来，把图片传到微信群里的，会作为典型对象进行批评。"她一脸茫然地问我："您说像这样的班主任是否值得我们学习？"

我愤愤然回答说，那些为了一己私利而将学生禁锢起来的教师是缺乏职业操守的，那些将孩子的天性活生生地消灭掉的教师，是教育的公敌。案例中那名女学生是一个牺牲品，在她这个如花一般的年龄，就应该与其他孩子一样蹦蹦跳跳活活泼泼的，可现在却像一个木偶，完全被她的班主任操控着，失去了天真也丧失了活力。对此，我想谈两点，这两点都应该被归为教育的底线：一是人被工具化的问题；二是精神虐待问题。

首先是人被工具化的问题。教育者要使其教育手段与教育目的保持一致性，而不能将学生作为一种达到另一种目的的手段和工具。比如说，要教会学生尊重就应该用礼貌的手段，要教会学生礼貌就应该用尊重的手段，要教会爱就只有爱学生。这位班主任使用卑鄙的手段，那么只会教孩子卑鄙。

我完全有理由怀疑这位班主任的原始动机并不如他所声称的那么崇高，有不少教师打着"为学生好"的幌子，骨子里却是在为他自己，骨子里把学生当成了工具。可怕的是，将学生"工具化"的现象居然在中小学司空见惯。如果我们并不尊重学生作为人的基本权利和主体地位、内在需求和个性心理特征，那么，学生会成为学校升学率的工具、评选示范校的工具、素质教育的工具、教师评聘职称和先进称号的工具。当学校的办学目的、教师的教育目的、学生的学习目的无法达成一致时，三者将互为工具。这倒切合了功利时代的本义，却违背了教育的本义。

第二，我们来看看在教育学生的武器库中，有一类利器名曰"精神虐待"。总结下来，对学生的"精神虐待"包括吓唬、激将法、督促、冷漠"四大宝物"。

"吓唬"是使用极方便的方法，吓唬只需用令学生恐惧的语言加上严厉的神态就够了，如"要是不考及格，我叫你父母来收拾你！"那名让小女孩恐惧的班主任使用的就是这一招。

精神虐待的第二件"宝"叫"激将法"。当学生取得了一点进步，为防止他产生骄傲情绪，教师特别喜欢拿别的孩子的优点来与他的缺点相比较，或拿最高的标准来与孩子目前水平相比照，而这种比照又往往以讽刺挖苦的形式出现。如"就偶尔一次考第一，有什么了不起，和某某相比你差远了。"或"考了95分，就那么得意，为什么不能拿100分呢？"

第三件"宝"叫"督促"。孩子在学校甚至在家里学习，全由教师一一安排好，而且还振振有词地声称这是负责任的表现。孩子在听课或者在做练习时，教师在他的身边，不停地说："认真点，仔细点，怎么又开小差了，怎么又错了，手不要玩笔……"监督学生学习，催促学生专注与用心，已经融入了教师日常的教育教学工作，不自觉地就将没完没了的督促取代了孩子自己的学习。

精神虐待最可怕之处在于冷漠地对待犯错的学生。教师为了表现自己在教育学生时的权威性，一旦学生成绩不理想或者犯了什么错，就白眼以对，冷脸相待，有时白眼一瞪就好几个礼拜，引起学生内心深重的焦虑。

我们已经放弃了体罚，但是放弃体罚并不就意味着教育的进步，教育的真正进步在于我们教师开始学会尊重学生了，把学生当成人来尊重了。我不希望年轻教师像那名班主任一样，即使非人道的方式看上去挺管用的。年轻人就应该成为推动时代进步的力量。

周四　严刑峻法不能解决问题

每年 10 月 10 日是世界反对死刑日，这个日子是由 145 个非政府组织、律师团体、地方行政机构和工会组织组成的世界反对死刑联盟设立的，联盟的使命在于提高公众意识，了解死刑从判决到执行整个过程的非人道的一面。联合国人权专家呼吁国际社会加倍努力，促使各国废除死刑。

但并非所有人都反对死刑，主张死刑的理由很多，但没有证据表明严刑峻法可以起到杜绝犯罪的效果。你看，我们国家历史上一直在使用酷刑，最严厉的恐怕就是"凌迟"了，管用吗？明朝是一个特别不讲人道的朝代，朱元璋搞出"剥皮楦草"来对付贪官，就是把人皮完整剥下来，做成袋状，在里面填充稻草后悬挂示众，甚至挂在衙门和土地庙前，以对官员起到警示作用。可是明朝的贪腐有没有被遏制？

现在，我们回到学校。有些学校领导和教师把抓行为规范和校风的希望寄托在对问题学生的严厉惩罚上，效果极其有限。即使有效，也只是短期的，一旦惩罚消除，学生的问题行为会变本加厉地反复出现。严厉的惩罚为什么不如我们预期的那样有用呢？行为心理学是这么做出解释的：

1. 问题学生为逃避惩罚，学会了撒谎和找借口。而撒谎和找借口是两种比有些违纪行为更严重的问题。一旦学生养成撒谎和逃避责任的习惯，将终身受害。

2. 严厉惩罚给问题学生带来糟糕的心理体验，这种体验可能不仅不能改变学生的不良行为，反而激发学生的愤怒，严重破坏了师生关系，导致下一次教育失效。良好的师生关系是教师对学生实施有效教育的前提，一旦这个前提不存在，后果就会很严重。

3. 严厉的惩罚会释放出一个信号，让学生们认为这个世界的法则就是"弱肉强食"。这会诱导他们倾向于使用暴力解决问题。所以我们会常常看到那些经常欺负同学的孩子，家庭惩罚也是常态。

4. 严厉的惩罚会使一些学生哪怕只是目睹了惩罚，也倾向于远离一切创新，因为创新其实意味着打破常规，意味着非常靠近危险。对一些平时就循规蹈矩的学生，这种潜在的危险就更大。

对大尺度的惩罚，因为有很多副作用，所以千万要慎用。

有的老师问，学生在课堂里捣蛋，实在不像样子，严重影响别的学生听课，能不能把他们赶出教室？我认为那不叫"赶出教室"，而是发生严重干扰正常教学的行为时，如果在课堂上当堂处理，会占用宝贵的课堂教学时间。因此，如果学生在课堂上确实严重影响别的同学听课，而他的情绪是严重失控的，那么我们是可以把学生从课堂环境里转移出来，以使他恢复平静。因为一种负面情绪往往与当时所在的环境有关，一旦与环境分离，问题也就解决一大半了。尤其是一些孩子在课堂里的行为失控，本身就是想要引起大家对他的关注，那么与环境分离可以使他的愿望落空，从而恢复理智行为。

其实，让学生与教学环境隔离本身就是一个非常严重的惩罚手段。这个手段也不能多用，因为副作用不小：学生与环境隔离，当堂课的内容就没有学到，教师有责任帮助他把课堂损失补回来。还有，被隔离的学生要是出现安全问题，教师和学校都会负很大的责任。你可千万不要忘了门外还站着个捣蛋鬼！还有，有些孩子会将被赶出教室当成是一种荣耀，他是雄赳赳气昂昂地离开教室的，那时失分的其实是教师自己。有一个不错的隔离措施，就是把不守规矩的学生打发到另一间教室里，同别的班的孩子们坐在一起。这间新教室都是外人，这会让他很不自在。总之，我不主张禁止对严重行为问题的学生采取必要的隔离措施。把学生带离产生问题的情境，显然可以帮助他恢复理智，但毕竟隔离是一种严厉的惩罚。

总之，我是反对对学生施加所谓"严刑峻法"的，不仅是因为教育是一个人道主义事业，而且学校是一个专业机构，从专业角度看，严刑峻法非常失败。

周五　作弊为什么也可以申辩

新中国成立以来，如果有什么教育方面的丑闻可以载入史册的话，湖北钟祥集体围攻监考人员案估计能排得上号。2013 年 6 月 8 日下午 5 点，高考结束后，湖北钟祥三中高考考点监考老师遭到考生和家长集体围堵，1 个多小时后才在警方护送下离开考点。为什么监考人员会被殴打？因为外地老师们实施了严格的监考，而习惯了作弊的钟祥考生家长们对此表现出极度的不适应，一些家长前期在子女高考作弊上的巨大投入打了水漂。家长们说："我们要的是公平，不让作弊就没法公平。"

我想这个案子是古今中外绝无仅有的奇特事件，简直可以用丧心病狂来做注脚，对家长们的丑恶行径，我们当然要毫不留情地批评。但是，我今天要和大家聊的话题，可能会引发大家的争议，我认为有些考试作弊却是情有可原的。而且，即使是罪不可赦的作弊行为，当事人也有为自己行为进行申辩的权利。

我这里没有为作弊开脱的意思，我的意思是说，即使是罪大恶极的人，也有为自己的行为辩护的权利。虽然考试作弊涉及个人的诚信问题，而且与社会公正性有关，考试作弊是人人喊打的行为。可是，要是不给作弊者申辩的权利，就有可能导致错判。

如果给那些犯错的孩子申辩的机会，我们就会全面理解作弊行为的原始动机，为我们最终彻底解决作弊这一顽症提供思路。那些作弊的孩子其实也有值得我们理解的地方。比如说，外部有强大的压力，使孩子只能借助作弊才能过关，这种压力来自学校，也来自家庭。成绩差的学生作弊与成绩好的学生作弊，我认为应该区别对待。成绩差的学生作弊是为了避免受到羞辱，而成绩好的学生作弊往往为了虚荣，前者是同情的对象，而后者这要严肃对待。

一个人什么时候特别容易突破道德底线？当某事涉及生存，而为做好某事却又缺乏指导和帮助的时候，特别容易犯错。如果考试作弊现象严重的话，我们这些搞教育的人是不是应该反思，反思我们是否将学业成绩看得比学习过程更为重要，我们是否给了孩子们过大的压力，以及我们是否对他们的指导和帮助还不够充分？

当家长和教师每次都以非常严厉的措施惩罚考试成绩差的学生，每次都羞辱他们而不是帮助他们，那么考试作弊就可以被理解是由不良的教育引发的，一些孩子自我防卫的机制被不良的教育所启动。

我说这些不等于说考试作弊不需要教育，而是说，我们给每一个犯错的孩子说话的权利，把他们当人来看待，这就是所谓的"程序正义"。

什么是"程序正义"？程序正义即为"看得见的正义"，是英美法系国家的一种法律文化传统和观念。这源于一句人所共知的法律格言："正义不仅应得到实现，而且要以人们看得见的方式加以实现。"用最通俗的话来解释，就是案件不仅要判得正确、公平，并完全符合实体法的规定和精神，而且还应当使人感受到判决过程的公平性和合理性。换句话说，司法机构对一个案件的判决，即使非常公正、合理、合法，也还是不够的。要使裁判结论得到人们的普遍认可，裁判者必须确保判决过程符合公正、正义的要求。因此，所谓的"看得见的正义"，实质上就是指裁判过程（相对于裁判结果而言）的公平，法律程序（相对于实体结论而言）的正义。

我们再来看看学校是如何给犯错的学生处分的？有程序正义吗？一个孩子

考试作弊被抓了个现行，代表正义的处理过程就应该要进入以下程序：

第一步要调查。学校应对被处分事项的事实进行查证，应组成由校方和家长代表构成的专门调查小组，专门负责事实情况的调查工作。在调查过程中，调查人员要保证调查行为的合法性，尤其是要保证证据来源的合法性和证据内容的真实性，不能采用欺骗、胁迫、伪造的方法收集证据，对证人证词做成笔录并加以保存。

第二步是听证。调查结束后，学校原则上可以形成对处分事件事实的认识，也可以形成对当事学生的处分意见。但学生在被处分过程中享有不可剥夺的知情权和申辩权，听证程序的引入为保障学生权利提供条件。

第三步是公告。经过听证会后，学校做出是否处分学生的决定。无论学校做出何种决定，都要通过适当的方式将处理结果予以公告，但公告应当注意对学生隐私权的保护，不得在公告中披露有损学生隐私或人格的内容。

第四步是备案。校方要保存学校处分决定的完整记录以备查。学籍管理员要将处分结果记录在学生学籍中和学校的有关档案材料中。

重要的事件在处理时，必须要开听证会。听证会制度是保证处分程序合法与学生权利保护的重要环节，我当时在担任北郊学校校长时，我们学校制定了一个听证会程序，供大家参考：

1. **听证会的组成。**听证会应由主持人、评议人、秘书和听证事项的当事人组成。由校务办负责人主持，评议人为校务委员、教师代表和学生组织代表按 5∶4∶2 的比例组成，主持人不能由调查人员担任。评议人应有广泛代表性，人数为单数，特定人员应回避。

2. **听证会程序。**会前应发布听证会召开公告；会议中，先由学校有关部门和当事学生进行陈述，然后双方展开辩论，最后是主持人总结和听证会委员表决是否处分；会后应公布表决结果。

3. **听证结论的效力。**听证结论具有最终决定效力。评议人认为行为不能成立的，有关部门应当立即停止一切调查活动，终结纪律处分程序，并且不得以相同的理由重新进行调查。评议人认为违纪行为能够成立的，应当由学校校务会议讨论，依据案件事实、校纪、校规，充分考虑当事学生的陈述和辩解，做出相关的纪律处分的决定。

你可能说，处罚一个学生那么难那么烦琐啊！对的，就是要经过这些程序才能做出惩罚的决定，这叫作"程序正义"。那种"抓起来毙了"的方法，是野蛮的，也是不公正的。一个野蛮的学校，正义无法实现的学校，学生的问题行为只会更多。

那你说，索性就不追究了，算了。不行，因为你放弃惩罚就是在放弃对学生的教育，是你的失职。

一周总结

本周我们从行为心理学的角度谈学生的行为规范，我们学习了强化理论，了解了教师的关注点与学生行为规范的关系，了解了奖励和惩罚的基本知识，尤其探讨了严苛的规章制度的有限作用。

周一，我们探讨了对良好行为的关注远远比不上我们对不良行为的关注，这会强化学生的不良行为。我们希望用严厉的手段对付学生的不良行为，然而孩子们却把你的严厉手段当成是"奖励"。

周二，我们研究了奖励和惩罚的分寸感问题，即使奖励是个好东西，可是奖励的复杂性还没有被充分认识到。奖惩的手段可以是无穷的，凡让人愉悦的都是奖励，让人不快的都是惩罚。但是奖惩的原则却是限定的，实事求是，持之以恒和教师个人的威信，这三条原则要切记。

周三，我们谈到惩罚的手段，有时候与奖杯失之交臂也是一种惩罚。对学生的惩罚，我们教师要守住两条底线：一是防止人被工具化的问题；二是对学生施以精神虐待问题。我们已经放弃了体罚学生，但是放弃体罚并不就意味着教育的进步，教育的真正进步在于我们教师开始学会尊重学生了，把学生当成人来尊重了。

周四，我们从废除死刑开始谈起，以说明严刑峻法并不能有效阻止犯罪。针对学生的严格惩罚，其效果令人质疑。对大尺度的惩罚，因为有很多副作用，所以千万要慎用。

周五，我们谈到了"程序正义"，即使学生的行为问题可能非常的严重，但是他们应该被赋予为自己申辩的权利。他们的声音也应该被我们听到。

第十六周　文化氛围

周一　没有文化支持都是白搭

近年来"大众创业、万众创新"成为热门话题，"双创"被视作中国新常态下经济发展"双引擎"之一。李克强总理对中外企业家说，"创新不单是技术创新，更包括体制机制创新、管理创新、模式创新，中国 30 多年来改革开放本身就是规模宏大的创新行动，今后创新发展的巨大潜能仍然蕴藏在制度变革之中。"总理的这段话非常重要，把这段话的意思引入学校，就是培养创新人才要从制度变革中挖掘巨大的潜能。

学校要培养创新人才，已经提了二十多年了，当初搞素质教育就说要培养人的创新精神和实践能力，不少学校都提出实行"创新教育"。但是，有一个奇怪的现象，学校虽然都说要培养创新精神，可是在管理方面总体上却是要求"服从"的。学校的文化是等级和服从，却要求课程和教学上能培养能打破常规并能创造性解决问题的学生，这不是缘木求鱼吗？

培养创新人才是需要整个学校，或至少在一个班级中形成一种鼓励创新的文化，这种文化是"以学生为本"的文化。可是，"以学生为本"是一个大而无当的句子，扎扎实实地在抓应试教育也可以说这是以学生为本，说提高学习成绩也是为了学生呀，因为如果我们培养的学生无法面对考试，在这个学历社会中连生存都会遇到危机，那么这种教育是以学生为本吗？

所以说，要加深对"以学生为本"的理解，就要"学生"这个中心词加上限定词和中心词。

首先是加限定词，即教育以哪些学生为本？是一部分？全部？每一个？无须调查统计，我们的教育就是以一部分学生为本的，也就是一部分更适应教育制度和教师个人价值取向的学生，他们受到了更好的教育服务，因而也更受益；而另外一部分学生，他们被边缘化，被置于教师的视野之外。这是现阶段我国教育的基本特点，我们缺少为全部人提供优质教育服务的物质基础，即使具备了足够的物质基础，一些学校还缺乏掌握足够技术基础和具备足够道德境界的教师队伍，因此，当前教育无法为全部学生服务，这是一个不争的事实。

不过，"全部"和"每一个"是有差异的，全部是个集合概念，强调的是人的"普遍性"，而"每一个"强调的是个体的"特殊性"，教育"以全部学生为本"和"以每一个学生为本"的区别根本在于，前者受制于物质条件和人力资源，将人抽象化之后，使教育目标也抽象化，因而可能永远无法实现。而"每一个"则将千差万别的学生具体化了，具体化为每个孩子有不同的个性需求。在他们人生的不同阶段，有不同的需要，学校和教师以每个学生为本，就是具体地感受每个孩子需求的多样性，尽力以自己的教育服务满足他们的多样化需求，从而使他们每个人感受各自不同的愉悦，我认为这是可以触摸到的具体的目标，也是可以实现的目标。

其次，我们为"学生"加个中心词，即以学生的什么为本？在讨论这个问题之前，必先在教育信仰上达成尽可能多的共识，即教育是人道主义的事业，在这一点上，教育与其他行业本质地区别开来。因此，中心词显然不是以学生"分数"为本，因为如果"分数"成为教育的目的，则"学生"将沦为我们达到功利目的的工具。那教育是不是应以学生的"发展"为本呢？我认为"发展"是一个值得玩味的词，人的一生，从童年到老年，真是在发展着的吗？机体在发展？智慧在发展？德行在发展？灵魂在发展？我看未必，"发展"是进化论思想的产物，姑且可以用于"经济领域"或"物种繁衍"，却不适用于文化、艺术等领域，不可以用于教育领域，甚至用于具体的学生个体身上。以为教育有能力促进人的诸多方面的发展，是对人本身具备的宝贵本性的漠视。常识告诉我，人的灵性、创造性、好奇心等所有代表人固有特性的品质是不会发展的，反而可能随年龄增加而衰退。人的智慧甚至也不会随知识的增多而发展，而那些可以被测定的"发展"了的品质，只有知识和技能了，因而，提出"以学生发展为本"并未见其现实意义。显然提出"以学生发展为本"的理念，依然将孩子当成了"落后的""欠发展的""空洞的"物，而并未将人置于崇高的人道主义原则之下。童年、少年时代的孩子们在学校中永远成不了欣赏的对象，他们只是未成型的"半成品"而已。为了"促进"其发展，发展到我们认为应该达到的水平，我们可以不惜令学生们付出失去童年欢乐的代价。因此，"促进学生发展"依然可以成为抹杀孩子美好天性的借口。

我认为，这个中心词可以设定为"权利"，即教育以每一个学生作为人的权利为本，是基于以下三个原因。1. 体现了人道主义的核心思想：捍卫人的权利；2. 权利是可界定的，远比"发展"精确；权利关乎每一个具体的人，而不是部分或全部抽象的人；3. 如果我们学会尊重每个人的权利，我们也学会了教育，因为，学生作为"公民""未成年人""受教育者""教育消费者"的权利（权益）受到了充分的尊重，我们的教育才有可能成为平等的、自由的、科学的、富有人性关怀和人文精神的教育。

我记得 10 年前，上海市虹口区由幸福四平小学领头，率先提出学生的六项课堂权益：1. 允许学生随时发言；2. 允许学生插嘴；3. 允许学生质疑老师；4. 允许学生选择学习伙伴；5. 允许学生满足合理的生理需要；6. 允许学生再来一次。我为这样的校规喝彩！

总之，文化支持是建立创新教育体系的关键。对课堂来说也是如此，孩子们在课堂上如此生动活泼，尽情施展自己、表现自己，如果我们在理念上不能转到保护学生的权利上来，这样美好场景是永远也见不到的。

周二　监视是破坏和谐的大敌

我当校长时，有个来自美国的教育代表团到我们学校参观，他们非常惊讶，为什么你们学生的纪律那么好，这在美国是不可想象的。我用外交辞令来回答这个问题，我说，在中国当我们评价一个孩子是否合格，首先看他能否遵守纪律。这个回答可能打发了美国佬，但说实话，打发不了我自己。因为我们一定有一些"独特"的方法手段来令学生服从纪律，那么这些方法是什么呢？这些抱有良好目的的方法手段中，到底有多少符合人道，又有多少不符合？这个问题整整缠绕着我三天。直到我看到一篇报道，说一所学校花了巨资引入一套电视监视系统，从此学校教风、学风、校风为之一振，尤其是学生纪律状况明显改观。我心中一动，原来，我们为了"摆平"纪律，监视是一种惯用的手段，果然有效。引进现代化设备，可以大大提高监视效率，也可以节省了人力资源。那为什么监视会有效控制纪律呢？

监视者一般都可能拥有如下逻辑：

1. 学生一般都不会自觉遵守纪律的，大多数学生不爱学习，而且相当一部分学生即使爱学习，其自控能力也不足以时时遵守纪律，更何况个别"害群之马"会有意破坏纪律以引起外界注意；

2. 只有在一种情况下可以有效控制纪律，那就是教师始终在场，在威严的教师的"弹压"之下，学生可以被迫遵守纪律；

3. 但是，教师不可能总在场，因此必须寻找到教师的"替代人"，使学生慑于"替代人"背后的教师的威严，从而被迫遵守纪律；

4. 最常用的"替代人"是班级小干部，他们获得了教师的信任，在教师不在场时，他们代表教师控制班级纪律，并将破坏纪律者的名单汇报给教师，小干部的在场犹如教师在场，一些富有经验又工作轻松的班主任往往能发挥小干部在班级管理中的作用；

5. 但这还不能被称为监视，如果班级中大多数孩子都以为教师或教师的

"替代人"不在场,而他们的一言一行却都可以被教师知晓,那么,教师此时为达到不在场而"知晓"一切的方法手段都可以被称为"监视"。在教师的工作计划上或工作汇报中,我们看不到的那些对控制纪律"行之有效"的方法手段,多数可列入"监视"的范畴,我们必须说,监视是有效的。

但是,我又必须十分厌恶地说,监视是卑鄙的。从卑鄙的程度上说,较轻的一种是教师亲自监视,即无管理者在场时。在学生不知情时突然"悄悄"(或偷偷)地在教室后门的小窗户上出现了教师的眼睛,这双眼睛洞察自然状态中每个孩子的一切行为,可这双眼睛并不为捕捉孩子们的闪光点,而且,当这双眼睛消失后,一定会有学生受到惩罚,这些孩子是恐惧的,因为他实在猜不透自己的违纪行为怎么会败露的,教师是不会自述监视过程的,因为一切可以被预知的观察过程一定不是监视。

中度卑鄙的监视是运用现代化仪器,每个教室后面墙上装上了探头。探头在监狱中的存在是必需的,因为罪犯正在用他们的自由来抵偿他们的罪行。可是,学生呢?探头的卑鄙就在于它剥夺了孩子们的自由,有时越是冠冕堂皇的理由就越显其卑鄙,卑鄙不同于罪恶,卑鄙者总会为卑鄙找到理由。

最高程度的卑鄙是在班级中埋伏"小密探",他们混杂在所有人中间无法辨别,他们搜集别的同学的"劣迹",然后偷偷地汇报给教师,他们与摄像头一样都在充当教师那双神秘莫测的眼睛。为什么这种手法最卑鄙,有三个原因:一是学生可以用纸糊上后窗或砸坏电视探头来保护自己,却不能蒙上"密探"们的眼睛,因而这种卑鄙的监视最为恐怖;二是密探的眼睛永远不是教师自己的眼睛,"小密探"本身是孩子,他们用"情报"来向教师邀功,往往带上了主观因素,容易使无辜者受不白之冤;三是做过"小密探"打过小报告的孩子,其人格的堕落简直无法阻止,他们可能习惯于靠诋毁别人来达到自己的目的,他们可能将来成了"阴谋家",可能成为心灵阴暗的小人,要知道,中国传统专制制度下盛产小人!

对一所学校而言,纪律是保障。我们需要纪律,但如果我们不能光明正大地实现纪律,如果我们不能在纪律教育中培养学生的自觉自律,那么,学校将宁可不要纪律，也不要那些肮脏的监视。

近年来，一些学校实行"无师课堂"。我想"无师"并不是真的不要教师，而是要让教师在课堂上进一步放手，让学生自主管理和自主学习。对此，我举双手赞成！

任何的和谐氛围都源自于信任，信任应该成为学校和班级的一种文化，而监视会破坏这种文化。学校不需要各种颜色的"恐怖"。

周三 谁带的班为什么就像谁

我在学校工作时，一直有个困惑，孩子们刚入学时，我们进行平行编班，使一个年级的所有班级都是在一个水平上的，男女比例、学业成绩、家庭背景等都考虑进去了。两个平行班的师资配备也是一模一样的，"一套人马"教这两个班，可是要不了半个学期，两个班就开始显现出很大的不同，比如说，一个班很听话，守纪律，学习成绩也不错，另一个班却在各方面都很成问题，令人头疼不已。

对此现象，有一种解释是班主任的差异性导致班级的差异性，因为班主任的人格特质、价值观念、行为和思维方式都会对学生构成影响。经研究，班主任的管理行为与班级的发展走向高度相关。我注意到一项关于"教师人格特征对课堂管理方式的影响"的研究，作者是李兰芳，据她的归纳总结，课堂管理可分为四种类型，我们来看看这些类型与班级文化的关系。

1. **专制型**。这种类型教师，他们的课堂管理方式表现为：对学生时时严加监控，总是要求学生即刻、无条件地接受他的一切课堂命令。在他看来，表扬可能会宠坏学生，所以很少表扬学生。与此相对应，学生的课堂行为反应可能表现为屈服、厌恶、推卸责任、易怒不合作、行为不一致等。

2. **仁慈型**。具有这种人格特征的教师，他们的课堂管理方式表现为：常常表扬学生并愿意关心学生，课堂活动中，总是以自我为中心，把自己所谓的"爱"强加给学生，在整个课堂活动中始终处于领导者的位置。与此相对应，学生的课堂行为反应可能表现为低语依赖、缺乏创造性、屈从、被动接受教师的课堂信息（包括情感）等。

3. **放任型**。具有这种人格特征的教师，他们的课堂管理方式表现为：与学生交往时缺乏信心，很难做出决定，没有明确的课堂管理目标，既不鼓励也不表扬，既不参与学生的活动也不提供帮助与指导。与此相对应，学生的课堂行为反应可能表现为学习兴趣淡薄、推卸责任、易激怒、不合作，不知道应该做些什么。

4. **民主型**。具有这种人格特征的教师，他们的课堂管理方式表现为：能与学生共同制定课堂行为规则，愿意给学生以个别帮助、指导和援助，课堂教学目标明确，尽可能鼓励集体活动，对学生的课堂反应给予客观的评价。与此相对应，学生的课堂行为反应可能表现为学习兴趣浓厚，课堂练习效率较高，能独立承担任务，无论教师是否在课堂上，问题行为都很少。

显然，民主型是一种理想的课堂管理方式，这种管理方式能造就良好的课堂氛围。而那些倾向于采取民主型管理方式的教师，具备特定的人格特质。那倾向于民主型管理方式的教师有哪些人格特征？总结下来主要是这样几点：

1. **成熟的自我意识**。自我意识是指一个人对自己的身心状态及自己与环境关系的认识。它包括自我认知、自我体验和自我控制等维度。

2. **浓厚的职业兴趣**。对教育工作的浓厚兴趣使他们能创造性地完成教育工作，并成为他们进行有效课堂管理的动力。成熟的教师不但是一个具有广博兴趣的求知者，还是一个具有专业特长的兴趣专注者，更是一个兴趣效能性较高的课堂组织者。

3. **积极的情绪情感**。成熟的教师，一般对其所从事的职业怀有向往之情，对他的教育对象怀有喜爱之情，对他所教的学科怀有热爱之情。他的情感体验是稳定持久、积极向上的，情感强度是适度可控的。教师的积极的情感特征能有效提高课堂管理水平。

4. **坚强的意志**。成熟的教师，在意志的自觉性、性格的顽强性和自制性上都处于相对良好的状态。而这种良好的意志品质会使他在课堂管理活动中目标明确、行动果断、态度顽强、情感自制，他们能从简有效地进行课堂管理。

5. 良好的性格。成熟的教师一般具有活泼开朗、谦虚诚实、公正无私、独立平等等性格品质。这些性格品质是形成良好师生关系的基础，有利于教师组织富有成效的课堂管理活动。

好了，下面我们来捋一捋今天的内容，教师的人格特质会给班级打上深深的烙印，以至于我们经常说，谁带的班级就像谁。那是因为，教师的人格特质存在差异性，而教师的人格特质会影响到他的班级管理方式，进而影响了班级的文化。

周四 关键的少数引领大多数

昨天我们谈到教师给班级文化氛围带来的重大影响，其实孩子们在成长过程中，还会受到同伴影响，因为他们在一个班，朝夕相处，构成了高频度的互动关系，而且交往还颇有深度，至少要比与教师的交往更有深度，也更为真实。孩子们很少跟班主任说悄悄话，却可以与同伴分享秘密，有些事孩子们会对教师设防，往往班主任会是最后一个知道真相的人。

社会学家在研究中发现，一个群体，无论由儿童组成，还是由成年人组成，往往会基于某些关键因素发展出自身独有的特色，其中最重要的因素与团体内部的领袖、明星和孤僻者的那些人物有关。如果两个班级在能力、年龄、性别以及社会经济背景等诸多方面都所差无几的话，那么它们各自的团体特色在相当大程度上势必取决于团体内部的核心人物的影响力。

第一种人是"领袖人物"。也许他们并没有被教师任用为干部，可是他们依然能在班级中起到领袖作用。这是因为他们特别优秀，他们的智力和非智力水平都高于班级中的其他人，卓尔不凡的气质使他们成为"无冕之王"。班级中大多数人都会被他们的魅力折服或者望而生畏。

第二种人是"明星人物"。与领袖人物不同，他们的才能表现在运动、时尚、流行音乐等领域，他们富于幽默感、慷慨大方，很讲义气，在逢人落难时他们往往会挺身而出。

第三种人是"孤僻者"。他们过于内向，几乎没有朋友，他们常常遭到同学们的嘲弄和欺凌。为了取悦大家，他们甚至故意闹笑话。

这三种人都可能成为影响班级氛围的关键少数，那么，谁成为这关键的少数才最好呢？答案是品学兼优的孩子，教师应设法使品学兼优的孩子成为引领整个班级文化的"无冕之王"。但是，这些孩子太聪明了，以至于往往被其他孩子排挤而成不了领袖，甚至因为他们过于较真，他们总在向教师提问，有时候还"不合时宜"地提问，导致教师们也不一定很喜欢他们，于是，过于聪明的孩子倒是可能成为需要帮助的"孤僻者"。

有一些孩子的智商高于同龄人平均水平，如果测试下来能达到140的，你应该把他认定为需要特殊保护的对象。我们在教育教学过程中，往往会把时间和精力花在学习困难的学生身上，认为这才是公平的，因为我们在帮助弱者。可是，智商高的孩子也是特殊儿童，他们也要得到公平对待，甚至需要我们特殊的关爱。

站在高智商孩子的角度看，课堂上对学生们的学习要求显然偏低，而课堂纪律又不允许他们的注意力发生转移，这就像是吃饱了还被逼着吃一样令人心烦。为什么大部分天才到后来都没能成才，与他们的厌学有关。不要认为学不会的孩子会厌学，早早就学会的孩子也会厌学。

其实，班级里有个高智商的孩子，对教师的考验要远大于学习困难的学生。那是因为，那些天才学生是耐不得寂寞的，他们会挑战教师的权威，毫不顾忌地当众摧毁教师的自尊。因为，他们在某些领域，甚至在大多数领域都比你懂得更多更深，而他们偏偏只能在台下坐着被动地听讲，他们坐在台下无事可做，当然就要挑你的瑕疵，挑战你的权威了。在这些孩子面前，你越是想保住面子，就越是丢面子。

我们不要认为只有高中会出现学生比教师懂得多的情况，即使是在幼儿园和小学，天才儿童同样对权威人物构成了直接的威胁。如果我们不能调整自己的心态和角色，总是批评他们不尊重老师，自以为是，这丝毫不能解决问题，反而可能激化师生矛盾，导致影响到课堂氛围。

在天才面前，正确的态度是要与他们成为学习伙伴而不是竞争对手。我们要让他们成为我们的助教，一起来教别的孩子。为完成助教的任务，我们要帮助他们先学一点，多些一点，还要和你一起备备课。这么好的智力资源，为什么不用呢？而且，班里出了这么厉害的学生，这个学生是你的伙伴，这该多有面子啊！

智商高的孩子往往显示出不合群，一些聪明孩子很难与别的同学相处。我认为，如果我们把天才儿童看作是特殊孩子的话，那就要给他们特殊保护，要教育其他孩子与他们友好相处。试想，一个特别聪明的孩子在群体中多多少少是招人嫉恨的，所以要教育普通的孩子怎么向优秀孩子学习，而不是去诋毁和攻击。

你可能要说，聪明的孩子也要学会与人交往啊！是的，我同意，任何人都要与人交往的。但是没有必要要求聪明人与每个人都交朋友，交往是要花费时间和精力的。那些专注与某个领域，研究得很深入的人，看上去不太与人交往，实际上不是他们缺乏这方面的能力，而是不屑于与"俗人"交往浪费时间。情商这个概念流传很广，其实情商就是看一个人能否用理性控制情绪的能力。在这方面，智商高的人情商更高。那些成天与人交往，看上去很受欢迎的人，多半只是个"庸才"。所以，没有必要要求天才儿童按庸才的标准成长。

有些时候，整个班级充满正能量，有时候却充满逆反情绪。这在很大程度上取决于领袖人物和明星人物的个人倾向性和影响力。

这里，我要特别提醒大家的是，要发挥聪明孩子在形成班级良好的学习氛围中的领头作用，让他们成为关键的少数来引导大多数，小心他们变成"孤僻者"。

周五　校园欺凌不是洪水猛兽

近年来，校园欺凌案例不断出现在公众视野，诸如，不堪入耳的谩骂侮辱、手段暴力的撕扯打斗，发生在中小学生之间的暴力事件频繁被曝出，并引发舆论聚焦。仅2016年，媒体报道的具有一定社会影响的校园暴力事件就有近百起，其中以发生在未成年学生之间的暴力行为居多。2017年4月，由21世纪教育研究院发布的《中国教育发展报告（2016）》对校园欺凌现象进行了综合分析，分析指出，近年来，校园欺凌现象发生的地域范围十分广泛，覆盖了绝大多数省份，且城市农村均在其内，频次十分密集，绝对数量巨大。

为什么校园欺凌是个值得关注的大问题？那是因为"校园欺凌"对受害者的伤害也不可小视，受欺凌的学生通常在身体上和心灵上受到双重创伤，并且容易留下阴影长期难以平复。同时，欺凌不但对"受伤者"造成伤害外，而且对"欺凌者"和"旁观者"同样造成伤害。"欺凌者"由于长期欺负别人，内心得到极大满足，以自我为中心，对同学缺少同情心，而"旁观者"会因为帮不到受害者而感到内疚、不安，甚至惶恐。

校园欺凌行为的种类很多，主要包括叫受害者侮辱性绰号；指责受害者无用、侮辱其人格等；对受害者进行重复性的物理攻击；拳打脚踢、掌掴拍打、推撞绊倒、拉扯头发；使用管制刀具、棍棒等攻击受害者；干涉受害者的个人财产、教科书、衣裳等；传播关于受害者的消极谣言和闲话；恐吓、威迫受害者做他或她不想要做的，威胁受害者跟随命令；让受害者遭遇麻烦，或令受害者招致处分；中伤、讥讽、贬抑评论受害者的体貌、性取向、宗教、种族、收入水平、国籍、家人或其他；分派系结党：孤立、杯葛或排挤受害者；敲诈：强索金钱或物品；画侮辱画，写侮辱性的文字；网上欺凌，即在网志或论坛上发表具有人身攻击成分的言论。

我看到一些专家分析，称现在的学生个性过于张扬，而学校对学生的惩罚不够严厉，教师的权威性还不够大，是这些原因导致了校园欺凌。我认为这些分析都没有什么道理。难道个性张扬就会欺凌？民主的学校氛围就容易滋生欺凌？

我认为校园欺凌应该属于学生间交往中发生的问题，需要从教会孩子们如何交往着手，即学校应加强处理人际冲突技能的教育与训练。冲突是日常生活中的正常组成部分，也是课堂生活的一个部分。我们不能谈冲突就色变，冲突也有正面的价值，因为人们可以通过冲突更好地理解他人，也更真实地了解了自我。如果教师不教会学生如何有效处理冲突，那么孩子们就可能发生退缩、挑衅和欺凌行为。不具备处理冲突技能的人，即使是成年人，也很少通过协商的方法来从根本上解决问题。美国的大卫·约翰逊和罗杰·约翰逊教授，开发了一套教授帮助双方解决冲突的方法，力争实现的两大目标：（1）达到他或她的目标；（2）就长远和短期而言，都要与对手保持良好的工作关系。约翰逊建议，可以使用下面这些步骤来解决冲突利益问题。

1. **直面对手**。通过表达自己对冲突的看法以及自己对冲突有什么感觉来直接面对冲突的对方，与此同时，也要求对方做同样的事情。

2. **共同界定冲突**。应该以所有当事人都能接受的方式来界定冲突问题。对冲突的界定要达成共识需要遵循三条原则：（1）对不喜欢的行为进行描述——不是贴标签、谴责或侮辱对方；（2）把冲突界定为共同解决的问题；（3）尽可能以最具体最精确的方式界定冲突。对冲突进行一般的和模糊的界定，从本质上讲很难解决问题。

3. **将心比心**。要教会孩子们站在对方的角度看看有什么体会。对冲突利益进行协商的一般原则是，首先理解双方有什么样的分歧，然后再尝试把两方面的意见融合起来。解决冲突的质量取决于相互理解的个人感受、个人意见和需要。

4. **交流合作意图**。表达自己的意愿是为了合作，而不是为了争一个输赢。

5. **采纳对方的观点**。通常冲突的发生源于对对方行为背后的动机缺乏理解，而协商成功的希望就在于对对方感情的理解。其实，相互进行争论，有时候会有助于争论者理解另一方的观点，并使协商变得容易。

6. **把动机调整到真诚协商上来**。在解决冲突时，双方通常存在着尖锐的利益分歧。如果要想冲突得到解决，需要激励所有的参与者去寻求成功的解决办法。

7. **达成双方都有责任接受并执行的协议**。协议应该具体阐明双方在以后的行为要发生怎样的改变，如果冲突再次出现，以后的问题应该怎样解决。

　　我认为学校向学生传授基本的冲突解决策略是很有意义的事，我们应该关注校园欺凌现象，但是不要轻易对校园欺凌"上纲上线"，以为那是洪水猛兽。如果我们能注重对学生进行处理冲突技能的训练，校园和课堂的氛围应该能发生更为积极的改变。

一周总结

　　本周我们讨论文化氛围对于学习的影响。学校和班级文化很重要，如果没有文化的支持，教育变革就不可能真正发生。课堂中的监视对班级文化构成很大的伤害，信任缺失会导致很多人际问题。而后我们谈到班主任在建设班级文化方面的重要性，谈到班级里如何发挥关键少数的引领作用。最后我们谈到校园欺凌和如何处理冲突。

　　周一，我们主要谈了文化氛围问题，学校和班级应确立"以学生为本"的思想，但是这里的学生是指每一个，而且要以他们的权利为本。

　　周二，我们谈到监视这种手段虽然能帮助教师控制班级，但是却破坏了信任，导致积极和谐文化无法建立起来。

　　周三，我们探究了一个问题，为什么班级风格会像班主任？那是因为教师的人格特质会给班级打上深深的烙印，而教师的人格特质存在差异性。教师的人格特质会影响到班级管理方式，进而影响了班级的文化。

　　周四，我们研究了学生中的三种人：领袖人物、明星人物、孤僻者。影响班级文化氛围的总是"关键的少数"，我们应该让品学兼优的孩子引导班级文化，而他们有明显的缺点，要防止他们变成孤僻者。

　　周五，我们研究了校园欺凌，因为欺凌行为极大地破坏学校、班级的学习氛围。但是也不必夸大欺凌的危害性，如果我们能向学生传授处理冲突的技能，情况应该不会那么糟糕。

　　从下周开始，我们要走出课堂了，来探讨一下与家长和与同事的关系问题。

第十七周　家校合育

周一　家庭教育未必那么重要

在与班主任老师聊天过程中，经常可以听到一句话：家长一点儿都不配合学校。细细想来，这话不很公允，家长作为"纳税人"，是我们的"衣食父母"，将教育孩子的事委托给了专业机构和专门机构——学校。家长就如同是消费者，孩子是我们特殊的服务对象，学校要办让人民满意的教育，就不能轻易指责家长不配合。我也听到一些对家长带有歧视意味的指责，比如我们对进城务工人员子女就有很多的抱怨，说他们家庭教育很成问题，学生在区里的统测中成绩垫底，而且行为规范很差，缺乏教养，等等，反正没有几句好话。

我想我们首先要端正教育观念。每个孩子都有很大的发展潜力，无论孩子们的父母从事什么工作，无论他们出生在哪里，无论他们目前的处境如何，他们都应该接受良好的教育。我认为，一些专收外来务工子女入学的学校相比其他学校更有价值，因为这些学校更有机会彰显公平教育的力量。教育，尤其是公办教育，其根本目的就是要消除人与人、阶层与阶层之间的差距的。

不过，我们也不要回避一个现实，就是这些孩子不好教。我想，用专业眼光来看待不好教的原因，如果做理性分析的话，可以总结为这样几条：

1. 与环境优越的孩子相比，社会经济背景较差的孩子，往往不够自信，自尊感比较弱，这会让他们更容易丧失进取心。

2. 环境优越的家庭，对子女的教育内容和方式，与学校更相似，而社会经济背景差的家庭，价值观念和行为标准与学校的主张差距较大，这使得外来务工家庭的孩子们在适应学校生活时，面临更大的困难。我们经常批评一些孩子不注意卫生，教养也不够，可是在他们的处境下，他们关注点更多的是在生计问题上，那些对有闲阶级有用的习惯和礼节，对贫困阶层完全无用或基本无用。那些在恶劣环境里求生存所必需的价值观念和行为标准，在学校里却遭到歧视，甚至严格禁止，这对贫困阶层是不公平的。而且，这种不公平的对待，是对孩子们的二次伤害，导致孩子们更自卑。自卑是最终使他们放弃进取的根源，也是他们对抗现有的教育制度的根源。家长和孩子们感觉到学校和教师向他们传授的行为标准是无用的，也是虚伪的，这显然降低了学校的吸引力，导致辍学或隐性辍学。

3. 家境优越的孩子比家庭条件较差的孩子更能延迟满足，从而获得更大的成就。所谓延迟满足是指个体有能力推迟眼下的快乐，以便将来更充分地享受快乐。研究发现，推延满足感和学习上取得成就是密不可分的，这在著名的"棉花糖实验"中得到了充分的验证。而之所以社会经济背景差的孩子更不愿意延迟满足，这与他们的贫困状况有关，也与他们对未来的不确定性的恐慌情绪有关。家庭条件良好的孩子显然比外来务工子女更从容，显然与他们有更强的安全感有关。

此外，家庭文化差异也使得农村来的孩子与城市里的孩子差异显著，总体来说，城市文化是"陌生人"的文化，这种文化很注重规则意识，而乡村文化是熟人文化，公德心要略逊些。我这里无意比较这两种文化的优劣，我只是说我国城乡二元结构长期存在，事实上导致了文化的隔阂，也导致了对乡村里来的孩子们的文化偏见，加剧了乡村孩子对城市学校和教师的抗拒。

我们想象一下，家庭社会经济和文化差异条件下，农村的孩子要是能迅速适应城区学校的文化环境，并且顺利地接受学校给予他们的价值观念和行为标准，那是不是这些孩子就得背叛自己的家庭文化背景？更为重要的是，如果不得不背叛自己赖以获得存在感和安全感的文化背景，是不是逼迫这些孩子们成为"两面人"？

城区学校和教师抱着自己的文化优越感拼命教化这些外来务工家庭的孩子们，是不是过于霸道了呢？如果我们无视家庭社会经济文化背景，而直接将我们的价值观念和行为标准灌输给孩子们，是无礼的，那就是对孩子们的二次伤害。从人道的角度看，我们真正要做的就是放弃"自以为是"的姿态，与每一个不同来历的孩子们及其家庭进行对话，站在他们的角度上再来审视目前的教育，让我们的教育真正能帮到他们。否则，我们这些"既得利益者"就是一群傲慢的人，而傲慢从来不是教育者应有的姿态。

除了外来务工人员子女容易受歧视，离异家庭子女也受到一定程度的非议。

首先我不认为离异家庭子女有什么问题。我们一直有个错误的观念，以为父母双全的孩子最幸福，其实未必是这样。没有证据表明父母离异会对孩子构成心理上的伤害，也许生活在无爱的家庭里，那些孩子才是值得去关爱的。有研究认为，离异对孩子造成的伤害远不如离异前父母的冷战或热战。而即使经历了家庭的不幸，如果孩子有强大的心理调适能力，他们的处境也没有想象中的那么糟糕。更何况，痛苦的经历对一些孩子的成长是有利的，我们不能低估人的自我修复能力。真正需要同情和关心的是那些也许受轻微伤害，却无力做自我调适的孩子。

一些孩子的人格特质特别容易导致"低自尊"。如一些孩子是内控型人格，还有一些是外控型人格，前者认为自己能掌控命运，相信自己只要努力就能改变，而后者则认为环境过于复杂，是环境造成自身的问题，他们比内控型的孩子更自卑。显然，那些外控型人格特质的孩子更需要同情和关心，至于父母离异，只是导致心理问题的诱因。

所以，父母离异本身并不是问题，孩子有没有受伤害才是问题。因此，我们要了解孩子们的处境，他们的社会生活和家庭生活中有没有严重的令他们伤心的理由。更为重要的是，教师一定要了解每个学生的特质，因为一些孩子比另一些孩子更容易被伤害，他们格外需要同情与支持。

最近我一直在推介一本刷新固有观念的好书《教养的迷思》，作者是茱蒂·哈里斯。这是本非常有趣的书，作者以科学的研究态度，将一个大家都认为理所当然的事拆开来看，看它的基本假设是不是成立。作者认为，对孩子成长真正起决定作用的不是家庭的教养，而是孩子们与什么样的同伴在一起。

家庭教育也许没有想象的那么重要，而学校似乎应该承担起更大的责任。

周二　与家长结成教育共同体

几乎每一所稍具规模的学校都会成立家长学校，都会在校门或学校的醒目位置挂上"家长学校"的牌子，而家长学校的学员自然就是本校学生的家长了。谁来当家长学校的老师呢？我想应该由有资质的家庭教育专家来授课，而不应该由学校一般教师兼任。教师可能懂学科教学，可未必懂家庭教育，他们懂正规教育，却未必懂非正式教育。反正现在也没有人较真，那些被冠名为"家长学校"的学校是不是具有培训家长的专业力量？是不是可能因为不够专业反而误导家长呢？

我认为，学校其实并不具备教育家长的资质，学校只能在教育孩子方面与家长达成若干共识，从而与家长成为共同体，我们其实做不了更多。我们可以与家长在哪些方面达成共识？我的建议如下：

1. **在教育目标上，将培养"温暖的孩子"作为家庭教育的核心**。对家庭教育来说，那些标准化考试考不出来的素质才是真正重要的。而要想培养亲社会的"温暖的孩子"，先要塑造出滋养亲社会行为的温暖环境。家长和学校共同的努力就是要持续关注孩子的良好行为，要多赞扬、欣赏孩子。之前我们学习过强化理论，知道一条科学原理，人类并非遇事先缜密思考、精心谋划之后，再采取行动的。越来越多证据证明，儿童的习惯养成是在行为后果中不断学习的结果。比如，爱打人的孩子并不是天生喜欢打人的感觉，而是偶然发现击打能够赢得父母的关注，这种兴趣是在责怪中强化的。避免养出"暴力小孩"最好的办法是减少对"暴力行为"的过度反应。

2. 在教育的原则上，将公平公正放第一位。经常有人问起，生二孩好还是一个好？有人批评独生子女政策，举出很多独生子女的问题，比如说比较自我，娇生惯养，吃不起苦之类的，这其实不是独生子女独有的问题，而是物质条件丰富、时代进步带来的变化。以前皇帝家生几十个呢，难道他们就不自我？不娇生惯养？所以，没有严肃的研究证据表明独生子女比有兄弟姐妹的孩子更不好教。如果我们感觉现在的孩子更不好教，是因为他们的生活条件更优越了，当然不如以前的孩子那么能吃苦，尤其不愿意吃那些莫名其妙的苦。我认为这恰恰是时代进步的结果。现在的孩子更主张自己的权利，教师就不能再"为所欲为"，自然就会感觉他们不好教了，可那就是进步呀！

我倒是担心普遍生二孩后，会产生诸多原来未遇到的问题。比如对孩子期望值下降而导致的问题。独生子女条件下，家庭成员对孩子始终保持高期望，而高期望是学业获得成功的主要因素。可是，二孩之后，家长的注意力不再集中到一个孩子身上，容易对学业较弱的那个孩子采取放任的态度，这种态度对孩子的成长是不利的。

我认为尤其要提防由家庭中对两个孩子不公正而导致孩子的心理严重失衡现象。严重心理失衡的孩子信奉"争强斗狠"，他们对他人的权利和利益反应冷淡。他们的人际关系问题严重，他们很难理解他人和理解这个世界，因而他们不断地领受失败的痛苦。这些孩子到后来往往加入一个小团体，以反抗社会和道德规范。仔细推究起来，心理严重失衡的孩子其实是环境的牺牲品，而他成长的环境一定是不公正的。至少在家庭里，父母对二孩中的一个格外偏爱，对两个孩子都是有害的。

3. 在教育内容上，不要过早地向孩子灌输成年人的"成功"理念，而将孩子引向激烈的竞争。竞争激烈的环境反而会对孩子的学习和成长造成损害。有证据显示，一个充满爱且没有竞争的学习环境更利于孩子的自我发展。过于强调竞争的环境会让孩子产生抑郁和愤怒的情绪，并因自尊心受伤而学习动力不足。

家长们也不必担心缺乏成功欲望的驱动和竞争的热情，孩子会失去学习动力。美国的教学实验发现，在宽松的学习环境里，只要孩子掌握学会选择和自主学习两项能力，就能学得更好。

4. 在教育手段上，我们要减少对孩子的强迫。 家庭和学校里存在很多强迫行为，这一点对儿童学习和社交能力的养成伤害极大。强制的形式包括责打、呵斥、讥讽、嘲笑、漠视、嫌恶，以及唠叨。如果教师总是采取强制措施，孩子将学不到更高级的能力，比如互相体谅、抑制冲动或者以幽默的方式缓和冲突。研究证据显示，大量的强迫会给孩子带来诸多的成长问题，比如，逆反心理、强迫他人、反社会人格，等等。

5. 在教育方法上，要做到这样几条。 第一，不要吼孩子。发现孩子做的"不对"时别急着纠正，要先顺着他的想法再加以正面的引导。成年人总是从自己的视角出发，忽略了儿童的视角，从而过高估计了孩子的理解能力和行为能力。要尝试给孩子多种选择。比如，我们可以轻柔地问他"你希望看完电视去做作业还是现在就去？"这要比命令他"你给我做作业"有效得多。第二，不给孩子"洗脑"。所谓洗脑就是指用外部压力将特殊的思想灌输给他人，父母用成年人压倒性的力量和权威对孩子进行洗脑，把儿童塑造为驯顺听话的人，这就是给他们洗脑。洗脑会使孩子的人格逐渐遭到摧毁，他们渐渐地会失去自信，直到被掌控，丧失自主判断力，用不符合本性的方式思考、做决定和行事。洗脑是一种人格腐蚀的恶劣方式。

家庭与学校应该成为教育孩子的共同体，而成为共同体，对教育孩子的一些重大问题上达成共识是一个前提条件。

周三　如何让家长变得好说话

班主任私下里交流经验时经常会说到一个词——刁民，教师们往往把那些老喜欢挑学校刺抓老师毛病的家长称为刁民。济南一所小学暑期大修，粉刷了大楼和每间教室。9月1日开学前学校专门请了专业机构做了环保检测，结论是合格。可开学第一天，就有一个班的家长集体不送孩子上学，硬是说闻到了墙面漆的气味，希望学校采取措施。学校说，环保检测已经通过了呀，对健康没有问题。家长说，环保检测都是你们一伙的，就是不让步，一直僵持了一周时间。校长摇着头说："这些家长真不好说话！"

什么是"刁民"，百度里说，"刁民是充分运用现有法律法规争取和保护自身利益的人"。"刁民"追求的是利益最大化，这种利益包括经济利益也包括政治利益。这么一说，似乎解决刁民问题的最好办法就是"以利动其心"。

但是，我不这么认为。我问校长，全校各个班都刷了墙面漆，为什么唯独这个班的家长要闹呢？校长若有所思，"唉，这个班主任确实有点……"她没有再说下去，但意思已经很清楚了，家长因为不喜欢这个老师，所以要刁难刁难，最好把动静搞大一点，校方能把班主任换掉。

那么，这位班主任问题出在哪里呢？我没有问下去，但我在心理猜想，可能是班主任在家长的情感账户里余额不足了。

什么是情感账户？情感账户，是人际关系的一种比喻，这个账户里存的是信任、价值、情感。情商中所谓的"人际关系处理"，本质上就是在情感账户里存款和取款的行为。如果班主任在家长的情感账户里余额不足，当然就会招来家长的反感。

班主任平时就要把每一次与家长的人际交往，都看成是在情感账户内存款的一个机会。怎么存钱？多帮助家长呀！多主动与家长联系呀！嘴巴甜一点多夸夸人别老是指责家长呀！多给家长的微信朋友圈点点赞呀！孩子遇到问题，多给家长出出主意呀！休息日找家长喝喝茶聊聊天呀！反正办法多了去了。

除了往情感账户里多存钱，还有就是少取钱。不要有事没事找家长帮你的忙，你不存钱，却要透支别人的钱，欠别人的总要还的。

情感账户里有余额，一旦有紧要事，大家就会帮着你，不会看你的笑话。另外，还有一些小建议：

1. **平时要多征求家长意见。**班级事务要让家长多参与，参与有什么好处？

参与最大的好处就是，之前你听过他们的意见了，他们就不好意思再反对了，就更容易站在你这边了。

2. 在家长中发展核心成员。 开学第一天全班孩子都不来上学，这名班主任竟然事先浑然不觉，就说明 50 个家长中没有一个是她的朋友，没有一个人向她通风报信，这也太匪夷所思了吧！可见她平时连一个可以真心交往的家长都没有。

3. 将家长组织起来并承担责任。 要组织家委会，家委会中还要设工作小组，比如设个学生"健康关怀小组"，环保测评这样的事，事先就要让这个小组的家长提前介入。像环保测评这样敏感的事，越是让家长去做，就越有说服力。

4. 告诉所有家长你在做一件了不起的大事。 比如，刚接班你就告诉家长，你一定要把每个孩子培养成"温暖的孩子"，然后说出你的一套做法。这么做的最大的好处就是使其他事与这件重要的事相比较显得无关紧要，与了不起的大事先比，墙面漆的事简直可以忽略不计。

5. 重要的事情在适宜的环境里提。 如果估计到家长有可能会在墙面漆这件事情上闹别扭，事先就要开家长会给家长做解释。家长会的地点最好优雅而舒适，尤其是夏天，教室里没有空调，很有可能使大家情绪更容易激动。

科学家发现，物理环境可以影响人们的行为。比如，在棒球比赛中，如果当天的气温超过 32℃，那么投球手就更有可能故意将球扔向对方接球手脸上。相比于气温低于 21℃ 的比赛，这种行为的出现频率高出了整整一倍，这个现象说明了酷热天气会引发人们的攻击情绪。无独有偶，在另一项研究中研究人员也发现，当气温升高的时候，城市中的攻击性犯罪增长率要远超过非攻击性犯罪的增长率。

6. 请有面子的人做调停。 中国人特别讲面子，面子分两类：一类是人的道德，称为"道德脸面"；一类是人在社会中的身份、能力，称为"社会脸面"。我们可以请学校里年龄最大的老师出面做调解工作，因为老人在中国代表着"道德脸面"，看在老人的面子上，人们容易让步。还可以请地位高的人来调停，比如作家和书法家之类的，我说的地位不是官位，因为官员一旦出场可能情况更糟糕，那是因为真正的地位是人们心中的，而不是级别上的。如果教师与家长在平时就能称兄道弟，姐姐妹妹的，那就有面子了，到关键时刻别人也会照顾你面子的。

好了，说到这里，大家可能说，你这不是搞庸俗人际关系吗？不，这不是庸俗人际关系，而是顺乎人性，只有顺乎人性，才能走得更远更顺畅。否则，家长怎么会好说话呢？

周四　班主任最重要的成年礼

马拉松赛是一项著名的长跑比赛项目，这个比赛项目的起源于公元前490年9月12日，当时发生的一场战役，是波斯人和雅典人在离雅典不远的马拉松海边打了一仗，史称希波战争，雅典人最终获得了反侵略的胜利。为了让人民尽快知道胜利的喜讯，统帅米勒狄派一个叫菲迪皮茨的士兵回去报信。菲迪皮茨是个有名的"飞毛腿"，为了让家乡人早知道好消息，他一个劲地快跑，当他跑到雅典时，已上气不接下气，激动地喊道："欢……乐吧，雅典人，我们……胜利了。"说完，就倒在地上死了。

想必大家都很熟悉这个故事了，我今天讲这个故事不是要谈体育运动，我要讲传递消息的问题。请问，在众人面前你是更愿意传递好消息还是坏消息？我想肯定是前者，就像菲迪皮茨，虽然倒地而死，可是他一定感觉很光荣，因为他是在传递激动人心的好消息。我估计，要是统帅米勒狄让他回雅典报告失败的消息，恐怕就不会跑那么快了，也许就不会死。

作为班主任，怎么把坏消息带给家长呢？比如，某位同学考试成绩很差，学校决定让他留级，派你去通知家长，你该怎么做？我们把这种情境下与家长的对话称为"关键对话"。

关键对话与普通对话相比有三个特征：

1. 对话双方的观点有很大差异。比如，学校觉得孩子很差，而家长觉得自己的孩子很不错。观点的差异性越大，越是需要做关键性谈话。

2. 对话存在很高的风险。比如，因为你带给别人坏消息，你面临的风险还是挺大的，说不定主帅听到坏消息一怒之下把送坏消息的信使给宰了。

3. 对话双方的情绪非常激烈，双方都不妥协，陷入僵局。

为什么关键对话很难以处理？因为你传递的消息让对方感觉到危险，人在感觉危险时，身体就会分泌肾上腺素，大脑会把血液输送到四肢，就会迅速做好战斗或者逃跑的准备，也就是说，这个时候我们的大脑是供血不足的，会严重影响到我们理性思考。

那，这种情况下，你该怎么做呢？以下有几条建议：

1. 明确对话的目的。你要不断提醒自己，你的目的是将留级的消息带给他，而不是来跟家长吵架甚至打架。即使你受到对方口头攻击，也要克制，你的工作只是传递消息。你可以反复把这条消息再说上五遍，可也一次都不要与家长辩论。

2. 营造安全的对话氛围。一般我们会认为，想要别人接受你的想法，首先道理要硬，逻辑一定要严密，让对方无法反驳。但这种观点是错误的，我们在对话中先考虑的应该是安全的对话气氛，其次才是对话的内容。所谓安全的对话氛围，就是让对方感受到这次对话你们是有共同目标的，是要解决问题的，而不是你输我赢的辩论。只有在安全的对话氛围中，人们才可以畅所欲言，达成共识。

如何重建安全的对话氛围？有这样三种方法可以尝试：抱歉、对比说明、创建共同目标。

第一步，抱歉。你可以这样说：孩子无法按常规升级，我们很抱歉，对已经造成的后果，我们也感觉很痛心。

第二步，用对比说明。我们学校认为应该接受一个现实，就是你的孩子学业水平没有达到要求，我们希望每个孩子都能正常升上去，让每个孩子按时毕业是我们共同的心愿，可是你想过没有，要是他不再复读一年的话，他在未来一年的学习中会有多辛苦。扎实地掌握知识比"连滚带爬"地升上去要更稳妥。

第三步，创建共同目的。校方和家长的目的是一致的，都是为了孩子更好地发展，我们一定会全面关注你的孩子，确保他能顺顺利利地学完这一年。

3. 从事实入手。在家长情绪化的时候，不管你在说什么，他们都会过度解读，所以你不要用形容词，只要用事实和数据就可以了。

4. 绝不用负面的和不确定的词。什么是负面的词？负面的词就是那些带"不"字的词，比如，"你不要那么激动！""这些话你不要对我说！""不留级是不行的！"哪些是不确定词？比如，"看看吧""再说吧""我们再讨论讨论"。说这些词的人更让人感觉到在逃避责任。不要给对方任何余地，消息要确定，道理要硬，逻辑一定要严密。

5. 不做善意的让步。千万不能说，"你这个情况真的很特殊，要不我再找领导说说"。单方面做出的善意的让步，不但不能软化对方的立场，相反，还有可能导致双方关系的僵化。

管理学中说，当一个管理者第一次把坏消息带给下属，这一刻是这名管理者的成年礼。

照这种说法，教师的成年礼可能就是把坏消息带给家长了。

周五　家庭与反社会人格障碍

2016 年 11 月 3 日凌晨，在日本东京中野区公寓，就读于日本东京法政大学的中国留学生江歌，被闺蜜前男友陈世峰用匕首杀害。江歌是替同住的女室友刘鑫挡住她的前男友而被杀的。据江歌的母亲介绍，"江歌脖颈处，身上多处刀伤，刀刀致命，惨不忍睹"。

江歌案引发了广泛关注，大家在道德层面上议论最多，各方观点交锋也很激烈，但是从心理层面上去还原、理解得不多。在我们大多数人看来，陈世峰的行为太匪夷所思了，被女朋友拒绝，何至于把女朋友的闺蜜杀害，而且下手还那么狠！这背后有什么心理方面的解释呢？有心理学家分析说："有些人处于自恋幻觉中，认为整个世界应该照他/她想象、要求来运转，他们想和哪个异性保持亲密关系，对方就应该如此。拒绝意味着戳破了他们的自恋幻觉，他们的世界崩塌了，于是陷入狂怒中。"

网上关于陈世峰的材料不是太多，我的判断是他有严重的人格障碍。人格障碍又称病态人格，是在儿童、青少年时期发展起来的人格缺陷和人格畸形。人格障碍与一般的心理问题不同，它的衡量标准一般是从社会的角度来考虑。人格障碍者本身没有极度的情绪痛苦，对自身危害远远低于对社会的危害。

我估计陈世峰的心理病属于"反社会人格"。美国心理学家克莱克利在大量临床经验的基础上，系统地阐述了反社会人格的 16 条明显的特征，我抽出几条来看是不是陈世峰的模样？

1. 外表迷人，具有中等或中等以上智力水平，初次相识给人很好的印象。

2. 没有通常被认为是精神病症状的非理性和其他表现。没有幻觉妄想和其他思维障碍。

3. 无后悔之心，也无羞耻之感。

4. 病态的自我中心，自私，心理发育不成熟，没有爱和依恋能力。

5. 麻木不仁，对重要事件的情感反应淡漠。

6. 缺乏真正的洞察力，意识不到自己问题的性质。

上述这些反社会人格特征简直就在刻画陈世峰。在这些特征中，最大的一点就是患者在做了大多数人通常会感到可耻和罪恶的事后，在情感上亦毫无反应。

我写这些，目的是希望教师能与家长一起，共同努力来防止孩子出现人格障碍。因为，反社会人格行为发展的因素有许多种，但最重要的因素都与家庭有关。许多心理学研究都表明，孩子被抛弃和受到忽视是反社会人格发展的首要原因。被抛弃和受忽视包括两种意义：

1. 父母对孩子冷淡，情感上保持远距离，这就不可能有发展人际之间的温顺、热情和亲密无间的关系。随后儿童虽然形式上学习到社会生活的某些要求，但"移情"能力却得不到应有的发展。所谓移情能力是指理解他人以及分担他人心情的能力，或从思想感情上把自己纳于他人的心境。

2. 指父母行为或父母对孩子的要求缺乏一致性。父母表现得朝三暮四，喜和恶、赏和罚没有定规和原则，使得孩子无所适从。由于经常缺乏可效法的榜样，儿童就不可能发展具有明确的自我同一性的感觉。所谓自我同一性就是指个体对自己的界定和认识，把自己作为同一个持续的个体。

反社会人格的矫正十分困难，帮助他们的最关键的一点，就是把他们放入一个积极向上的群体之中。反社会人格者在一个由先进成员所组成的青年友伴群里，可能会经常地向伙伴学习，取长补短，完善自我。下面我给大家提供两条具体建议：

1. 要了解童年生活经验所给予他们在心理上的影响。把反社会人格的孩子置身于一个新的温暖的集体环境里，使他们发现现实的周遭已不是那灰暗的家，使他们把自己从过去的家庭所给予的心理的影响中解放出来，努力改变他们早年在家庭中所养成的一套生活态度。

2. 要鼓励他们多参加社团活动和集体活动，使他们生活在人群中，把已经集中于他们自己的兴趣，转移于日常生活所接触的那些人们，使他们相信与人相处的能力可以因训练而改变。在训练中，要注意培养他们的责任心、羞耻感。要利用参加大型活动的机会向他们进行集体主义教育，增强他们的集体观念和荣誉感。例如，一年一度的校田径运动会，就是很好的机会，要注意挖掘反社会人格者的长处，动员他们参加。这样，既培养了他们的集体主义观念，增强了他们的荣誉感、责任心，而且使他们有机会在运动会上发扬团结友爱、互相帮助的精神，培养他们的同情心，帮助他们的情绪健康发展，培养丰富的感情。

在与家长的合作方面，可能重点不在于那些优秀孩子的家长。最能帮到家长的应该是问题学生的矫治，这些学生如果在童年、少年时代不能健康成长，那就有可能又是一个陈世峰。

一周总结

本周我们专题研究教师与家长之间的关系，这种关系是构成学生学习氛围的重要部分。我们了解到学校教育的重要性其实不亚于家庭，而教师要以专业来赢得家长对我们的尊重，至少在教育孩子问题上要比家长更专业。我们还学习了如何建立情感账户，使家长更愿意与我们站在一起；我们还讨论了如何将坏消息带给家长的一些技巧；我们进一步讨论了反社会人格障碍与家庭教育的关系。

周一，我们讨论了教师在与家长关系中的自我定位问题，作为教育服务者，我们要端正教育观念，每个孩子都有很大的发展潜力，无论孩子们的父母从事什么工作，无论他们出生在哪里，无论他们目前的处境如何，他们都应该接受良好的教育。而在教育方面，教师要发挥专业优势，从《教养的迷思》中我们了解到，家庭教育其实并没有想象的那么重要。学校和教师要承担起更大的责任来。

周二，我们讨论了学校其实并不具备教育家长的资质，学校只能在教育孩子方面达成若干共识，从而与家长结成共同体。我们可以与家长达成以下共识：在教育目标上，将培养"温暖的孩子"作为家庭教育的核心；在教育的原则上，将公平公正放第一位；在教育内容上，不要过早地向孩子灌输成年人的"成功"理念，并将孩子引向激烈的竞争；在教育手段上，我们要减少对孩子的强迫；在教育方法上，不要吼孩子，也不给孩子"洗脑"。

周三，我们讨论了"情感账户"问题，这个账户里存的是信任，价值，情感。情商中所谓的"人际关系处理"，本质上就是在情感账户里存款和取款的行为。如果班主任在家长的情感账户里余额不足，教师的言行哪怕正确，也容易招来家长的反感。班主任平时就要把每一次与家长的人际交往，都看成是在情感账户内存款的一个机会；除了多存钱，还有就是少取钱。

周四，我们讨论了如何与家长做关键对话，以下有几条建议：明确对话的目的；营造安全的对话氛围；从事实入手；绝不用负面词和不确定词；不做善意的让步。教师的"成年礼"可能就是第一次把坏消息带给家长。

周五，在与家长的合作方面，可能重点应该放在问题学生的行为矫治方面。这方面最严峻的问题就是因家庭问题而引起的反社会人格障碍问题，这些孩子如果在童年、少年时代不能健康成长，那就有可能又是一个陈世峰。

下周我们讨论教师自身的发展，教师是学生学习环境的一个重要因素，教师要不断地发展自我，成为令孩子们敬重的人。

第十八周　个人发展

周一　你的幸福没别人什么事

不少教师抱怨收入偏低，如果与公务员相比较，得出这个结论，我同意，在职期间教师的收入确实没有达到公务员水平，政府有责任使教师收入依法达到或超过公务员水平。但是，如果与企业相比的话，要说教师的收入比企业职工低，我看未必，至少这个结论缺少证据支持，我可以举出相当多的企业，无论国企还是外企，员工们的收入是不如教师的。我们只能说有一些经营得不错的企业，员工的收入高于甚至远远高于教师。这些年华为经营得很不错，据说华为员工个人业绩好的话，年终奖可达百万。但是大部分企业员工的收入都不会很高，尤其是经济不景气的时期。就如前些年金融危机，全球经济遭遇寒冬，不少企业活不下去，日子很不好过，不仅是私有企业不好过，只要在严酷的市场中搏斗的企业，日子普遍都不好过。教师工作虽然收入不太高，可是收入稳定，安居乐业还是做得到的。我还没有见到过一个非常稳定的职业，从业人员毫无风险，却又能保持持久高收入的。

总之，收入永远是比上不如的，但是日子还得过下去。我对一些青年教师说，劳动力价格不是某个领导拍脑袋决定的，而是劳动力市场决定的。如果教师收入确实如我们所感觉的那么低的话，应该很少有人愿意再做老师，可是每年那么多大学毕业生挤破头来考教师编制，这说明什么呢？

有的老师问我，作为教师，我们的幸福应该在哪里？这个问题好像是在控诉教育行业剥夺了教师的幸福似的。我认为，如果这个问题成立的话，那么换一个行业的员工也能问，"医生的幸福在哪里""会计的工作在哪里""农民的幸福在哪里"……

我想没有一个行业会承诺从业者的幸福，因为幸福本来就是个人的事，如果你觉得当教师不幸福，那干哪一行你会觉得更幸福呢？如果有一个让人更幸福的行业，为什么你还在教育行业？你可以用脚投票的，而完全不必抱怨。研究发现，那些总在抱怨的员工，恰恰是最稳定的一群人，他们普遍缺乏追求幸福的勇气和能力。

我建议感觉不幸福的教师应该停下脚步，好好思考一下自己的人生幸福问题。这里我要给你推荐一本书，书名叫《真实的幸福》，作者是马丁·塞利格曼。塞利格曼在美国心理学界占有重要地位，他是积极心理学的创始人，是世界公认的"积极心理学之父"。1998 年，他以史上最高票当选美国心理协会主席。他的《真实的幸福》一书被译成多种语言，畅销全球 20 年，销量超过 200 万册。这是一本提升幸福感不可不读的心理学经典。

塞利格曼从心理学的角度提出了关于幸福的全新理念：当你的精神投入带来了生命的蓬勃和丰盈的时候，你才会觉得幸福。书中提出实现幸福人生应该具有五个元素：要有积极情绪、要投入、要有良好的人际关系、做的事要有意义和目的、要有成就感。从积极心理学的视角来看，那些人们以为与幸福密切相关的因素，其实与提升幸福感只有微弱的或几乎没有什么关系。比如，赚更多的钱；保持健康；尽量去接受教育；改变你的种族或搬到气候温暖的地方。这些因素全部加起来，也只占幸福的一小部分。

塞利格曼的这本书给我最大的启发在于，他提出了一些可以增进幸福感的自己可以控制的因素，其中最重要的就是感恩和宽恕。因为感恩和宽恕能改变人的记忆，使人更幸福。我想，身为老师，如果缺乏对周遭世界的感恩心，却老以为全世界都在与自己作对，又怎么会幸福呢？

一些教师感觉压力大，影响到幸福感。压力背后的原因是复杂的，新课程改革的推进，聘任制的实施，绩效工资的实施，职称评审和定岗定编的实行，对科研成果的过高要求，各种各样的检查，工作内容的机械烦琐，学生成绩排名和升学率的压力，学生家长的不理解、不支持等，都可能是导致教师压力的原因。但压力感也与一个人的抗压能力有关，个人能力、个人价值观、持续的学习、职业性格、职业兴趣等，都在很大程度上影响到人的压力感。

首先是教师的个人能力。一般而言，工作能力强的教师相比工作能力弱的教师，更能从工作中获得成功感，因而也更喜悦和更满足。如果你的工作能力与工作难度不匹配，能力弱而难度大，自然就会感觉到比别人更大的压力。

其次是性格问题。那些拥有正面性格特征的人，他们天生的快乐、讨人喜欢、肯施舍，化解压力的能力强，工作满意度会比较高；相反，那些总是被悲观和消极情绪主宰着的人，则压力容易累积起来，最终被压垮。

此外，个人价值观也与压力感相关。如果你的价值取向与学校所倡导的价值观一致，那么工作满意度就会高一些；还有就是你对工作抱有很大的个人兴趣，也会降低你的压力感。

总之，适度的压力并非是不合理的。而在我们无力改变这一现状的时候，那么唯一可以做的就是提高自己的抗压能力，去通过改变自身而更好地迎接挑战。

还有些教师说，为什么随着年龄的增长工作激情大不如前了呢？这个问题我想说三点：一是职业精神问题；二是职业倦怠问题；三是对美好事物的感受力问题。

先来说说职业精神问题。我们都是职业人，每个人都要谋生，都要通过某种方式来获取报酬。你与学校签署了聘用合同，你可以从学校得到相应的报酬。可是凭什么你能获得报酬？那是因为你用自己的劳动作为交换得来的。这就是说，我们这些人其实就是一个"劳动力商品"，我觉得认识到这一点很重要，这会让我们摆正自己的位置，也摆正自己的心态。也许你不需要有什么激情，好好工作，履行你的职责，对得起这份工作，这大约就叫作职业精神。如果你连起码的职业精神都不具备的话，那是不配当老师。

再来说说职业倦怠问题。即使你认识到自己是个职业人，愿意努力工作，可是工作时间长了难免会有些倦怠。刚走上工作岗位时，我们充满工作热情，有些梦想，不惧任何困难，可是时间却很容易把人的锐气磨平，有些教师甚至会陷入职业枯竭的危机之中，难以自拔。

什么是职业枯竭？职业枯竭是指人们对自己长期从事的职业产生一种疲倦感，这种疲倦感会引起了生理和心理两方面的问题。比如说，身体特别容易疲倦，在心理上压抑和在思考、感觉方面的不敏锐，在精神上因生活中缺少兴趣和意义，产生忧愁和悲观情绪，经常性的情绪低落，创造力衰竭，价值感降低，人性化淡漠并伴有攻击性行为，我们将这些情况称为职业枯竭。职业枯竭并非教师职业所独有，只是在教师行业中发生的比例较大。这一方面与教师的工作压力有关，另一方面与一些教师的情绪智力有关。情绪智力高的人，能接受自己的心理情绪反应，他们能宽容自己、善待自己，因此也就能了解自己的情绪，接受自己的情绪，控制自己的极端情绪。我认为，解放自己的只能是你自己。在工作场合，能把自己的情绪和工作本身分开，是职业素质高的一种表现。我想只要采用正确的策略和方法，就能从燃烧过的废墟上生出新的能量和精力来。

有个问题特别值得探讨：教师是不是各个职业中最容易倦怠的？我的答案是否定的。我们可以将所有的工作分为两大类的，一是"干活"，二是"做事"，显然，前者更容易导致倦怠。干活和做事的区别在哪里？区别在于"自主性"，有些工作没有什么自由度，做什么怎么做都给你规定得死死的，那叫"干活"，当然容易感觉到倦怠。而有些工作可以自主决定很多事务，那就是"做事"，则更容易焕发职业的活力。你说教师工作是"干活"的成分更多还是"做事"的成分更多？我不否认确实有不自由的地方，但是至少进入课堂怎么上课由教师来决定的！相比于其他绝大多数工作，教师似乎更为自由。

最后说说对美好事物的感受力问题。在信息化时代，资讯很发达，无论网站还是微信，每时每刻都在传递坏消息，每天都有危言耸听的可怕的消息，这会引发一些人的负面情绪，让人失去了品味美好事物的心境、愿望和能力。不过，平心而论，这个世界总体来说还是美好的。相比于世俗世界，学校还是美好的，在学校里，那些孩子们，他们非常非常的美好，他们有纯真的心灵、诚实的态度、自然的感情、善良的愿望，如果不能捕捉到那些美，那你就辜负了造化的赐予。

其实对美好事物的向往是人类本能，人的感官是天生美好事物的捕捉器，享有一切美好事物是人的天性。即使在丑恶与黑暗的年代里，人的内心世界依然天然地保持着对美好事物的期盼。不是缺乏美好的事物，也许缺乏的只是自我的心境和胸怀。

总之，教师的专业知识并不单一，教师工作并不是重复可怕的单调，要是你愿意，还是可以葆有激情的。

周二　用自己的专业赢得尊重

虽然孔子是万世之师表，但是孔子没有教师专业技术职称，也没有什么荣誉称号。据我所知，陶行知先生也没有职称，国民党政府也没有颁发什么荣誉状给他，但他们是真正的"人民教师"，人民心中的好教师。在传统社会里，教师从未被看成是一个专业，而是一个相当自由的职业，对他们没有什么培训和考核的要求，只要有知识和兴趣，任何人都可以开馆设学。教学是一种纯粹的个人行为，所以孔夫子或陶行知，既没有人评他专业技术职称，也不会有人考核他的工作业绩，给他们发绩效工资。

19世纪80年代到20世纪70年代，教师成为一个职业。在这个时期，要求教师达到一定的学历层次、知识结构、教学技能，并关注教师的权力、地位、利益、工作条件等方面的改善。

从20世纪70~80年代开始，教师专业发展问题成为欧美国家一个蓬勃发展的研究课题，"教师专业发展"这一概念才正式提出来，才开始将教育工作视作一种专门的职业，把教师视作一种从事教育教学工作的专业人员。1966年，联合国教科文组织在其一篇名为《关于教师地位的建议》的文献中写道："教育工作应被视为一种专业，这种专业要求教师经过严格且持续不断地发展，才能获得并维持相应的专业知识与技能，从而提供公共服务。"这是联合国文件中第一次对于教师的专业属性所进行的权威表述。

在《中华人民共和国职业分类大典》中，将我国各种各样的职业归并为八大类，教师属于"专业技术人员"一类；《中华人民共和国教师法》第三条也规定，"教师是履行教育教学职责的专业人员"，"学校应当提供条件来保证和促进教师的专业发展"；2012年2月10日，教育部下发"关于印发《幼儿园教师专业标准（试行）》《小学教师专业标准（试行）》和《中学教师专业标准（试行）》的通知"（教育部文件教师（〔2012〕1号）。以上这些文献和文件都支持教师成为一个专门的职业。

关于教师职业到底是不是专业，这是一个有争议的问题。反对将教师看作是专业人士的人坚持认为，教育工作所能得到的专业支持其实十分贫乏，在教育的学术界对一些基本问题尚且难以达成共识，教师事实上也缺乏专业所必需的自主权。但是，教师又必须是个"专业"，那是因为专业化实际上是作为一种改善教师地位和工作条件而提出的一项策略。于是，至少在教育的行业内，我们基本达成共识，就是将"专业发展"看作是一个动态的过程，即教师职业经由从"不专业"到"专业"的发展过程，教师是不断发展的人，教师是一个学习者，教师职业是"专业化"的职业，教师专业需要具备一定的知识理论体系、具有相应的道德伦理规范，需要一定的素质与技能。

既然教师职业的专业化是一个过程，那么在这个过程中，随着教师参与程度和主动性的不同，教师专业的成熟速度也一定有快有慢，那么，教师职业的专业特性的增长与达成，是否有阶段（或者台阶）呢？也就是说，有没有一些尺度来衡量教师专业发展的速度和程度呢？这里，我向大家推荐"关注阶段论"。这个理论是费朗斯·富勒与其助手在20世纪60年代初开始进行教师专业发展阶段的研究，根据教师所关注的问题的变化来确定教师的发展阶段，共分为以下四个阶段。

1. **教学前关注**（Pre－teaching Concerns），**即职前培养时期**。这个阶段，教师们还在学校学习，他们扮演着学生角色，却开始想象教师的角色。因为他们还没有亲身经历教育工作，根本没有什么教育经验，所以他们只关注自己。不仅如此，他们对于教他们的教师还抱有观察和评判的态度，他们往往瞧不起教他们的老师，甚至还带有敌意。

2. **早期生存关注**（Early Concerns about Survival），**即初次接触实际工作的实习阶段**。这个阶段，他们所关注的主要是自己的生存问题，即能否在学校的新环境中生存下来。所以他们关注的是班级的控制和学生的纪律问题，关注自己的教学内容是否精通和熟练，关注领导对自己的评价，关注学生、家长和同事的肯定、接纳等。在这个阶段，他们都表现出明显的焦虑与紧张，所以这一时期的压力是相当大的。

3. **教学情境关注**（Teaching Situations Concerns）。在这个阶段，他们虽然还在关心"生存阶段"的种种问题，但是逐渐开始关注教学的复杂性问题，他们会开始思考教学上的种种困难和问题，他们开始真正致力于自己能力的提升，他们较多关注教学所需的知识、能力与技巧，以及尽其所能地将其所学运用于教学情境之中。也就是说，在这个阶段，他们关注的是自己的教学表现，这与前两个阶段相比是个不小的进步，但他们仍然没有充分地关注学生的学习。

4. **关注学生**（Concerns about Students）。富勒将"关注学生"作为教师发展的最高级阶段，认为教师只有到达这个阶段，才在专业上获得了真正的提升。要做到关注学生其实非常的不易，虽然许多教师在前三个阶段就能表达出对学生的学习、品德乃至情绪需求的关注，但是却并不能真正地适应或满足学生的需要，往往要等到自己能适应教学的角色压力和负荷之后，才能真正地关怀学生或者关注自己对学生的影响以及自己与学生的关系等。

富勒的研究从一个侧面反映了教师专业发展过程中所呈现的规律，即在不同发展阶段，教师的关注点有所迁移与变化。这一研究成果得到了学术界的广泛认同，他的理论不仅为教师发展领域的研究开辟了先河，而且也为后继者的研究奠定了基础。我个人非常欣赏富勒的洞见，经常会引用他的关注理论来指导自己的发展。

不过，我更关注的是教师发展的最底层的能力，那就是思维力，我认为是思维力决定了一个老师是否能持续发展。如果一个人思维力弱，那么他就一定想不明白、说不清楚、学得慢。"想不明白"是说人在遇到选择时不知道自己真正想要什么；"说不清楚"是说无法在很短的时间内向别人介绍清楚自己和要做的事；"学得慢"是说，学习时只知道沿袭别人的观点和看法，不会以问题为导向，不会创造性解决实际困境。如果思维力不够，教师是无法获得专业发展的。

那如何才能提高思维力？思维力是一种技能，也是一套方法，是可以训练的。

首先，正确的思考方法是需要打破经验的藩篱的。别人的和自身的经验在大多数时间都是不靠谱的。其实经验是用过去的事实来验证今天的假设，这当然是不合时宜的。

其次，正确的思考方法是对事不对人的。对事不对人的核心在于对事，也就是对于事实要有大量的掌握、分析，才能得出正确的结论，不能被一些预设的立场所左右。

第三，正确的思考方法是面向未来的。只要运用科学的方法，无论是在茹毛饮血的原始时代，还是今天这个互联网、移动互联网如此发达的时代，都能预测未来。每个人今天的发展都是为了应对明天的可能。

总之，教师是从职业走向专业的，专业发展是有阶段的，而专业的可持续发展需要思维力，思维力的训练需要借助方法，这些方法就是科学的方法。

周三　手里有活才会心中不慌

一些教师认为，学校实施绩效工资，但是对绩效的评价却不公平，比如说，接了个很糟糕的班，那运气太差，怎么努力也赶不上那些基础好的班，这不就吃亏了吗？于是，美国的学校评估专家引入了"效能"这个概念来解决因为起点不公平而导致的不公平问题。什么是效能？用简单的话来讲，"输出"减去"输入"就是效能了，从学生的学业成绩上来看，将这次考试成绩减去上次的成绩，进步的幅度越大，说明效能越高。

可是，今天我要向大家介绍的是另外一个效能——"自我效能"（self-efficacy），是20世纪70年代美国著名的心理学家班杜拉首次提出的，他将自我效能界定为"个人对自己在特定的情境中是否有能力去完成某个行为的期望或完成某种结果所需行为的能力信念"。比如，我现在正在写书，我对我能写好这本书很有信心，那就是说我的自我效能感很强。

自我效能是一种对自己的主观评价，这种主观评价会影响一个人的努力程度，而且在自我的调节系统中起主要作用。教师的教学效能感有什么作用呢？研究者普遍认为，教师教学效能感能产生如下积极的作用。

1. **为教师自主发展提供内在动力。** 国外研究认为，教学效能感的高低与教师的教学行为表现和教学效果密切相关。教学效能感高的教师在面对问题时能够更加积极地面对问题，而且会随着教育情境的变化而有效解决问题。

2. **影响教师教学行为有效性。** 教师教学效能感高低的不同，会影响到教师对教学目标的分析，教学内容的选择，以及对教学情境的认知和对自身教学行为的调控。效能感高的教师倾向于运用民主的课堂管理方式，他们倾向于将教学结果与自己的努力建立关联，他们更关注学生的进步与成长。1977年，伯曼和麦克劳林（Berman & Mclaughlin）研究发现教师的自我效能感是决定教学效果好坏原因的最重要的一个变量；教师的教学效能感与学生的学习成绩之间存在显著的正相关。

3. **影响到教师的职业幸福感。** 研究发现，有些教师能够积极乐观地面对每天的教学，能够信心十足地处理教学中遇到的各种教学问题，这是因为他相信自己能够有效地控制教学中遇到的各种困难，能够很好地调整自己的心境和行为，不会在应对各种教育情境中表现出紧张、不安，甚至表现出身体上的不良反应和心理上的疾病。

既然教师的教学效能感如此重要，下一个问题是，哪些因素与效能感有关？我们应该如何提高效能感？研究认为，教师个人的专业技能及教师与他人的关系是与效能感高度相关的两个重要因素。

首先是教师个人的专业技能。在教师的个人专业技能方面，掌控课堂纪律的技能最为关键。如果教师无法控制课堂，孩子们都不听从指令，这对教师的自我效能感是个很大的损伤。一些教师为什么不太愿意在课堂上组织课堂讨论，往往是因为课堂讨论存在着潜在的混乱的风险。

除了课堂纪律的控制技能，还有就是课堂时间和节奏的把握，我们当老师的都有这个体会，一堂课从导入，到课堂活动，到最后收场，顺顺利利地走下来，会觉得心情特别的舒畅，如果对于上课时各个环节时间的把控掌握不够好，课堂流程走得磕磕碰碰的，感受就会很糟糕。

当然还有别的不少技能，比如说，设计教学问题情境的技能，组织学生进行合作学习的技能，组织学生进行研究性学习的技能，教学生学会学习的技能等，这些技能都影响到教师的效能感。

我始终认为，专业技能才是教师专业的根本。我们常说，手里有活心中不慌，说的就是自我效能感给人带来的良好感觉。

其次是教师的人际关系。这本书写到这里已经快接近尾声，整本书谈的就是围绕着学习而形成的各种关系。一个能与周围世界和谐相处的教师，比别的教师更能体会自我效能感，这一点是毋庸置疑的。

周四　游戏是时代伟大的馈赠

一个残酷的现实是，我们的课堂教学不得不与网络游戏争夺孩子们的注意力，而实际上学校和教师早已完败。所以我们才会对网络游戏围追阻截，甚至不惜将它妖魔化，以至于将网络游戏与无所事事、游手好闲挂上了钩，好像沉迷于网络游戏是玩物丧志，是在堕落，而为何酷爱桥牌和围棋却是如此的高尚？

我认为，"游戏化"是未来，人们将越来越习惯于游戏化的生活，当然也将习惯于游戏化的教学。接下来我们要讨论教师应如何适应游戏化生活以及学会游戏化教学，因为这似乎是未来的一个方向。

在第十周，我们讨论"王者荣耀"时已经探讨了游戏之所以令人痴迷的原因。一是目标具体明确，比如说愤怒的小鸟，我们的目标就是攻击绿皮猪；玩植物大战僵尸时我们的目标就是防止僵尸进到屋子里。二是必须遵守规则，每个游戏都有规则的，如果想赢，就得遵守规则，而且规则还不是很简单。因为如果根本不需要动脑子，大家可能就不愿意继续玩下去。游戏是需要动用我们的策略思维达到目标的。三是反馈系统，每当你完成一小部分的任务，游戏就会告诉你离最终的目标还有多远，你随时能看到自己的进度。

无论你愿意还是不愿意，我们已经进入游戏时代，倒逼我们的课堂教学要做出改变。我们得像设计一款游戏那样来设计一堂课。在国外发达国家，游戏化思维已经在教育界和商界得到了许多成功的尝试。有一些学校利用 RPG（角色扮演游戏）的形式来建立课程体系、设置教学内容，通过让学生接"任务"这种寓教于乐的方式吸引他们的注意力，而且获得了不错的成效。在一些著名的公司，也将游戏化思维应用于管理中，通过游戏化思维来为员工设置任务，大幅提升了员工工作的积极性和工作效率，从而提升了公司的效益。

最近我看到一本《游戏化思维》的书，对我们将游戏融入教学设计很有启发性，书中提出这样一些游戏设计原则：

1. **不作恶**。不作恶是设计游戏的基础，游戏的初衷是让人们把必须做的事情变得更有乐趣，效率并不是游戏的目的。游戏化是一种学习方式，它的目标是给人们带来真正意义上的乐趣和快乐。

2. **不要过分关注积分化奖励机制**。现在的游戏设计，高积分和高点数成为了最不重要的元素。在设计游戏的时候，设计师最容易犯的一个错误就是把积分、排行榜和徽章当作游戏本身，过分地关注积分化的奖励机制，而不注重游戏真正的核心。如果想让一个孩子在阅读方面表现更好，可以设置一些奖励，比如给钱、积分和勋章。一开始他们会进步很快，但是这个进步很快就会停滞，因为被奖励，阅读就从本身很有趣的一个事变成了一项为了获得回报的任务，乐趣就大大被降低了。游戏的根本元素是即时的反馈，游戏积分、排行榜、徽章都只是反馈的一种表现，而不是全部。

3. **给小组成员设计角色**。游戏研究员理查德·巴特尔把游戏用户分为四类，然后分别设计满足他们各自偏好的游戏元素。成就者，喜欢不断地升级和获得徽章；探险家，喜欢寻找新的内容；社交家，喜欢和朋友在线互动；杀手，喜欢对抗，喜欢 PK。如果在合作学习中把不同特点的人分为一组，按照各自的目标和需求设置游戏元素，一定很有意思。

4. **搭建评价系统**。盛大公司就用游戏化的方式在管理自己的员工。他们有一套双梯发展模式，"双梯"是指技术和管理这两把梯子，每个员工都可以自主选择发展方向。双梯模式有 1 到 100 个等级，每个等级都有一个对应的职级。他们的每个员工都像游戏里一样有一个经验值，员工平时的表现和业绩，都是通过经验值来表现的，员工要通过升级来实现自己加薪或是升职。岗位经验值就像游戏里的每日经验一样，只要不犯错误，时间到了经验值就会随着涨。经验值还和游戏里一样，越往后升得越慢，难度也越大，这样一来，每个人都清楚自己的等级，有能力的人也就不会觉得怀才不遇。盛大公司每个季度都会进行一次考核，让员工始终保持干劲。通过这套方法，盛大每年都会设立700 多个项目，而且全部完成。

教师要有点游戏精神，这是一种时代精神，是这个时代给予我们的伟大馈赠。

首先，游戏精神是一种自由的精神，这是游戏精神最本质的特征。这里的自由，首先表现为游戏者主观自愿的态度。荷兰学者胡伊青加指出："一切游戏都是一种自愿的活动，遵照命令的游戏已不再是游戏，它至多是对游戏的强制性模仿。"游戏者因为对游戏的喜爱而参加游戏，游戏完全是游戏者的一种内部需要，是其发自内心的渴望，任何一种外界因素都无法产生这种生命内在的要求。

其次，游戏精神也是一种创造精神。游戏虽然总是在一定的时间和空间中进行并受一定规则的约束，在形式上具有一定的封闭性，但它的内在精神却是开放的，充满了创新的品格。

自由和创造代表着这个时代的主调。我希望大家对游戏抱有一种更开放的态度，以配得上这个伟大的时代给予我们的馈赠。

周五　做碎片化的终身学习者

有些人反对碎片化学习，反对通过网络、电子书、微信来学习，认为这么学习心浮气躁，也很不系统，知识的结构化程度很差。其实，这是对碎片化学习的误解。碎片化学习是指利用碎片时间来学习，学习的内容可以是碎片化的，也可以是结构化的。利用碎片时间学习的最大好处是充分利用时间，马桶上、地铁上都能学习，在分割学习内容后，每个碎片的学习时间变得更可控，提高了学习者掌握学习时间的灵活度。在分割学习内容后，可以重点学习对自己更有帮助或启发的那部分内容，而对于一些无关紧要或已经熟知的知识可以忽略一下。由于单个碎片内容的学习时间较短，保障了学习兴趣，在学习成效上对于知识的吸收率会有所提升。所以，我本人就是碎片化学习的践行者，我几乎所有学习都是在旅途中完成的，而哪个旅途不"碎片"呢？

除了碎片时间可以学习，而且我还主张非正式的学习。

本周我们的专题是讲教师的个人成长。而教师的成长具有高度的个人生活史特性，你的个人生活史与你的专业发展息息相关。生活史不仅能促进自我反思，而且会激起自我成长的职业承诺与动力。个人生活史中某些"重要事件"能刺激新的行为与新认知的形成。这些重要事件的发生可能来自外在的社会事件，也可能是来自教师专业发展上关键阶段的经验。

长期以来，教师专业能力的提高主要是通过正式学习来完成的。正式学习发生于那些有组织和结构化的情景中（如正规教育、组织内部培训等），它是被设计的学习，通过学习会得到一个正式的认证（文凭、证书）。由于正式学习通常发生在有组织、结构化的环境下，其学习内容和过程由教育机构决定，所以学习的内容、途径和形式多是考虑教育部门和学校发展的需要，而未必是教师的需要。这种"培训式学习"因为远离教学实践而往往不能发挥教师学习的主动性和积极性，尤其对优秀教师来说，这种学习的效果不很理想。

与正式学习相反，非正式学习是由学习者自主产生的、自己控制的，是通过自我指导或非教学性质的社会交往来获取新知的学习活动。个体从日常经验、教育影响或者来自其周围环境资源来获得态度、价值、技能、知识等，这些资源包括家庭、邻居、同事和朋友，来自工作、娱乐、商店、图书馆或大众媒体。非正式学习最典型的特征是它不发文凭，它不以获得证书、文凭为目的，而以解决实践问题、提高能力和丰富知识为目的，但在许多情况下，它也是无意识的、偶发的或随机的。

为什么非正式学习甚至比正式学习还要重要？因为我们事实上所学到的东西，特别是那些真正重要的东西并不都来自于正规的课堂。有研究发现，教师的专业学习中大部分的收获来自于非正式学习而不是正式学习，是合作的而不是独立的。人们在工作中用到的知识有70%是来自于与同事非正式的交流获取的。

我们知道，教师职业所需要的各种专业知识中，大量的都是情景化的知识，这些知识很难归类和格式化，也无法通过正式学习进行传递。那些缄默知识的习得，主要依赖于教师在实践中的理解和领悟。而这正是属于非正式学习的领域。

我们讨论的非正式学习主要包括两类：一是独立学习；二是教师群体间交互的学习。属于独立学习的非正式学习方式主要有自我反思、阅读专业文献、上网搜集资料、阅读报纸杂志、收听或观看媒体节目、参观或观察学习等；属于群体间交互的非正式学习方式包括与同事（网络中的同事）交流探讨、向他人请教咨询、与学生交流、参与非正式团体组织的教学研究活动、互相观摩学习，阅读与工作相关的博客、朋友圈、公众号和到教育论坛上发帖、跟帖等。

我认为，非正式学习得以展开，最重要的一个条件就是人与人之间的信任关系。在学校中，教师之间的信任度不高，会影响非正式学习的发生和效果；此外，群体的学习氛围必须是开放的，只有在开放的氛围中人们才更愿意尝试和容忍冒险。

总之，随机学习是形散而神不散的，表面上看很松散，可实际上真正的学习正在发生。那些统一内容，统一进度，统一答案，甚至统一姿势的学习，虽然表面上是在学习，可只是表面而已，我们见过的形形色色的表面，难道还少吗？

一周总结

本周我们讨论教师自身的发展，教师的幸福是自己创造的，教师要在平凡的工作中寻找不平凡的价值。教师的发展本质上是作为一种专业的发展，手里有活心里才不会慌。在现时代，教师的专业性上要能顺应时代发展，将游戏化引入教学。在个人学习方式上，我主张"碎片化学习"和"非正式学习""随机学习"。

周一，我批评了向外求幸福的观念，幸福不是伸手要来的。马丁·塞利格曼《真实的幸福》一书中提出实现幸福人生应该具有五个元素，要有积极情绪、要投入、要有良好的人际关系、做的事要有意义和目的、要有成就感。当人生因精神的投入变得蓬勃、充满生机的时候，你就会感到幸福。

周二，我们学习了费朗斯·富勒与其助手提出的教师专业发展四阶段理论：教学前关注，即职前培养时期；早期生存关注，即初次接触实际工作的实习阶段；教学情境关注，即思考教学上的种种困难和问题；关注学生，即教师发展的最高级阶段。他的理论不仅为教师发展领域的研究开辟了先河，而且也为后继者的研究奠定了基础。不过，我更关注的是教师发展的最底层的能力，那就是思维力，我认为思维力决定了一个老师的持续发展。

周三，我们讨论了教师的自我效能感，要获得自我效能感就要提高个人的专业技能，手里一定要"有活"；另外，人际关系要好，包括师生关系、同事关系、与家长的关系。你正在读的这本书就是在写关系的。

周四，我们探讨了游戏化生活和游戏化学习，我们要去除对游戏的偏见，我希望大家对游戏抱有一种更开放的态度，以配得上这个伟大的时代所给予我们的馈赠。

周五，我主张碎片化学习，因为这种学习虽然是非正式的，却是终身学习最好的方式了。为什么非正式学习甚至比正式学习还要重要呢？因为我们事实上所学到的东西，特别是那些真正重要的东西并不是来自于正规的课堂，有研究发现，教师的专业学习中大多是非正式的而不是正式的，是合作的而不是独立的；人们在工作中用到的知识有70%是来自于与同事非正式的交流获取的。

下周我们就来研究同事关系，因为我们从同事那里学到的可能比书本上更多。

第十九周　同事关系

周一　做一个受人欢迎的好人

人类学家、进化心理学家罗宾·邓巴提出过著名的"邓巴数"理论：因为大脑的认知局限，每个人能维系的熟人关系的数量不超过 150 个。在人类早期社会，"邓巴数"就像一个魔咒，一旦某个社会组织的成员超过 150 人，那么这个组织就会自动发生分裂。之所以出现这个情况，是因为早期人类群居在一起，是个熟人社会，熟人社会是靠情感，一旦人多了之后，情感被分摊，凝聚力就会下降。

总体来说，与大多数行业相比，教师的流动性比较小，而且教育这个圈子也不大，学校也是小小的，几十号教职工，每天工作在一起，你的一举一动都会在大家的眼中，抬头不见低头见，你"无处可逃"。所以，学校其实就是一个典型的"熟人社会"，在一个熟人社会，如果你刚好是一个不受大家欢迎的人，可想而知，你的生命质量该降到多低啊！不过我这里要声明一下，受人欢迎并不意味着就要放弃原则而取悦他人，我们要让更多的人欢迎我们、喜爱我们，但是要以彼此"尊重"为基础，也许什么都可以失去，但是不能失去同事们对你的尊敬。

受人欢迎的人又被称为"人缘"好，有着受人欢迎的个性特征，别人乐于接受并与之交往的人，心理学上称为"人缘儿"。在佛教里有"因缘际会"之说，可能比较神秘，我想把一些关于"人缘"的研究结果与大家做个分享。

有研究表明，在团队内受人欢迎的人一般具有的特征：1. 他们平时将倾听看得比表达还重要；2. 他们尊重别人的隐私而显得很可靠；3. 他们不过分谦虚显得很实在；4. 他们犯错误时勇于承认及坦诚道歉；4. 他们不为自己的不当行为找借口；5. 他们不过分讨好别人；6. 他们珍惜自己和别人相处的时间。关于以上这些研究结论，我不多做解释了。下面我想谈谈自己的一些体会。

我认为要有好人缘，语言表达能力太重要了，或者说，好人缘是"说"出来的。因为人际交往不外乎言语和动作，一切的人情世故，一大半体现在说话当中，如果想有个好人缘，就要巧妙地驾驭和运用语言这个工具。与人沟通需要良好的语言表达能力，化解矛盾，消除隔阂，也得靠语言功夫。但是，不要认为练嘴皮子就能提高语言表达能力，关键是要练"心"，也就是心中有他人，要能在理解他人的基础上进行表达，你的表达才会受人欢迎。只有洞悉他人心里所想，能否了解和理解他人的情绪、感觉和愿望，能否理解并适应别人的情绪，根据人们的情绪来区别对待，这些都是你正确表达的基础。

那么，怎么才能更好地理解他人？我认为认真倾听是唯一的办法。一个以自我为中心的人总是安不下心来听别人说什么，他总是打断别人的话题而设法使自己成为话题的中心。

倾听是一种能力，因为一般人思考的速度是说话速度的 4 倍，这就使我们的大脑每分钟有 40 秒可以"分心"想其他事情，而不是听别人正在说什么，所以倾听说起来容易做到却很难。有效的倾听要求我们必须有开放而积极的态度，理解和认可他人，敏感并且专注。有效的倾听意味着你在心里或者在口头上在回应他人，意味着即使你并不同意他们的意见也会承认对方的意见与建议的价值，意味着你能尊重对方、包容对方。

倾听了才能理解，而在理解的基础上，你能不能有效地帮助别人呢？帮助别人不一定是物质上的帮助，简单的举手之劳或关怀的话语，就能让别人产生久久的激动。如果你能做到帮助曾经伤害过自己的人，不但能显示出你的博大胸怀，而且还有助于"化敌为友"，那你就是一个非常了不起的人了。

总体来说，大家都会普遍喜欢一些人，不论在什么场合，总是某些类型的人特别讨人喜欢，我说几个特点供大家讨论。

1. 好看。喜欢美好的事物本来是人的天性，美丽的人到处被人簇拥。美丽的外表、漂亮的穿着打扮能让人觉得赏心悦目，也是吸引人的重要条件。如果你认可这一条的话，那你就多花点时间把自己弄得干净些漂亮些。

2. 开朗。乐观态度，不自觉地就会感染到周围的人，大家不由自主地就去接近你。如果认同这一条，那么就不要整天"愁眉苦脸""苦大仇深"的样子。

3. 亲切。爱摆架子的人，人人看见都会敬而远之。你要是认同这一点，那就随和些吧，把你高贵的"头颅"放低些，再放低些。

4. 幽默。人人都喜爱逗人开心的人，那你就学习培养自己的幽默感。幽默感强的人都有一种说笑话的心理定式，好像他们随时准备说笑话让大家高兴，要培养自己一种态度，就是对你正在做的事情采取一种开玩笑的态度，哪怕这件事看上去比较严肃。

5. 热心。热心的人，在大家需要帮忙的时候，能挺身而出。你认同的话，那么就不要太计较个人的损失了，大度些。

总之，学校更像一个熟人社会，比一般的规模企业更注重人与人的情感，因此，教师应努力成为一个受人欢迎的好人。

周二　如混凝土般的同事关系

如果要给同事关系打个比方的话，最好的同事关系应该像是结实的混凝土。我在百度上搜索了一下关于混凝土的知识，我知道了混凝土的构成：水泥、粗骨料（碎石或卵石）、细骨料（沙）、外加剂和水拌和，混凝土就是这些材料经硬化而成的一种人造石材。沙、石在混凝土中起骨架作用，并抑制水泥的收缩；水泥和水形成水泥浆，包裹在粗细骨料表面并填充骨料间的空隙。水泥浆体在硬化前起润滑作用，使混凝土拌合物具有良好的工作性能，硬化后将骨料胶结在一起，形成坚强的整体。

优秀的教师团队就像是混凝土：每个成员各有所长，知识结构、年龄结构、男女结构、工作经验等都需按比例配置。在混凝土的形成过程中需要水，水起到一种融合的作用，那就是团队信任，正是信任构成了团队坚实的基础。

对教师群体来说，如果没有信任，每个人都还只是一个个独立的个体，这就如混凝土在成为混凝土之前，如果没有水，散沙还是散沙，何来混凝土？因此，教师团队内的每个成员都有责任创造一个相互信任的团队文化。如何才能创造这种文化呢？那就是给大家更多相互交流的机会，这在混凝土中就像是一个搅拌的过程。搅拌的方式可能包括培训、出游、讨论会、文艺活动等，无论组织什么样的活动，广泛参与是十分重要的。

我重点还是要讲讲信任感的问题，一个人要获得周围人的信任，需要做出长期的努力。

其一，你的人品要被大家接受，就是所谓的"做事之前先做人"。在所有"做人"的美德中，能赢得信任的最重要的品质就是情感能力。情感能力不是我们常说的"情商"，我们常听人说，那个人智商很高，但是情商不高。或者说，比智商更重要的，是情商。这些说法正确吗？这些说法听上去有些道理，但其实都不准确。

什么是智商？智商就是脑袋聪明不聪明。把智商持之以恒地用在数学领域，就是数学家；把智商持之以恒地用在科学领域，就是科学家；把智商用在与人打交道上，就是所谓的"情商"。所以情商只是智商的一个结果。但决定这个"结果"的，除了脑袋聪明不聪明，还要加上刻苦的"训练"，就如头脑聪明还成不了科学家，科学家也是训练出来的。

要提高情感能力的话，要训练什么呢？那就要训练"同理心"。什么叫同理心？就是你能不能从别人的感情出发、站在别人的角度看待问题。同理心是一种"元能力"，因为很多能力都是从这个"元能力"上演化出来的，比如管理能力、教学能力、演讲能力、销售能力等等。怎么训练？无非就是设法换位思考，闭上眼睛想："要是我的话，此刻是怎么想的呢？"总之，一个富有同理心的人更值得大家信任。

其二，你要向大家清晰明确地表达，表达你想要什么，你的愿望是什么。让大家清楚地知道你想要什么，可以减少由猜疑带来的不确定性。我们完全可以通过增加语言的清晰度和透明度，来增进大家对你的信任。那些心直口快的人更容易赢得信任，这个道理不能理解。

其三，要保持积极乐观的态度，要多多地赞扬他人，并将赞美作为自己一种的生活习惯，赞美本身是一种积极的力量。当大家都认为你是一个充满热情的人，是积极力量的源泉时，你会拥有大家的信任。因为，人们愿意被积极力量而不是消极力量吸引。

其四，要习惯与大家共享和互惠。不仅在利益上要与大家共享和互惠，在观点和立场上也要与大家共享和互惠。如果你在群体中想发表自己的观点，应先表达一下群体成员普遍支持的观点，这样人们才会更容易接受你后面的观点。你要让所有人认为你和他们在一起，而不是他们的对立面。如果你被认为是同其他人的价值和观点一致的话，大家对你的信任感就更容易建立起来。

总之，教师群体是靠信任感凝聚在一起的，每个人都在其中发挥作用，这就是混凝土的法则。

周三　互联网时代那些老规矩

　　无论我们是否在心理上接受日本人和日本文化，几乎所有人都对日本人的有序和礼貌印象深刻，那绝对是国人无法与之相比的。日本人为什么那么讲秩序，那么重礼节呢？《菊与刀》的作者美国人本尼迪克特认为：在日本，恩人就是债权者。日本人认为"恩"就是"债"，受了别人的恩就相当于欠了别人的债一样，意味着他今后必须对施恩的人承担一种义务。日本人觉得自己天然地受到天皇恩，父母恩，他人恩和师傅恩，所以天皇、父母、他人和师傅都是他的恩人，因为要报恩即还债，所以他对天皇、父母、师傅和他人都保持十分的尊敬。如果自己无意中给别人添麻烦了，那也就等于欠了别人的"债"，就要偿还的，要报恩的。所以，为了免得报恩，当初就要守秩序讲礼貌。

　　我觉得是什么原因导致日本的这种文化，还有值得讨论之处，但有一条却是可以达成共识的，守秩序和懂礼貌就是不要给别人添麻烦。什么是尊重？尊重其实也就是为他人着想，不伤及他人。同事之间要相互尊重，真正的含义也在于不添麻烦。打喷嚏的时候捂住自己的嘴，叫作尊重；走路小心别撞着别人，叫尊重；别人在说话不要打断，叫尊重。排队买票，不大声喧哗，不乱丢垃圾，自动扶梯靠右站等，一个总是在细节上都能想到别人的人，就是一个有教养的人。

　　一些招人厌烦的人，通常有这样一些表现：比如说失信，有些人很喜欢说"这件事，就包在我身上了"，可是第二天酒醒之后却全忘了，全然不把自己的承诺当回事；比如说迟到，却以为别人等你几分钟没啥问题；比如说劝酒，"你不喝，就是看不起我！"却不顾及别人的身体健康；比如说打扰，找人聊天也不知道事先预约，也不管别人有空没空，一屁股坐在别人办公桌前口若悬河。你看，这些行为都是缺乏教养的表现，他们不知道尊重是什么。

　　虽然现在是互联网时代了，但是，以上所说的这些人与人交往的基本法则却并没有过时。给他人带来舒适是永远的法则。互联网时代，面对面的交往减少了，电话、邮件、微信的沟通增加了，但是礼节却是一样的。

先来说电话。电话是一个同步独享的工具。只要你接听了电话，在谈话过程中就要用"对""是"来确认收到对方的信息，与对方保持同步。为了保持自然，你还得配上表情，虽然对方看不到你的表情。

再来看邮件。邮件是一个异步分享的工具，与电话相比，你的自由度可以更大些，你可以一边思考如何回复，一边做很多其他事情。但是，为了方便对方阅读，就要做到以下几条：邮件的标题，是全文概括，每段的首句，是整段概括；用小段，不要用大段；用短句，不要用长句；用简单的词，不要用复杂的词；能用 50 个字讲清楚的事，不要用 100 个字；真正合格的邮件，所有的字都是一个颜色，一样大小，一种字体，并只用三种方式来排版：分段、缩进和加粗，分段负责阅读逻辑，缩进负责层次关系，加粗负责突出重点。

如果你收到一封邮件，标题是"你好"，估计你会把它当垃圾邮件直接给处理了；而收到的邮件说有重要文件在附件里，却竟然找不到附件，原来是发信人忘记发附件，你说可恨不可恨！

再来看微信。微信是介于电话和邮件之间的沟通工具。如果你正在课间休息，有人在微信上问你："在吗?"你回复"在"，之后你就去上课了，对方以为你现在有空，就在微信里跟你探讨一个重要的问题，而你实际已经不在，你说对方会怎么想呢？他也许在想，你到底这个问题怎么看，同意还是有意见？让人牵肠挂肚是不礼貌的。正确的做法有两种，一是一开始就不要理他，问你"在吗"，你一会儿就不在了，何必回复"在"呢？二是告诉对方我现在在的，一会儿要去上课，有事写下来发给我，有空会及时回复。

互联网时代，人们并不比以前的工业时代空闲，正如工业时代比农业时代忙碌，而农业时代比狩猎时代事更多。因此，节约对方的时间便成为互联网时代的一种美德。有一个蛮有意思的词"时间颗粒度"，就是一个人安排时间的基本单位。比如说，全球首富比尔·盖茨，他的时间颗粒度一定比我们小，英国电子邮报资深记者 Mary Riddell 说，盖茨的行程表和美国总统类似，5 分钟是基本时间颗粒度，而一些短会，乃至与人握手，则按秒数安排。有个段子说路上丢了 100 美元，比尔·盖茨看都不看直接就往前走，别人问他为什么不捡起来，他说，我每秒钟挣 100 万美元，捡 100 美元的代价太大了。

每个人都有自己的时间颗粒度。盖茨是 5 分钟，也许我们是 1 小时，半天，甚至一天。你看，对一个时间颗粒度是 60 分钟的人来说，3 分钟的含义与时间颗粒度为 5 分钟的人怎么会一样呢？所以要理解别人的"时间颗粒度"，你可以与一个公园里晒太阳的老爷爷聊半天，但对你的同事和领导，请你说话务必简短再简短。这就是尊重和不打扰，这就是教养。

互联网时代，这个世界发生了如此巨大的变化，可是不变的还是那些老规矩，守秩序和有礼貌。

周四　看在眼里同时放在心里

先问大家一个问题："我有一个好消息，还有一个坏消息，你想先听哪一个？"我想很多人都会说："那……那就先听坏消息吧。"可是，为什么？心理学家也很好奇，对这个问题进行了研究，得出了"快乐痛苦四原则"的结论，我给大家介绍一下。

原则 1：多个好消息要分开发布。

你要告诉同事一个好消息，你应该这么说："郑小杰，告诉你一个好消息，你的课获奖了！"

郑小杰："哇，太好了啊！"

然后你说："我听说还有一笔奖金，好像数额不小。"

郑小杰："啊！居然还有奖金！"

你接着又说："……学校实施科研假，奖励一周，专门给这次获奖的教师。"

我想这时候，估计郑小杰已经幸福得快晕倒了。这就是"多个好消息要分开发布"。

原则 2：多个坏消息要一起发布。

你是教研组长，你对郑小杰说："小郑，教导处让我通知你去接一个差班，哦，还有，你的高级职称申请没有被通过。"

沟通时，多个坏消息一起发布的话，会明显减轻对方的痛感。

原则3：一个大的坏消息和一个小的好消息要分别发布。

一早你对郑小杰说："小郑，原来决定派你去美国考察学习，现在政策把控很严，取消了。"

周五你对郑小杰说："你们班测验成绩不错，年级第一名呢！"

这就是一个大的坏消息和一个小的好消息，一定不要放一起发布。而且发布时，还得先说坏的，再说好的。没有好的，使劲找一找，总有关于郑小杰好消息的。

原则4：一个大的好消息和一个小的坏消息，一起发布。

你对郑小杰说："告诉你个好消息，派你到美国的行程已经批下来了，下午就可以办手续。不过小郑，这次单元测验你们班怎么没考好？"

好了，我引用了这个心理研究结果，是要说，沟通是一门艺术，同样的好事和坏事，因为你的说法不同，对方的心理感受也不同。

沟通是一门艺术，想要获得的良好沟通效果，建立良好的人际关系，说话就要得体。而说话不得体，主要有两个原因：一方面是说话不过脑子，是一个下意识的行为；另一方面是搞不清自己说话的目的和情景。很多人把私下里说的话带到会议中，或者把与朋友谈论的话带到陌生人群里，导致事与愿违的结果。

很多人在沟通的时候容易得罪人，主要分为显性的和隐性的两种。我们一般会防止自己说出显性伤人的话，可是却难防隐性伤人的话，那些有言外之意的话其实很伤人，而你伤了别人往往自己还不知道。这样一个笑话想必大家都听说过：

> 有个人请客，看看时间过了，还有一大半的客人没来。主人心里很焦急，便说："怎么搞的，该来的客人还不来？"一些敏感的客人听到了，心

想："该来的没来，那我们是不该来的啰？"于是悄悄地走了。主人一看又走掉好几位客人，越发着急了，便说："怎么这些不该走的客人，反倒走了呢？"剩下的客人一听，又想："走的是不该走的，那我们这些没走的倒是该走的了！"于是又都走了。最后只剩下一个跟主人较亲近的朋友，看了这种尴尬的场面，就劝他说："你说话前应该先考虑一下，否则说错了，就不容易收回来了。"主人大叫冤枉，急忙解释说："我并不是叫他们走哇！"朋友听了大为光火，说："不是叫他们走，那就是叫我走了。"说完，头也不回地离开了。

所以，隐性伤人的话往往说者无心听者却有意，而有些人确实伤不起。

怎么说话才不得罪人呢？核心的诀窍就是把焦点放在"人"身上。比如，表示关心时，把"你这人怎么这样啊"换成"你这样，让我很难做"；想要安慰别人的时候，把"没事，这都是小事"换成"这件事对你来说也够难的，我能想象得到"；想要找别人帮忙，直接把你的需求说清楚，把是否帮忙的权力交给对方。

建议大家读一读《蔡康永的说话之道》，这本书销量已经超过了一百万册。本书的核心思想是"说话之道在于把别人放在心上"，无论在职场，还是生活中，作报告、开会、要求加薪、道歉、致辞、倾诉苦恼、交流感情，都只跟一件事有关：就是说话。你会不会说话，能不能靠说话实现沟通的目的，需要说话之道。说话的本质就是和人相处，和自己相处，为自己找准生命中的定位，这比说出漂亮话更重要。

最后要强调的是，要搞好同事关系，无论做事还是说话，重要的事情仍然在于，你能否做到把对方"看在眼里、放在心里"。

周五　不做教师堆里的两面人

本周我们的学习主题是同事之间相处之道，良好的同事关系有助于为学生营造一个和谐的学习氛围。说一千道一万，宽容是最重要的。宽容不仅是一种方法或手段，更是一种精神。

如果我们凡事只认为自己是正确的，别人是错误的，如果我们不能同有不同见解、不同性格的人相处，如果我们与任何特立独行或标新立异的人都无法沟通，那么我们还没有学会宽容。

如果我们在教书时，只认教科书和大纲，却容不得半点质疑：如果我们只守着自己习惯的教法，借助于习惯的手段和方式，拒绝一切新的想法和创意；如果我们听了某些宣传或说教，认为某种教育理论或政策就是唯一正确或唯一必须信守的，那么我们还是不宽容。

当面对每一个有个体差异的孩子，我们只以个人的眼光去取舍，唯独偏爱那些乖孩子，排斥那些笨孩子、脏孩子、调皮的孩子、被父母遗弃的孩子，那么我们尚不具备宽容精神。

我们生活在一个日益多元化的世界，进入这个世界的资格就是具备宽容精神。宽容不易，才使宽容成为美德。可是，如何才能学会宽容？

人们习惯上把教师说成是"知识分子"，真正的知识分子身上最重要的品质莫过于"求真"了。什么是求真？就是创造真知识，发现真理，传播真理，他们的良知管束着他们只对真理和知识负责，为了真理和真知，知识分子可以不畏权贵，不媚世俗，不谋功利，必要时甚至可以不惜生命。

可是，求真也许是世界上最难的事，因为有非常强大的力量在逼迫知识分子放弃对真理和真知的追求，在这些强大的力量面前，如果敢说真话，那是十分危险的。于是知识分子便有了真正的知识分子和"伪知识分子"的分别。用罗素的话说，人类怕真理，比怕世界上任何什么事情都厉害，比怕死怕灭亡还要厉害。

那些真正伟大的知识分子，一定是有坚硬的骨头和极大的勇气的。而什么样的知识分子有最硬的骨头和最大的勇气呢？就是那些忘记了世俗的种种欲念的人，那些视权贵与功利如粪土的人，因而唯有那些真正的知识分子代表着人类良知。我认为，要做一个真正的知识分子，一个昂着高贵的头颅的知识分子，就要有一颗"赤子之心"。什么是"赤子"？"赤子"就是初生的婴儿。赤子在这里就是形容那些活得很单纯、很简单、很好奇、很幼稚，有时有点傻劲的人。也许作为知识分子，当我们活得越是简单，也越是高贵，也就越有良知。

可是，事实上，在这样一个知识分子扎堆的地方，人们往往丢失了知识分子的灵魂，变得毫无良知。我们可能很难真的让自己傻一点，在学校里待久了，就会发现自己变得越来越"成熟"。在这里，成熟实质上就是"圆滑"的代名词，我们喜欢被说成是成熟的，我们怕被别人认为自己太"天真"，而我们真的成熟了，也许我们更靠近那些"人情世故"，却远离了真知和真理，此后哪怕说出简简单单的真话，哪怕揭示一下真相，哪怕只是表述一下常识，都会变得那么难。

知识分子应该是可爱的一群人，是无比真诚的一群人，是有赤子之心的一群人。偶尔还带点傻气，可爱，像个孩子般透明。教师如果还算是知识分子，那么是不是我们今天显得太老成了呢？

最近党内在抓"两面人"现象。"两面人"这个词很有意思，是指人格的一种变异，或称为"两面三刀"，或称为"阳奉阴违"，或被认为是"虚伪"和"油滑"。其两面分别表现在针对两种不同场合、不同情境、不同对象，人会表现为两种截然相反的态度和表现，他的行为表现反差实在太大，其人格之卑下往往受人唾弃。不幸的是，我们有些教师染上了这一不良人格病症。

对照一下"两面人"的八副"脸谱"吧：一是表面信仰马列，背后迷信"大师"；二是表面勤勤恳恳，背后吃喝享乐；三是表面谋划发展，背后官商勾结；四是表面一心为公，背后"一家两制"；五是表面是国家干部，背后脚踏两条船；六是表面中规中矩，背后我行我素；七是表面任人唯贤，背后任人为钱；八是表面五湖四海，背后拉帮结派。

一周总结

本周我们研讨同事之间的关系，这种关系对学生的学习氛围构成了潜在的却重要的影响。教师要努力成为受同事欢迎的人；要培植在同事中的信任关系；要言行得体，即使在互联网时代，那些做人的原则是不会变的；我们要始终将他人放在心里；还有就是响应党中央号召，不做"两面人"。

周一，我们研究了怎么做才能成为一个受人欢迎的人：他们平时将倾听看得比表达还重要；他们尊重别人的隐私而显得很可靠；他们不过分谦虚显得很实在；他们犯错误时勇于承认及坦诚道歉；他们不为自己的不当行为找借口；他们不过分讨好别人；他们珍惜自己和别人相处的时间。

周二，我们学习了优秀的教师团队就像是混凝土：每个成员各有所长，知识结构、年龄结构、男女结构、工作经验等都需按比例配置；在混凝土的形成过程中需要水，水起到一种融合的作用，那就是团队信任，正是信任构成了团队坚实的基础。

周三，我们讨论了同事之间的关系，一个重要的原则就是要相互尊重，尊重的真正含义在于不给对方添麻烦。即使在互联网时代，这个世界发生了如此巨大的变化，可是不变的还是那些老规矩，守秩序和有礼貌。

周四，我们探究了很多人在沟通的时候容易得罪人的问题，主要原因在于我们一般会防止自己说出显性伤人的话，可是却难防隐性伤人的话。真正解决这个问题，就看你能否做到把对方"看在眼里、放在心里"。

周五，我们讨论了宽容这一重要的美德，没有宽容就没有多元化发展，没有宽容就没有良好的同事关系。可是怎么才能做到宽容，那就要"忘我"，回到"赤子"的状态，这个状态是求真的，真诚的。

下周是最后一周，我们在和谐的同事关系基础上谈谈如何防止庸俗的人际关系，如何建设好高效能的团队。

第二十周　团队成长

周一　从自我辩护到自我反思

20 世纪 90 年代初，博士还是很吃香的年代，上海有一所中学引进了一名博士来当老师，当时中小学引进高端人才还是很稀奇的事，上海的各大媒体都做了报道。可是，博士老师上岗不久就被认定为无法胜任教学工作，便被派到图书馆去编书目去了。那时候大家普遍认为学校不需要这么高学历的人才，认为这是人才"高消费"导致的问题。我的观点是，教育行当就得人才高消费，可问题是这名博士不是教育行当所需要的人才。

教育行当所需要的人才，应该有扎实的学科基础，同时保持很强的灵活性。扎实的学科是教师专业的起点，但是课堂教学是在与人打交道，意料之外的变化时常发生的，这就要求教师具有较强的控制力，并随时调整自己的教学，瞬间做出明智的决定。

传统的客观主义知识观认为，"凡是知道的就一定能言说，不能说出来的就不是真正的知道""真正的知识应是明确的、客观的、超然的、非个体的"。1958 年，英国科学家兼哲学家迈克尔·波兰尼在其代表作《个人知识》中首次提出了"缄默知识"的概念，从而挑战了这一观念。波兰尼的缄默知识理论的核心观点是"我们所知道的多于我们能够言说的",认为人类的知识有两种：显性知识和缄默知识。显性知识是指能言传的、可以用文字等来表述的知识；而缄默知识则是指不能言传的、不能系统表述的那部分知识，缄默知识常常是不能通过语言、文字或符号进行逻辑说明的，只能在行动中展现、被觉察到和感觉到，只有在一定的情景中才能被激活。

教师的教学就是一个存在着大量缄默知识的专业领域，教学的艺术性正是体现了教学过程中存在大量的尚未规范化和未显性化的知识的运用。

那如何才能丰富自己的"默会知识"并使教学充满灵活性？"反思"是唯一的法门。所谓"反思"，就是教师以自己的教学活动过程为思考对象，来对自己所做出的行为、决策以及由此所产生的结果进行审视和分析的过程。简单地说，就是你要把自己当成局外人，以此来理解自己的行为与学生的反应之间的动态的因果联系。你既是一个演员，又是一个评论家。

反思最大的好处是促进"自我认知"，反思可以让人认识真实的自我，这是接受自我并提高自我的前提。老子在《道德经》中的"知人者智，自知者明"，希腊哲学家苏格拉底说要"认识你自己"，说的都是自我认知。

美国心理学家乔（Joseph）和韩瑞（Harrington）对于"自我认知"进行了多年的研究，提出了著名的"乔韩窗口理论"，认为，每个人的自我，根据自己知不知道，别人知不知道，可以分为四个部分：盲目的自我，秘密的自我，公开的自我，和未知的自我。

认识自己为什么那么难？因为有些自我是"盲目"的，你周围人知道而你却不知道的自己，就像大家认为我外向而我实际很内向。有些自我是"秘密"的，因为别人都不一定能了解到，只有你自己最知道的那个自己，比如我喜欢抱着枕头睡觉，别人是无法得知的；有些自我是"公开"的，外人知道你也知道，比如我很勤奋但长得也不好看；有些自我是"未知"的，只有通过测试或反思才能被发现自我。

其实今天说反思，反思不属于人的"本能"，因为人的本能是为自己辩护的。美国著名社会心理学家卡罗尔·塔夫里斯有一本写得很不错的书《错不在我》，书中说到，犯了错之后的自我辩护是一种自动完成的保护机制。自我辩护的本质是认知失调，认知失调就是当自己的行为和事实发生冲突的时候，人们就会想办法调和这种矛盾，让它变得统一。我们知道错误导致的结果会带来一系列负面情绪，伤害我们的身心。但是大脑会保护我们的身体，大脑是不会让身体经常受这种折磨的，所以一开始把责任推卸掉就是最简单、最有效的方法。所以，其实教师本身是不太愿意做自我反思的。

于是，就要通过教师的群体活动来提高反思的愿望和动机。我们把这样的群体性反思活动称为"校本研修"。

周二　校本研修也可以很有趣

昨天我们谈到，个体对自我做反思很难，因此要依靠团队的力量，大家要在群体中进行反思。但是，如果校本研修活动没有组织好，那么反思的目的也是很难达到的。

研修活动不是会议，也不是简单的培训，因为会议和培训往往都是强制的，参与者缺乏主动性。当事人因为不必承担任何责任，而总是态度上不够积极；会议和培训是按照预先安排好的既定内容开展活动，结论是预设的，于是，"认同"变成了"说服"，"学习"变成了"灌输"；会议和培训中，主持人与演讲者成为会场的主角，参与者不得不充当配角，而真正的研修活动中，参与者应该成为主角。

我们一般都很重视校本研修的内容，不太重视研修活动方式，我认为，活动方式起到关键性作用。而活动方式的两个决定因素就是校本研修的"流程设计"和对主持人的要求。

首先是关于校本研修的"流程设计"问题。我将完整的校本研修活动分为四个步骤：暖场、引出想法、活动、总结。下面依次介绍一下。

步骤 1：暖场。暖场就是破冰，是一种释放身心压力的活动。暖场很重要，能使参加者情绪高涨，为校本研修奠定良好的氛围。暖场的方法很多，这里几个小例子,《二选一智力竞赛》,主持人提出与研修主题相关的问题,要求参加者举手回答,判断其正确还是错误。如,学生最喜爱有幽默感的教师;智力是学生学业成绩的决定性因素等。问题要由简入难,由一般性话题渐渐转向研修主题,对参加者潜移默化地进行诱导。如果想煽动竞争心理,可以用纸制作正确和错误的卡片,让参加者举牌回答。还可以在室内的正中画一条线,让他们在正确或错误的区域内做选择移动也是比较有意思的。

步骤 2:引出想法。研修活动中往往大家不说心里话,或者索性不说话,于是能否巧妙的引导出这些资源,决定着整个活动的质量。这方面,小方法也有不少,举个例子:《联想链》,请参加者回答有研修主题所联想到的内容。如,"看到今天的主题后,你想到什么?"最好是让参与者突发奇想,不要深思熟虑,这里,速度是关键。想不出答案的人,就马上跳过。记录参加者回答的内容,这样容易掌握整体的意见,在后面的讨论中总能派上用场。你可以提出如下问题:"这个主题让你想到什么?""如果你是某某,你会怎么做?""如果只能举一例,你会举例什么样的事物?""你会把某某比喻成什么?""如果要列举某某一样的经历你会列举什么?""对你而言,最好的某某是什么?最坏的是什么?"

步骤 3:组织活动。这个环节是真正的研修活动环节,活动的方法比较多,我只是罗列若干个小的方法供大家参考。

(1)头脑风暴。全体成员尽可能地提出意见,以扩展思想范围。头脑风暴要遵守以下四项原则:第一,自由奔放。可以涉及任何领域,什么想法都行;第二,严禁批评。严禁批评和评价他人的想法;第三,欢迎搭便车。补充想法,扩展思维;第四,追求数量。为了产生高质量的想法,应该增加想法的数量。还可以使用书面头脑风暴的方法,让成员围着桌子坐下,各自拿着表格。先在表格上写出构思的主题,在下面写出由主题联想到的三个主意,接下来将表格递给旁边的人,旁边的人以前一个人写出的主意为起始,再补充三个主意。这时不必刻意与之前的主意相关联,鼓励大家可以写出新的主意。然后间隔三到五分钟后再继续传递。

（2）希望点（改善点）列举。针对给出的主题，列举诸如："我想这样""要是这样就好了"等希望或理想。它能使参加者不受现状和常识的束缚，从而自由发挥想象。还可以列举诸如："这个很难""这个很烦"等不满或问题的方法。希望点（改善点）列举与头脑风暴法配套使用会更有效。

（3）意见检核表。主持人告知参加者讨论的主题。在纸上写出各种观点贴在墙上。参加者一边看，一边在便签纸上写出自己想到的意见，并贴到对应的观点处。

（4）思维导图。让参加者自由构思，在构思时，不要逐条记录想法，而应该把想法描绘成放射状，这样更容易扩展思维。准备白板和宣传纸，在中间写出主题。并用圆圈圈住，然后让参加者各自列举由主题所联想到的关键词或意见，在每一个切入点以树状形式记录。在每个枝丫上只写一个关键词，在区别树干和树枝的同时分别做好记录。在人多的场合要灵活运用便签，有时全员共画一张图也十分有趣。

步骤 4：总结讨论内容。研修活动接近尾声时，要对活动进行总结，可以使用以下一些小方法，举几个例子，《时间机器法》，让大家依次回答以下问题：想象一下 10 年以后的自己；1 年后达到什么目标就能够心满意足；为了实现这个目标，三个月后自己必须达到怎样的状态。《编故事》，采用编故事的方式，这种方式容易给人留下印象，同时也能够传达隐性知识。比如，针对合作能力展开讨论时，可以采用叙事方式来总结合作能力强的教师应该具备的行动姿态。可以采用讲故事的形式把自己与同事交往的经验总结出来。

总之，校本研修应该变得更有趣，也才有可能变得有效。

周三　真正的团队就像是飞雁

一些教师说，你的校本研修流程看上去挺好，可是我们无法实施，因为我们教研组根本坐不到一起。是的，如果教研组不能成为一个充满活力的团队，那么校本研修活动也只是走走形式完成上面的任务而已，要使校本研修促进教师自我反思的目的得以实现是不可能的。

什么是团队？

所谓团队就是两个或者两个以上的人组成，通过人们彼此之间的相互影响、相互作用，在行为上有共同规范，团队是介于学校与个人之间的一种组织形态。团队成员为了共同的目标走到一起，他们承诺共同的规范，分担责任和义务，为实现共同目标而努力。

从以上对团队的定义中，我们可以知道，团队一定是"组"，而组不一定能成为"团队"。

"团队"与一般意义上的"组"有四个区别：一是"目标"，团队有共同目标，团队成员为共同目标而努力；二是"合作"，团队成员能合作，形成相互依赖的关系；三是"责任"，团队成员遵守共同的规范，并分担团队责任，团队成员荣辱与共；四是"技能"，团队成员各自有其专长，因此能形成互补关系。一般意义上的组相对于团队来说效能偏低，其主要原因就在于，组内成员目标不一致，相互之间不能合作和分享，不能形成共同规范也不能分担责任。

有三种团队，大家看看到底哪一种是真正的团队：

1. **野牛团队**。团队成员个个身强力壮，但是他们都没集体意识，他们各自为政，个人主义思想严重，于是他们敌不过弱小十倍的狼；

2. **螃蟹团队**。螃蟹们被抓到竹篓之后，其中一只奋力往上爬，而其他的都在扯它的后腿，结果谁也上不了；

3. **飞雁团队**。在飞行时呈人字形，前面的大雁，为后面的创造有利的上升气流，整个队伍的飞行效率提升了70%。

我想，不用多加比较我们就能得出结论，真正的团队应该如同飞雁。"飞雁团队"是合作型团队的理想和楷模，如同飞雁般的团队我们称之为有效团队。

雁群在飞行的时候，一个最明显的特征是经常排成一个"V"字，以这种方式编排队伍飞行是有道理的，因为这么排列，前边的雁可以为后边的雁创造一个上升气流。在长途飞行中，当"V"字顶端的头雁飞行一段时间后，它就会自动换到后面的某个飞行位置飞行，而这个位置要比顶端的位置在飞行时更轻松也相对容易。队伍顶端的飞行显然更费劲，更需要体力和意志，这时原来排在后面的一只雁就会取代它飞到顶端做头雁。如果有一只雁开始脱离队伍，就会很快回到"V"字队伍中，因为没有其他的雁翅膀扇动的气流，飞行就会很困难。

雁群飞行的时候，它们不停地发出呜呜的声音，而且声音还不小。雁群并不是随意发出鸣叫的，呜呜声是队形后面的雁发出的，是用来鼓励、支持和催促头雁的。

如果一只雁不幸被击中了，或者生病了，或者飞离了队形，就会有两只雁飞出队形，跟着受伤或者生病的雁飞到地面上。它们会一直照顾它，直到它恢复了或者死了，然后再飞回雁群。

我想人们愿意用"飞雁团队"来暗示有效团队，是有道理的，因为至少通过飞雁团队的比喻，让我们更直观地理解了有效团队的一些特征。

富兰和埃克指出，任何一所学校，如果希望形成专业学习共同体，就必须解决重塑学校文化的任务。他们写道："除非集体探究、合作团队、行动取向和结果本位，这些特征都能成为'我们解决问题的方式'的一部分，否则不太可能成功创设专业学习共同体。"

根据富兰和埃克的研究，主要有四种学校文化类型：

（1）**个人主义的**。教师习惯于埋头做自己的事，发展自己的专业技能，而不考虑同事的相关经验。事实上，在传统的学校文化中，教师常常将其他教师进入他们的课堂视为侵犯隐私。在这些文化中，有人可能听说过："为什么我必须合作？我是一个优秀的教师，我的学生学得很好！"可能这样的团队就像"野牛团队"。

（2）**分裂的**。教师中间出现了一些根深蒂固的派系，在分裂的学校环境中，一个个小团体之间要么不相往来，要么相互争斗。这些群体的内部成员完全忠于他们派系的成员，强烈拥护他们的理念，但是可能对整个学校不太忠诚。排他性派系的问题非常难以解决，这就有点像是"螃蟹团队"了。

（3）**人为的分权原则。**教师们看起来是合作的，他们可能花了不少时间来讨论教学问题，可实际上并不关注与教学相关的深层问题。教师只在表面上合作，而没有挑战自己的教学信念和方法。

（4）**合作的。**在合作的校园文化中，团队由非常精通业务的个体组成，他们每个人都承诺帮助学生学习，采用的方法就是让自己成为积极的学习者。他们不断和同事合作，以提高教学策略，以改善班级管理。他们认识到自己在教育过程中的重要作用，知道只要和同事一起来解决问题，就可以应对遇到的挑战。而同事间的合作只为了取得一个结果：提高教与学的质量。为了实现这一点，团队成员相互依赖以达成共同的目标。

合作型的团队文化就是我所说的"飞雁团队"的文化了。

周四　不要成为猪一般的队友

在游戏"魔兽"上经常听到一句话，"不怕神一样的对手，就怕猪一样的队友"，意思是说，如果对手很强的话，队友们配合很好，还是有希望赢的；但是队友如果像猪一样的话，你在厮杀，而他却畏畏缩缩，遇到危险第一反应就是逃跑，那么即使敌人比较弱，也可能被击败。

在教师团队里，也有"猪一样的队友"，一些教师身上有一些不良的品质，这些不良品质使这些人简直成为团队的"敌人"，这些不良品质是：

1. **缺乏自信。**不仅自己缺乏自信，还把消极情绪传递给别人，使整个团队士气低落。他们常常会泼冷水，总是说"不行！""你们想得太好了！""我见多了，这也能行的话我的姓倒着写！"

2. **非黑即白的简单化思维。**思维的简单化只会增加团队冲突的可能，并且使团队总是在一些复杂问题面前退下阵来。"要么做，要么不做""要么赞同，要么反对""如果方案有缺陷，宁可取消行动"，这些都有属于非黑即白的极端思维。

3. **无止境的追求完美。**那些完美主义者总是挑剔别人的工作，甚至诋毁别人的努力，他们因为追求完美常常毁坏了原本很美好的事物。

4. 无条件的回避冲突。如果不能正视问题的存在，那么问题将永远存在。一些人习惯于做"鸵鸟"，他们视而不见，而终于会被更大的问题击倒在地。记住，我们可以妥协，但不能回避。

5. 不能容忍不同意见。专横跋扈会瓦解团队的凝聚力，独断专行只会让团队成为一盘散沙。

说完"猪一样的队友"，再来说说优秀的团队成员。

因为团队同时面临着两个主要的挑战：一是完成工作任务；二是在团队成员间建立合作关系，因此优秀的团队成员也可以分为两类：任务促进角色和关系建立角色。也就是说，优秀的团队成员可以是促进任务完成型的，也可以是促进关系建立型的，最了不起的当然就是两者兼备型，既能完成任务又能建立关系。

所谓"任务促进"角色是指那些能帮助团队完成任务和达成目标的人，他们能在团队成员迷茫的时候给出方向；他们能发现问题和提出问题；他们提供数据，提出事实和判断，得出结论；他们补充其他人的观点，解释或者举出例子；他们会鼓励团队其他成员一起完成任务和团队目标；他们会经常根据标准评估自己的团队，衡量自己所在的团队是否获得成功；他们会考察提出的观点是否是现实可行的；他们会帮助强化团队的规则，强化标准；他们善于把团队中的观点综合在一起，帮助团队成员理解已经得出的结论。当完成目标的过程很慢时，当团队偏离主要任务时，当任务很复杂很模糊不知道如何前进时，当时间很紧迫时，当没有人推动团队完成任务时，你就会发现这些角色是很重要的。

所谓"关系建立"角色，是指特别善于化解人际矛盾而激发周围人努力工作的人，他们对人友好，总是乐于帮助别人并给予他人充分的赞赏；他们能让周围人觉得很轻松，因为他们能运用幽默来缓解人们的压力；他们不能容忍"非生产性"或者"破坏性"的行为，保证团队中的合适行为；他们激励其他人，传播热情和"正能量"；他们帮助其他人学习、成长和成功，他们善于指导团队成员的工作；他们能引导大家达成意见的一致；他们其实并不是不在意工作任务的完成，而是起到了黏合剂的作用，从而帮助团队的工作更为有效。

以上我说的这两种团队角色都是优秀的团队成员。我们不能苛求每个团队成员都做到两全，问题的关键是"任务促进"角色和"关系建立"角色要在一个团队内取得平衡。

总之，我们不能做团队的"害群之马"，而要成为团队的优秀成员，就要找准自己在团队内的位置，扮演好"任务促进"角色或"关系建立"角色，使团队平衡成长。

周五　平安度过团队七年之痒

在婚姻生活中有个不祥的词"七年之痒"，一般是指人们在爱情或婚姻生活到了第七年可能会因生活的平淡规律，而感到无聊乏味，这就要经历一次危机考验。有人为"七年之痒"中找到了科学依据，说人的细胞平均七年会完成一次整体的新陈代谢，所以爱情也如细胞死亡那样会消亡。也有从婚姻激素与爱情激素的角度分析，说这两种激素不会一直保持，每当人的大脑倦怠时它们即会减少或消失，这段时间大约是七年，之后人可能会对这段爱情产生否定，寻找新的"刺激"。所谓的科学解释也只是不严谨的说法，不足为信。但是，团队的成长要经历若干阶段，团队在不同的发展阶段上，其内部动力和团队成员关系会有所不同，这却是有据可查的。

经研究，从团队组建到团队成熟，整个团队发展过程中要经历四个阶段：形成期、规范期、风暴期、执行期。"风暴期"可能就是所谓的"七年之痒"。

第一阶段：团队形成期。在一个团队形成的初期，人们相互间还比较陌生，都很在意在同事面前的形象；很少有人提出问题，大家说话都不多。

第二阶段：团队规范期。团队成员明确了团队的目标，接受了自己在团队中的角色和位置。

第三阶段：团队风暴期。这个阶段冲突增加了，不同意见多了，甚至会发生争论和争吵。如果处理得不好，团队就会分崩离析，或貌合神离。就像婚姻遇到挫折，要么离了，要么夫妻之间只是维持形式上的婚姻关系了。

第四阶段：团队执行阶段。经历了"风暴"之后终于可以见到美丽的"彩虹"，团队进入最后也是最佳的时期：正常执行阶段。这个阶段的团队已经学会了自我控制，因为团队已经顺利解决了前几个发展阶段中的问题，它可以高效地进行工作了。

既然"风暴"期那么危险，是不是就刻意避免冲突呢？答案是否定的，因为"舒适感"并不是团队的目的，团队的绩效才是目的，那些人际关系很不错的团队，很有可能是"猪一样"的团队，毫无战斗力。舒适感有可能导致团队内部过多的认同和一致性，而过多的认同和一致性却不是一件好事，这会使团队的有效性面临挑战。如果团队成员只想着保持"和平"，而不是解决问题和完成任务，那么团队永远不会变得有效率。因此，团队要想成功，必须要克服一些障碍，这就难免要团队成员共同经历一定的不舒服的阶段。

那么，团队成员在为哪些问题而争执呢？经观察，人们一般会在工作目标的优先次序上发生分歧，或者对工作任务和责任分配上存在争议，或者对他人的工作行为和工作方式有不满。

在冲突发生后，有些团队成员会有退缩行为，他们会通过退缩来使自己远离冲突，他们惧怕由冲突带来的紧张情绪；还有些团队成员在表达自己的不满情绪后，为了顾全稳定的局面而强行终止冲突，这么做不仅不利于解决冲突，反而使人们产生更大的痛苦和憎恨之感。一些团队内部关系良好，但是效能一直无法得到真正的提升，主要问题就出在风暴期，人们没有认真对待风暴期所面临的问题，导致一些问题没有真正被解决。

其实，人际冲突本身并不是一件坏事，冲突在任何时候都不是坏事。就像夫妻之间，一点儿都没有冲突，不是什么好事。人是社会的动物，人随时随地都会体会到各种外在的和内在的冲突，冲突能够赐予人们力量，这种力量将会给所有人带来全新的和更好的处境。只是人们需要的是创造性的冲突，而不是破坏性的冲突。

如果把处理冲突的方式进行分类的话，可以分为以下五类，我们可以评估一下哪些方式是创造性的，哪些是破坏性的。

第一类，竞争型。双方不合作，而且武断。双方总是想用自己的想法取代对方的想法，只是要努力达到自己的目标而不考虑别人的利益、处境和目标；双方或一方使用强力或者权威以赢得冲突。

第二类，合作型。双方展开比较强的合作，而且武断。能尊重对方的差异性，发现并解决问题，力求最大可能地满足所有人的利益和需求，关心对方关心的事情，努力实现所有人的愿望。能运用合作方式解决冲突的人，被认为是有能力的，他们能得到他人积极的评价。

第三类，妥协型。表现为比较强的合作和弱的武断。运用妥协的方式处理冲突，有时候是有效的，比如当对方处于忍无可忍，即将情感爆发的情况下；比如为了避免决裂时；再比如冲突主要基于人格而且不能轻易消除时。妥协的方式往往短期有效，但如果将它作为解决冲突的主要方式，则基本上是无效的。因为这种方式关注了冲突时的情感方面的问题，但对于实质问题解决则没什么帮助。运用妥协方式的人会得到他人积极的评价，但是他们也会被认为是软弱和顺从的人。

第四类，逃避型。表现为弱的合作和弱的武断。运用逃避的方式处理冲突，在某些情况下可能是适当的，比如所处理的问题非常的细小，或者只有短暂的重要性，不值得耗费时间和精力去面对；比如冲突发生时缺乏足够的信息来有效地处理；比如自己的权力太小，而在场的其他人拥有更大的权力可以更有效地解决冲突。使用逃避方式处理冲突的人，往往希望让冲突自行解决，由于一些问题因为逃避而总是得不到解决，所以逃避者常导致他人的不利评价。

第五类，通融型。也就是采取折中的方法处理冲突，因为是折中的方式，所以最终双方都感觉不满意，通融往往只是使每个人获得中等的但仅仅是部分的满意。融通的方式处理冲突只是在一种情况下是有效的，那就是当达到双赢是完全不可能的时候。但是这种方式不能运用在冲突解决过程的早期，那是因为，过早的折中将妨碍对争端的全面分析或探究，会让人感觉非常的草率。

在以上类型中，以"竞争"或者"通融"的方式应对冲突，容易造成"以邻为壑"的局面，一方实现了愿望，而另一方的愿望可能被排除在外；更糟糕的是，那些对你怀有信任的人和心怀善意的一方，通常反而容易成为受害者，"信任"与"善意"成为两个最为普遍的牺牲品；以"逃避"或者"妥协"的方式应对冲突的话，经常会造成两败俱伤的局面，因为没有人实现自己的愿望，造成双方冲突的深层次原因依旧存在，问题根本没有得到有效的解决。

"合作"寻求的是从根本上调和差异，只有"合作"方式能带来皆大欢喜和双赢的局面。合作是最为可取的一种解决冲突的方式，因为这种方式实现了所有各方的互利和互赢。

总之，团队会有风暴，而且风暴总会来临，团队每个成员要充分表达自己真实的观点和想法，一味地附和和一味地反驳都不利于团队合作。

一周总结

本周是最后一周，我们学习教师团队建设问题。我们讨论了如何进行自我反思，学习了校本研修如何促进反思性学习，讨论了团队的特点以及糟糕的团队成员的破坏性作用，最后我们讨论了团队如何从风暴中走出来。

周一，我们从教师的教学机智和灵活性谈起，从默会知识（实践性知识）谈起，谈到要丰富自己的默会知识，就要经常做反思。可是人的本能是做自我辩护的，因此，就要通过教师的群体活动来提供反思的愿望和动机。我们把这样的群体性活动称为"校本研修"。

周二，我们讨论了如何让促进反思的校本研修活动更为有趣。我们一般都很重视校本研修的内容，不太重视研修活动方式，我认为，活动方式起到关键性作用。而活动方式的两个决定因素就是校本研修的"流程设计"和对主持人的要求。我将一次校本研修活动分为四个步骤：暖场、引出想法、活动、总结。但愿对大家有所启发。

周三，我们学习了团队的概念，了解了团队不同于"组"。团队与组的四个区别：一是"目标"，团队有共同目标，团队成员为共同目标而努力；二是"合作"，团队成员能合作，形成相互依赖的关系；三是"责任"，团队成员遵守共同的规范，并分担团队责任，团队成员荣辱与共；四是"技能"，团队成员各自有其专长，因此能形成互补关系。进而我们了解了合作型的团队文化就是"飞雁团队"的文化。

周四，我们讨论了"猪一样的队友"的种类和危害性，进而提出优秀团队成员的标准。我们不能做团队的"害群之马"，而要成为团队的优秀成员，就要找准自己在团队内的位置，扮演好"任务促进"角色或"关系建立"角色，使团队平衡成长。

周五，我们讨论了团队成长的若干阶段中最危险的一个阶段"风暴期"。风暴本身不是问题，不会处理冲突才是问题。团队会有风暴，而且风暴总会来临，团队每个成员要充分表达自己真实的观点和想法，一味地附和和一味地反驳都不利于团队合作。

教师的团队学习也是有氛围的，教师团队的氛围会弥漫在整个学校，构成了学生学习氛围的底蕴，焉能视而不见？